普通高等教育"十三五"规划教材

大学生职业生涯规划与就业指导

主 编 贡 力
副主编 王 娜 凌 翔

·北京·

内 容 提 要

本教材围绕国家经济建设对人才的要求和大学生成长成才的需要，将生涯教育、就业服务与就业指导融合在一起，分为自我探索篇、工作世界探索篇、求职过程管理篇、就业形势与政策篇和职场准备篇五个部分，既有案例引导和理论知识，又有实践操作与活动设计，旨在通过动静结合、深入浅出的教学设计，将生涯规划的理念融入职业发展的远景和当下，激发学生对职业生涯发展产生思考和行动，做好学业规划，提高求职能力、自我提升能力、职业适应能力等核心竞争力和职业发展力。

本教材适合作为高校生涯教育、就业指导的教材和工具书。

图书在版编目（CIP）数据

大学生职业生涯规划与就业指导 / 贡力主编. -- 北京：中国水利水电出版社，2019.9(2025.8重印).
普通高等教育"十三五"规划教材
ISBN 978-7-5170-7950-7

Ⅰ.①大… Ⅱ.①贡… Ⅲ.①大学生－职业选择－高等学校－教材 Ⅳ.①G647.38

中国版本图书馆CIP数据核字(2019)第196784号

书　名	普通高等教育"十三五"规划教材 **大学生职业生涯规划与就业指导** DAXUESHENG ZHIYE SHENGYA GUIHUA YU JIUYE ZHIDAO
作　者	主　编　贡　力 副主编　王　娜　凌　翔
出版发行	中国水利水电出版社 （北京市海淀区玉渊潭南路1号D座　100038） 网址：www.waterpub.com.cn E-mail：sales@mwr.gov.cn 电话：(010) 68545888（营销中心）
经　售	北京科水图书销售有限公司 电话：(010) 68545874、63202643 全国各地新华书店和相关出版物销售网点
排　版	中国水利水电出版社微机排版中心
印　刷	清淞永业（天津）印刷有限公司
规　格	184mm×260mm　16开本　16.75印张　429千字
版　次	2019年9月第1版　2025年8月第8次印刷
印　数	51501—56500册
定　价	**42.00元**

凡购买我社图书，如有缺页、倒页、脱页的，本社营销中心负责调换

版权所有·侵权必究

前　言

人人都有梦想，梦想带来愿景，也带出行动的强大力量。当你实现大学梦，来到梦寐以求的象牙塔，大学是展示自我、塑造人格的舞台。这里是梦想的起点，生涯规划课程的设计，就是帮助广大学子建立完成这一份生命蓝图所需要的缜密思维与具体策略，实现个人梦想。

大学阶段的重要作用在于做好知识储备和职业准备。职业是一个人演绎人生的重要舞台，是实现自己人生价值的重要手段。大学阶段是人生历程的一个重要转折点，也是学生正式进入职业生涯的准备阶段。每所大学都有着丰富的学习资源，把不同的行业背景、不同的校园文化提供给广大学子们。大学专业学习确定了职业基本方向，为学生提供职业发展的基本素养和能力。经历过大学生活的毕业生，会更清楚地认识到大学是美丽与忧愁、机遇与挑战并存的地方，也是实现自身从学校人向社会人转变的过渡期和调试期。同学们需要未雨绸缪，尽早为自己做好生涯规划，既要考虑今后的职业发展方向，也要立足现在规划好大学生涯。

大学生是社会各行各业技能人才的后备军，根据不同学校培养人才目标，服务不同行业领域，每一个毕业生就业方向、渠道、发展等问题成为学校观注的重心；怎样选择适合自己的职业，如何实现个人的理想和抱负，如何规划自己的职业发展道路，使自己适应当今的社会环境，是每一位大学生要面对的既严峻又现实的问题。为了适应这种形势发展的需求，按照《职业生涯规划教学大纲》和《就业指导教学大纲》的要求，编写了这本《大学生职业生涯规划与就业指导》教材。

本教材旨在引导大学生了解职业生涯规划基本知识和就业基本技能的基础上，将生涯规划理论知识运用到实际当中，提升大学生职业核心能力，认知专业职业前景，做好相应的就业准备，引导职业学校学生尽早在前进的道路上认清方向，脚踏实地，创造美好生活，演绎精彩人生。

参与本教材编写的均为长期从事就业指导课程教学工作的一线教师，他们具有较高的理论素养，并在多年的教学工作中积累了丰富的实践经验。本教材以大学生为主要对象，一方面紧贴大学生学习、生活实际，另一方面又密切联系职业生涯基本理论与规律，力争既有较好的可读性和可操作性，又有理论深度，有针对性地启发学生进行职业生涯规划，使生涯规划"本土化"，以学生学习、成长、实践为侧重点，帮助学生度过一个充实、完美的大学生活。

本教材由兰州交通大学贡力担任主编，王娜、凌翔担任副主编，凌翔负责统稿，王娜、王鹏负责校对，全体编写人员参与了论证与修改。本教材分为五个部分十八个章节，各部分编者如下：绪论由贡力编写，第一章、第二章由杜靓编写，第三章、第四章由李欣忆编写，第五章、第六章由魏凯燕编写，第七章、第八章由丁洁编写，第九章由李欣忆编写，第十章由朱俊敏编写，第十一章和第十二章由凌翔编写，第十三章至第十六章由王鹏编写，第十七章由王立编写，第十八章由王娜编写。本教材在编写过程中查阅了大量文献资料和相关职业生涯规划类、就业创业指导类其他教材，参考借鉴了一些专家学者的研究成果，在此向相关作者致以诚挚的谢意！

由于编者水平有限，加之时间仓促，书中内容难免存在疏漏之处，还请各位读者不吝指教。

编者

2019 年 7 月

目 录

前言

绪论　认识职业生涯规划 ………………………………………………… 1
 第一节　职业生涯规划 …………………………………………………… 1
 第二节　生涯规划的意义和内容 ………………………………………… 6

第一部分　自我探索篇

第一章　性格探索 ………………………………………………………… 13
第二章　兴趣探索 ………………………………………………………… 22
第三章　技能探索 ………………………………………………………… 32
 第一节　能力概述 ………………………………………………………… 33
 第二节　能力倾向 ………………………………………………………… 35
 第三节　技能的分类 ……………………………………………………… 40

第四章　价值观探索 ……………………………………………………… 47
 第一节　价值观概述 ……………………………………………………… 48
 第二节　价值观理论 ……………………………………………………… 52
 第三节　价值观澄清 ……………………………………………………… 55

第二部分　工作世界探索篇

第五章　工作世界探索 …………………………………………………… 65
 第一节　职业和专业概述 ………………………………………………… 65
 第二节　工作世界的内容角度 …………………………………………… 72
 第三节　探索工作世界的方法 …………………………………………… 76

第六章　工作世界探索实践操作 ………………………………………… 86
 第一节　工作世界探索报告的基本内容 ………………………………… 86
 第二节　工作世界探索报告的信息获取筛选 …………………………… 92
 第三节　工作世界探索报告的撰写要求及评价标准 …………………… 95

第七章　职业决策 ………………………………………………………… 97
 第一节　职业生涯决策的意义及挑战 …………………………………… 98
 第二节　职业生涯决策模型及步骤 ……………………………………… 99

第八章　目标设定与行动计划 ……111
第一节　确定职业生涯发展目标 ……113
第二节　构建行动计划 ……121

第九章　求职心理准备 ……127
第一节　大学生生涯规划中的问题及其心理机制 ……128
第二节　大学生求职择业的认知误区及心理准备 ……130
第三节　大学生常见心理障碍及调试方法 ……135

第三部分　求职过程管理篇

第十章　求职信息获取与分析 ……143
第一节　职业理论认知 ……143
第二节　求职准备评估 ……145
第三节　求职信息获取 ……146
第四节　求职信息分析 ……148

第十一章　求职简历撰写与制作 ……152
第一节　简历制作的思维 ……152
第二节　简历撰写的准备工作 ……153
第三节　简历撰写的流程 ……154

第十二章　面试与考核 ……157
第一节　面试机会的获得与准备 ……157
第二节　HR思维的人才选拔 ……160
第三节　面试与笔试准备 ……163

第四部分　就业形势与政策篇

第十三章　我国现行的就业政策 ……175

第十四章　就业程序办理 ……187

第十五章　就业过程中的法律问题 ……200

第十六章　大学生就业常见问题 ……214

第五部分　职场准备篇

第十七章　办公礼仪 ……225
第一节　办公基本礼仪 ……225
第二节　会议礼仪 ……230

第十八章　职业形象管理 ……237
第一节　职业形象自我设计 ……237

第二节　职业交往形象管理 ………………………………………………… 240
附录 ……………………………………………………………………………… 251
　　附录1　职业索引——霍兰德职业兴趣代码 ……………………………… 251
　　附录2　中国大学生专业类别职业兴趣代码 ……………………………… 255
　　附录3　毕业生择业时间表 ………………………………………………… 255
参考文献 ……………………………………………………………………… 257
后记 …………………………………………………………………………… 258

绪 论

认识职业生涯规划

🎯 **学习目标**

（1）理解课程中以学生为主体的参与理念。
（2）学习生涯规划的基础知识。
（3）思考学业规划与未来职业的关联与发展。

❓ **困惑与迷思**

不知不觉就到了期末考试的时候，大学一年级新生赵某感觉自己什么都没学会，很难通过考试。回想入学这段时间，脱离了老师和亲人对自己的约束，犹如脱缰的野马，对未来的大学生活感到茫然，高考成功的喜悦与自信已荡然无存。偶尔也会问自己：我的大学这样下去，会是怎样的结果？

 理论知识窗

第一节 职业生涯规划

一、生涯的概念

在日常生活中，我们常听到"生涯"一词，如"艺术生涯""戎马生涯""学术生涯"等。中国古人的诗词中出现过"生涯"一词，如南宋诗人陆游在《秋思》中写道："身似庞翁不出家，一窗自了淡生涯。"《辞海》对"生涯"一词的定义是：指从事某种活动或职业的生活。

生涯的英文是"career"。从字源上看，来自罗马字"via carraria"及拉丁字"carrus"，二者的意义均指古代的战车。在希腊，"career"这个字有疯狂竞赛的精神，最早常被用作动词，如驾驭赛马（to career a horse）。在西方人的概念中，"生涯"隐含有未知、冒险等精神。现生涯多被引申为人生发展历程。在汉语中，"career"也被翻译成"职业生涯"。因为时代不同、视角相异等因素，国外学者对生涯的定义也有所不同。"生涯"的界限并未大到与"生命"或"生活"画上等号，也未小到与"工作""职业"等义，其本身即有丰富的内涵与范围。

生涯概念的提出给了我们一个系统地探看自己人生或职业发展的视角。这一视角引领我们透过生活或职业中的行为、感受，看到自己内心的渴望，并以此为动力去建构自己的人生。生涯不是一个静止的点，是一个动态的历程；不止发生在人生的某个阶段，或只跟某个职业经历相关，而是如影随形、相伴人的一生，而且常伴随着冒险与挑战。同时，因为遗传、家庭、经历、所处社会环境等的不同，每个人的职业生涯也会不同。"只有在个人主动寻求它的时候，它才存在"，这隐含着人是生涯的主动塑造者这层意义。人不是被动地受环境的制约，而是主动地去思考、去计划，进而改变环境、创造环境。生涯可以主动塑造，主要透过生涯转换过程中的生涯决定来完成。

我 的 生 命 线

请在白纸上画一条线，这条线的长度代表了你生命的长度。思考一下，你期待自己活到多少岁？线的一端是你所能记忆的开始，另一端写上你期待可以活到的年龄。

在这条生命线中找到你现在的年龄点，并标记出来，写下现在的年龄。

回顾你过往生命历程中有重大影响的事或人，在线的上方写出两至三件对你有积极影响的事或人，并在线的相应位置上标明年龄；在线的下方写出两到三件对你有消极影响的事或人，并在这条线相应位置上标明年龄，如图0-1所示。

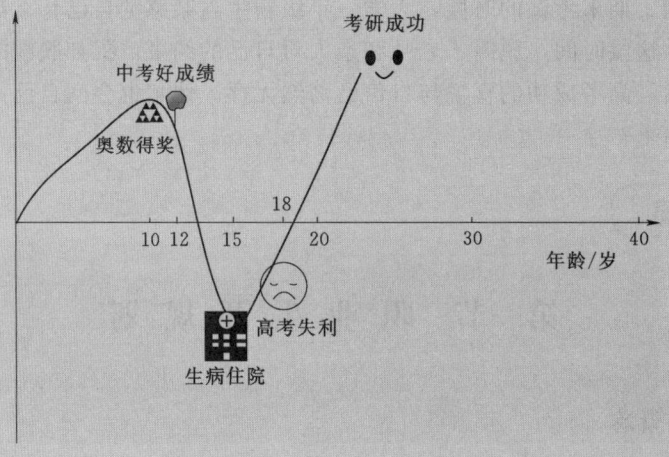

图 0-1 生命线示例图

思考：

(1) 这可以是一条直线，也可以是一条随着"你的心"的曲线。

(2) 这些事件对你的影响，即它们如何使你成为今天的你？

(3) 在过往的人生中，是什么总让你幸运？

(4) 你是如何走过那些艰难时刻的？

(5) 将你走过的人生视为一本未写完的小说，你会给它起个什么名字？

(6) 你继续向前走，希望如何继续完成这本小说？

二、职业生涯规划的概念

通过对生涯概念的了解，我们知道职业生涯规划与职业发展相关，但不能简单地等同于找工作,或者仅仅与工作相关。当然,这个概念也是经过几十年的发展,才有了更为广泛的含义。职业生涯规划最早起源于 1908 年的美国。有"职业指导之父"之称的帕森斯(Frank Pasons)针对大量年轻人失业的情况,成立了波士顿职业局,首次提出职业指导的概念。从此,职业指导开始系统化。在随后的几十年中,心理测验的蓬勃发展促进了职业指导的扩展。由于第二次世界大战中对大量不同人才快速分类与安置的需要和战后复原人员就业安置的需要,使职业指导成为一种时髦。当时的职业指导关注人职匹配,内容以测评和提供职业资讯为主。到 20 世纪 50—60 年代,舒伯等人提出"生涯"的概念。从此,生涯规划不再局限于职业指导的层面。舒伯的生涯发展理论将生涯的过程视为从出生到死亡,包括成长期(0~14岁)、探索期(15~24岁)、建立期(25~44岁)、维持期(45~64岁)和衰退期(65 岁以上)。大学生的生涯发展阶段属于探索期,这个阶段主要的生涯发展任务是从多种实践机会中探索自我,逐渐确定职业偏好,并在所选定的领域中开始起步。生涯发展阶段见表 0-1。

表 0-1　　　　　　　　　生 涯 发 展 阶 段

阶段	成长 Growth	探索 Exploration	建立 Establishment	维持 Maintenance	衰退 Disengagement
年龄	0~14岁 (儿童期)	15~24岁 (青年期)	25~44岁 (成年初期)	45~64岁 (成年中期)	65岁以上 (成年晚期)
发展重点	能力、兴趣、态度及自我概念的发展	对自我和工作世界的探索和了解	从工作经验中考虑职业与我的配合	以不同的方法调整工作,维持职业状况与职位	减少工作,退休
发展任务	争取不同的经验自我肯定,建立信心	结晶化(14~18岁) (Crystallization) 特定化(18~21岁) (Specification) 实践(21~24岁) (Implementation)	稳定 (Stabilization) 巩固(Consolidation)	发展新技能	发展非职业性的角色

　　为了综合阐述生涯发展阶段与角色彼此间的相互影响,舒伯创造性地描绘出一个多重角色生涯发展的综合图形——生涯彩虹图(图 0-2),形象地展现了生涯发展的时空关系,更好地诠释了生涯的定义。在生涯彩虹图中,纵向层面代表纵观上下的生活空间,由一组职位和角色组成,分为子女、学生、休闲者、公民、工作者、持家者 6 个不同的角色,他们交互影响交织出个人独特的生涯类型。他认为在个人发展历程中,随年龄的增长而扮演不同的角色,图的外圈为主要发展阶段,内圈阴影部分的范围长短不一,表示在该年龄阶段各种角色的分量;在同一年龄阶段可能同时扮演数种角色,因此彼此会有所重叠,但其所占比例分量则有所不同。

　　在生涯彩虹图中,横向层面代表横跨一生的生活广度。彩虹的外层显示人生主要的发展阶段和大致估算的年龄:成长期(约相当于儿童期)、探索期(约相当于青年期)、建立期(约相当于成年初期)、维持期(约相当于中年期)以及衰退期(约相当于老年期)。在这 5 个主要的人生发展阶段内,各个阶段还有小的阶段。舒伯特别强调各个时期的年龄划分有相当大的弹性,应依据个体不同的情况而定。纵贯上下的彩虹-生活空间在一生生涯的彩虹图

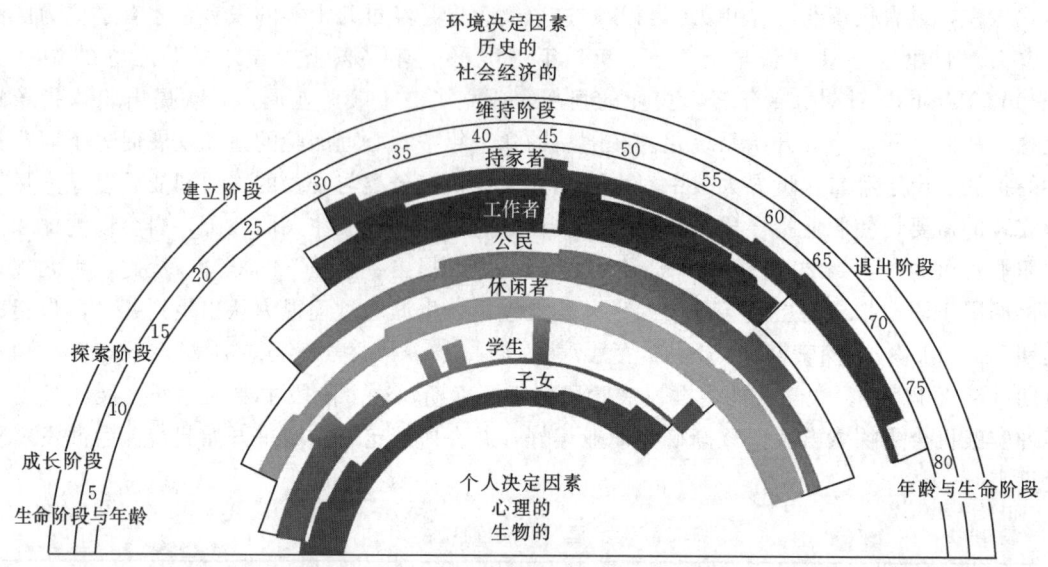

图 0-2 生涯彩虹图

中,纵向层面代表的是纵贯上下的生活空间,由一组职位和角色所组成。舒伯认为人在一生当中必须扮演九种主要的角色,依次是:儿童、学生、休闲者、公民、工作者、夫妻、家长、父母和退休者。各种角色之间是相互作用的,一个角色的成功,特别是早期的角色如果发展得比较好,将会为其他角色提供良好的关系基础。但是,在一个角色上投入过多的精力,而没有平衡协调各角色的关系,则会导致其他角色的失败。在每一个阶段对每一个角色投入程度可以用颜色来表示,颜色面积越大表示该角色投入的程度越多,空白越多表示该角色投入的程度越少。作用主要是对自身未来的各阶段进行调配,做出各种角色的计划和安排,使人成为自己的生涯设计师。

那么一个人的人生究竟要如何设计呢?美国生涯发展学家舒伯认为,人生就是选择某些人生角色、放弃某些人生角色,以及用什么方式承担所选择的人生角色的过程。人的一生就是选择以及如何承担这些角色的过程,人们因为承担的角色及承担方式的不同而呈现出多样的人生。

(一)"学生"角色

有些人上大学,并非经过自己认真思考,抱着学习更多的知识、获得更大的能力、建立更好的人际关系而来的,而是无意识地、觉得必须要读大学而读大学,没有自己内在的想法和目标,这就是承担角色的方式不同。看起来都承担了学生这个角色,但前者是主动选择这个角色,是角色的主人,而后者是被动无意识的选择,是角色的俘虏。前者会根据自己的目标来主动选择学习的内容、学习的方式,会主动、努力地投入到学习中,后者则是被动地学习学校安排的课程,很难享受到学习的乐趣,体会到意义感,而更容易感受到压力,更容易放弃对成就的追求。更糟糕的是,很多人被动地读了大学,然后继续被动地读硕士研究生,甚至博士研究生,读完之后还是不清楚自己为何要选择这样的人生。

(二)"夫妻(伴侣)""持家者"和"父母"角色

"夫妻(伴侣)""持家者"和"父母"这三个角色都是家庭角色,是从不同的角度来看待家庭的,这些角色内在都包含了浓浓的情感。夫妻(伴侣)角色是要跟另一个人建立起亲密的、愿意承诺相互扶持走完一生的关系；持家者是指愿意承担起一个家庭的社会功能，如赚钱养家、买房置业、缴费纳税等；父母则是指愿意生育小孩，并用心去爱、去教育他（她）长大成人。

你喜欢这些角色吗？你了解这些角色的要求吗？你希望自己何时承担这些角色，又如何承担呢？

（三）"公民"角色

公民从法律意义来说，是指具有一个国家的国籍，并根据该国宪法和法律，享有权利并承担义务的自然人。首先，从法律意义上有权按照法律规定的方式放弃本国国籍选择外国国籍；其次，更重要的是，公民是一个法律概念，而公民角色承担是一个心理概念。简言之，你是一个法律意义上的公民，并不见得是一个心理与行为表现都合格的公民。仅仅拥有国籍而不主动关心国家和社会的发展，不参与涉及多数人利益的公共事务，不关心社会的公平与公正，不关心环境的优劣变化，对弱势群体的不幸与艰难视若无睹，甚至不履行公民应尽的责任和义务，那就不能称为公民，也就是放弃承担公民角色。

（四）"休闲者"角色

这难道还是一个角色吗？难道"休闲者"还有这么重要的地位？还要把"休闲者"拿出来和"公民""父母"这些角色并列放在一起来考虑？是的，休闲者角色就是这么重要。从时间上分，一天24小时，减去生理时间和工作时间，剩下的时间称为闲暇时间，对一般人来说，也是将近三分之一的时间。加上退休后更多的闲暇，实际上多数人一生的闲暇时间超过了人生总长度的三分之一！更有学者指出，生产的根本目的之一就是创造更多的财富，把人们从繁重的劳动中解放出来，从而拥有越来越多的闲暇时光。休闲是成为人们生活的重要组成部分。马克思认为"休闲"是"用于娱乐和休息的余暇时间"，它包括"个人受教育的时间、发展智力的时间、履行社会职能的时间、进行社交活动的时间、自由运用体力和智力的时间"。选择何种休闲方式，是每个大学生成长为一个独立、负责、成熟的个体的必要内容。在大学生活中，社团生活往往是同学们休闲者角色的主要载体，选择社团、选择休闲生活不仅能够有益于身心健康，往往还是个人职业生涯发展的策源地。这部分内容将在第二章展开论述。

（五）"工作者"角色

在人的一生中，从20岁到60岁、一周5天、每天8小时最美好、精力最充沛的时间都是在工作中度过，人生的主体，在所有角色中居于核心地位的是"工作者"角色，即职业角色。

从舒伯的生涯彩虹图中可以看到，生涯规划变得立体化了，以多层次的视角看到在个人发展中不同时期、不同角色的意义和相互间的影响。从长度上看，它包括了一个人从生到死的全部生命历程；从空间上看，并不局限于对职业角色的关注，同样重视非职业角色对于一个人生涯的影响。舒伯认为，持家者、公民、休闲者、学生、子女、配偶、退休者等的角色和工作者的角色都是一个人自我概念的具体表现。这里的自我概念指个人对自己在兴趣、能力、价值观以及人格特征等方面的认识，是个人生涯发展历程的核心。工作与生活满意的程度，有赖于个人能否在工作上、职场中以及生活形态上找到展现自我的机会。

在舒伯的理论中，生涯规划更注重职业对人的意义。一个完美的人生，未必仅仅依赖于职业角色的完美与否，更多的非职业角色使人生有更多自我实现的可能性。好比一个学生的兴趣，如果不能从专业学习中得到百分之百的释放，那么就要认真规划一下自己的"休闲者"角色，从而获得更多的自我实现。关于非职业角色对生涯发展的意义，台湾学者金树人先生的描述很生动、贴切，他说："生涯辅导是将休闲视为生涯当中与教育、职业不可分割的部分：宛如一幅画中，留白的部分也同时构成全幅画的精髓；又似一盆插花，空间的部分也是花道的精华。"

★ 练习

画一画自己的生涯彩虹图，见图0-3。

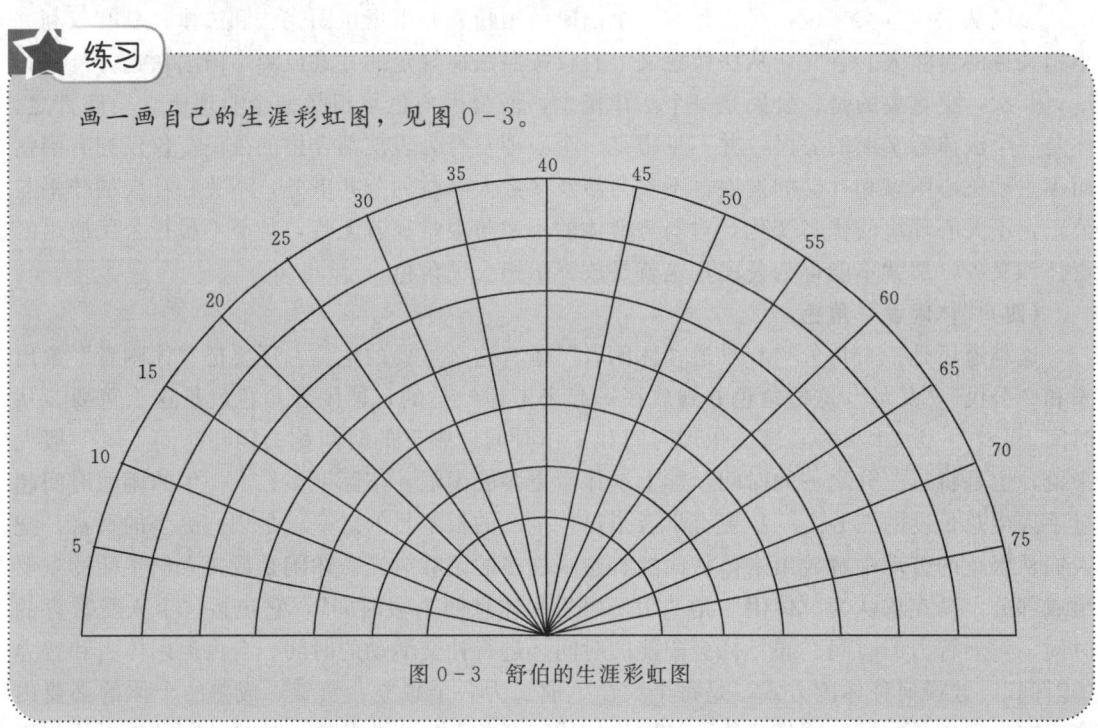

图0-3 舒伯的生涯彩虹图

第二节 生涯规划的意义和内容

★ 活动

我们来玩一个游戏：闭上眼睛，猜猜身边有多少人穿了红色衣服。

红色在人群中一般会很显眼，为什么大家都没有注意到呢？

红色的确显眼，但为什么做这个活动时很少有同学会注意到那么多人穿红色衣服呢？在心理学中，有个名词称为"选择性注意"。所谓选择性注意，简单地说，就是人们在同时存在的两种或两种以上的刺激信息中，选择一种进行注意而忽略其他的刺激信息。所以，当没有人提示要注意红色信息时，它被忽略了，因为它不是一个目标。但当红色成为目标时，也许不仅在今天你格外注意谁穿了红色衣服，在今后几天，你都会关注身边的红色衣服。如果我们把注意力看成是一种能量的话，那么很明显，目标帮助我们集中了能量。所以，当一个人的生涯发展中有目标时，他就容易集中所有的能量和资源去实现，成功的可能性会更大。

一、生涯规划的积极目的

一个人若是看不到未来,就掌握不了现在;一个人若是掌握不了现在,就看不到未来。这两句话说明了生涯规划的本质与精髓:立足现在,胸怀未来。

人的行为是目标导向的。人为自己设下目标,带出希望。所有的行动将会凝聚在这个希望的周围,活出意义来。个体心理学家阿德勒称为"梦幻目标"。梦幻目标指引出希望,指引出方向;梦幻其名,献身其实。弗洛姆在《生命的展现中》一书中提到,我们需要一个献身的目标,以便把力量整合到一个方向,以便超越我们的孤独生存状态,超越此种状态所造成的一切疑虑与不安全之感,并且满足我们企求生活意义的需要。生涯规划,即是将自己托付于这个目标的一种安身立命,活出"如其所是"的自己。

生涯规划是一个过程,规划的功能在于为生涯设定目标,并找出达成目标所需采取的步骤。在生涯规划中,目标的定制是一个探索过程,这个过程帮助一个人逐渐去理清生命的价值与意义,并用行动去实现它。好像为飘忽不定的人生加了一个锚,无论风雨来自何方,人生之船都自有它的方向。

米凯洛奇指出:生涯规划有突破障碍、开发潜能和自我实现三个积极目的。一个人最大的幸福,是能以自己选择的方式生活。择其所爱,爱其所择的结果,会使一个人以己为荣,并呈现出圆融、丰足、喜悦、智慧和充满创造力的气质。

在生涯发展过程中,很多学生对追求理想的工作或人生目标充满疑虑;还有的学生甚至不敢去想象或者设立理想目标,因为觉得那是不可实现的。阻碍学生插上理想的翅膀、迈出勇敢脚步的原因通常来自图0-4所示的两种原因:内在障碍和外在障碍。内在障碍通常是由一个人对自己的不了解、低评价、不自信或者无安全感造成的。例如,有的学生很难看到自己的长处,总用自己的短处和别人的优势相比,内心从未觉得自己有可用或特别之处。所以,在找工作时,缺乏信心,总感觉自己这也不好,那也学得不够,还没做好踏入社会的准备,从而影响自己找好工作的信心,影响自己在面试等环节中的表现。这时不如看看自己的优点和资源,允许做个"不完美"的人,真正全面地了解和接纳自己,从而避免自我低评价对找工作的影响。

外在障碍则来自一个人所处的环境,通常与就业政策不足、市场的难以预测、经济衰退和社会环境混乱等相关。一个没有生涯目标的人,很容易受外界因素的影响。例如,两个大学生,有着同样普通的家庭背景,毕业时找到的工作也都不理想。客观上大学扩招之后的就业竞争加剧的确多少影响了他们找工作,但对有自己生涯目标的学生而言,因为对未来充满希望,所以更容易积极面对并不理想的工作,努力从工作中获得和培养自己实现目标所需的能力和资源,把这当做迈向理想目标的第一步。而另一个没有任何生涯目标的学生,可能更容易抱怨社会、哀叹自己生不逢时,没有早几年出生,没赶上"大学毕业生是天之骄子"的年代……因为看不到希望,他很难从内在积极应对困境,将找不到好工作进行外归因,更觉得自身没有能力。所以,两位大学生在毕业时人生的起跑线是相同的,却可能因为有无生涯目标导致人生希望的不同:一个充满力量,能克服困难、积极进取;另一个感觉被环境所左右,怨天尤人、随波逐流。尼采说:"懂得为何而活的人,几乎任何痛苦都可以忍受。"生涯规划可以帮助人们设立目标、带来希望,从内在带来动力有勇气去面对困难，敢于冒险，突破发展中的内外障碍，最终实现幸福人生。生涯规划的积极目的如图0-4所示。

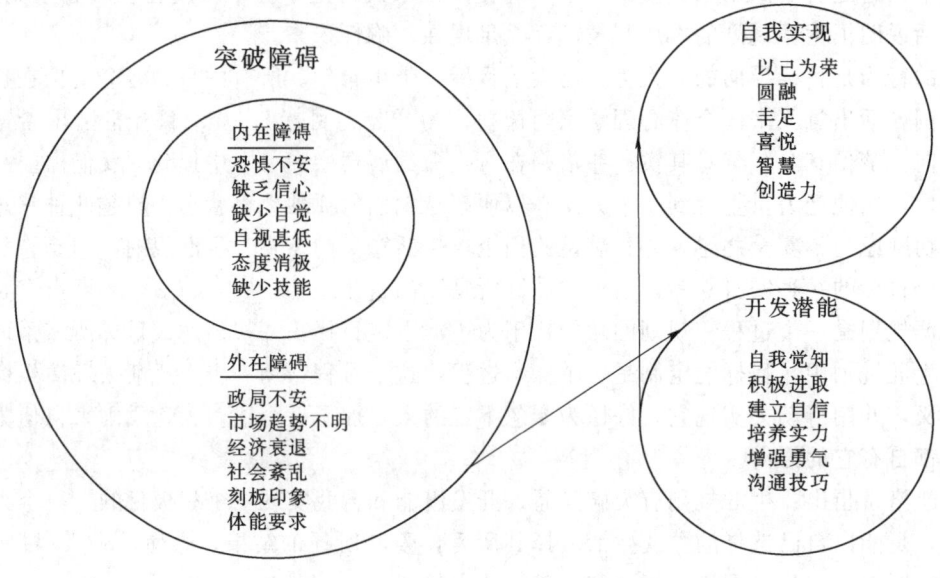

图0-4　生涯规划的积极目的

二、生涯规划的内容与步骤

> **活动**
>
> 　　如果你有一个国庆的假期，决定出游一趟，你要制订一个旅游计划：
> 　　安静下来，找到自己呼吸的节奏，想想自己一直想拥有的一次旅游是什么样的，并为自己制订一个详细可行的旅游计划。
> 　　这个旅游计划包括：
> 　　（1）旅游计划的具体内容？
> 　　（2）你制订这个计划经过了哪几个步骤？
> 　　（3）你将如何落实这个旅游计划？
> 　　（4）这个过程与职业生涯规划有哪些相似之处？
> 　　（5）找个同学或朋友，与他交流一下你的旅游计划。

　　其实，生涯规划并不难，它和制订一份旅游计划有很多相似之处，如目标的制定、实现的过程，都和一个人的兴趣爱好和自身条件等相关，对目标和过程的选择没有绝对的好坏之分。俗话说，条条大路通罗马。不同的路有不同的风景，所以在旅程的选择上，没有哪条路是绝对好的，只有对某人某时比较合适的路。对个人的生涯发展来说，也是如此。对目的地信息的了解，可以让行程更有把握，无论对信息有多么细致的了解，也要有对风险和意外的心理准备。你能否如愿以偿地实现目标，这在很大程度上取决于你是计划的推动者还是依赖别人或环境，后者常让人陷入抱怨而无所作为。

具体而言，一个系统的生涯规划应当包括觉知与承诺、认识自己、认识工作世界、决策、行动和再评估/成长6个步骤，如图0-5所示。

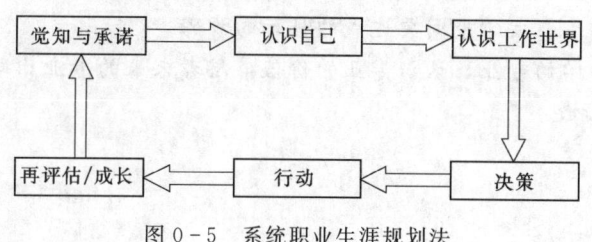

图0-5 系统职业生涯规划法

（一）觉知与承诺

在这个阶段，你需要了解到生涯规划的重要性和作用，并愿意花时间来规划自己的生涯。但也要提醒自己：生涯规划是一个过程，是一种面对生涯发展的态度，它未必能立竿见影，马上为自己带来理想的工作。就好像我们所播下的种子，未必能马上发芽一样。所以，对生涯规划要有合理的预期。

（二）认识自己

系统化的生涯规划是一个"从内而外"的过程。因此，在规划生涯时，首先要认识自己，诚实地自问："我有哪些人格特质？""我的兴趣是什么？""哪些东西是我生命中不能缺少的？我最看重什么？""我的哪些技能是与众不同、可以赖以为生的？"还有健康、性别、民族等。

（三）认识工作世界

工作世界信息和自我信息是生涯规划中重要和基础的部分，对工作世界的了解具体包括：专业与职业的关系，工作世界的宏观发展趋势，具体职业对工作人员的要求、条件和待遇等，以及继续教育方面的选择。

（四）决策

决策是综合整理和评估信息的部分，在决策时可能因信息不全面重新回到前面两个步骤，具体内容包括：综合与评估信息，目标设立与计划，处理决策过程中的各种问题：生涯信念、障碍。

（五）行动

行动是将全部的探索和思考落实的阶段。学生要通过行动来实现自己设立的工作目标。通常包括：具体的求职过程，制作简历和面试。

也有可能在与现实的接触过程中，你对自己有新的发现，由此对生涯发展有新的思考。所以，虽然我们为了方便学习，将生涯规划人为地割裂成不同的步骤，但无论在哪个步骤，自我与外部信息的探索都不会停止，不要忽略这些部分带给你的新启示。

（六）再评估/成长

当学生在实践中迈出生涯的重要一步——进入工作世界时，随着外部环境的变化，他们或许会继续沿着过去的规划前进，也有可能发现过去规划已不适合自己，或者发现过去的规划并不尽如人意。这就需要再次进行生涯探索，修正生涯规划。所以说，生涯规划是一个循环的过程，需要一辈子来探索。

课后练习

(1) 思考一下自己在大学期间要达成的目标的步骤。

(2) 了解自己所学的专业，认识专业的价值，思考未来的专业出路。将自己所学专业的探索成果记录下来吧。

所学专业名称：

培养目标：

专业价值：

核心课程：

教学方法：

知识与技能：

相关专业：

近年就业情况：

近年升学情况：

对口行业状况：

可能适合的职业：

学习资源的获取渠道：

专业相关名师和学习达人：

第一部分

自我探索篇

第一章

性 格 探 索

> 正如世界上没有完全相同的两片树叶,世界上没有两个完全一样的人。
> ——德国哲学家、数学家 戈特弗里德

学习目标

(1) 理解 MBTI 性格理论,并加以应用。
(2) 学会运用多种方式方法了解自己的职业性格。
(3) 正确认识自己的性格特征与生涯发展的关系。

困惑与迷思

小朗很聪颖,从小到大学习很好,上大学后成绩也很优异,是班上的学习委员,每年都拿奖学金。她性格比较内向,虽然知道应该在大学期间多参加社团活动,多跟同学们交流,但总觉得那样很累,还是喜欢一个人待着,静静地看书、复习功课。到了大三,她开始苦恼,不知道自己究竟应该选择考研还是工作。虽然自己的成绩不错,但她更希望能早点进入社会,开始更加丰富的生活。矛盾的是,如果毕业后就工作,她又担心自己内向的性格在单位"吃不开",担心原有学习好的优势无法得到发挥。不知道是否应该继续深造,在另外一所大学里改变、完善自己的性格。可性格是可以改变的吗?

活动

活动名称:我是谁

步骤 1:你心目中的自己是什么样的人?请用"我是……"开头写 10 句话,可以是形容词、短语或者句子,并用相应的事实做出解释。

步骤 2:从同学、朋友、家人的口中了解自己,以"我是……"开头,用形容词、短语或句子描述他们心目中的你,并写下事实依据,至少找 5 人以上。

步骤 3:分享与讨论。
(1) 从以上信息中提炼出 5~8 个关键词来说明自己的特质,说一说你对自己是否有什么新的认识?
(2) 从这些特质中可以看出自己适合什么专业、工作方向吗?

> 理论知识窗

一、性格

（一）性格的定义

性格是人对现实的稳定态度和习惯化行为方式的总和，表现为个体独特的心理特征。性格是在社会生活中逐渐形成的，同时也受个体的生物学因素影响。

认识自己的性格类型，可以更好地了解自己，理解自己的行为特点，根据自己的特点学习、工作和解决问题。

（二）性格和气质、人格的区别

1. 性格与气质的区别

性格有先天的成分，也有后天的因素。

而气质是先天的，它是个人生来就具有的心理活动的典型而稳定的动力特征。古希腊医生、哲学家希波克拉底（公元前460—公元前377年）将气质分为四种典型的类型，即胆汁质：这种人情绪体验强烈、爆发迅猛、平息快速，但感情用事、刚愎自用；多血质：情感丰富、活泼好动，但缺乏耐心、见异思迁；黏液质：情绪平稳、沉默寡言，但缺乏生气、行动迟缓；抑郁质：情绪细腻、多愁善感，但优柔寡断、软弱胆小。这是四种气质的优、缺点。它是以人体内四种液体，即黏液、黄胆汁、黑胆汁、血液的不同比例来决定的。

2. 性格与人格的区别

性格是稳定的态度和习惯化的行为方式，而人格是构成一个人的思想、情感及行为的独特模式，它的内容比性格更广。人格（Personality）这个词原意为希腊语里的面具（Persona），它是指个人性格、气质、能力等特征的综合。通俗来讲，就是你戴上面具以及更换面具的能力。所以，人格等于性格加环境再加表演能力。表演能力差的，对环境辨别低的人，人格就容易出现障碍。比如有的人从小到大就一个面具，在任何人面前都是一个孩子，或者在任何人面前都像一个受害者，那他就有人格缺陷，面具的数量不够；有的人有很多面具，但不知在哪种场合戴哪个面具，经常戴错，比如在学生面前，他戴了个父亲的面具，在孩子面前，他戴了个老师的面具，这就颠倒了；有的人在同一场合同时戴上若干个面具，这就是人格分裂。所以，正常的人格就是在具体的环境中戴上合适的面具，扮演合适的角色。

人格的内容示意见图1-1。

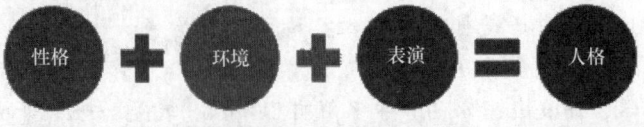

图1-1 人格的内容

当然，人格在一定语境下还意为个人的道德品质（比如"人格魅力"），或者个人在社会中的地位和作用的统一，即人作为权利义务主体的资格（比如"人格独立"）。

总的来说，气质是天生的，性格是面具背后一个人最自然的反应和表现，人格是个体适应环境的产物。

(三)探索性格的意义

(1) 理解自己,懂得释然。从性格的角度去理解和接纳自己的情绪,如我是一个外向的人,可领导让我整理档案,两天下来我觉得好累,身心俱疲。了解性格类型,你就知道这是正常的现象,这可以释然。或者说我是一个判断型的人,遇到一个有拖延症的学生,我比他还着急,我能够理解自己,就不跟自己去较劲,能够释然。

(2) 能动地适应环境。为了适应环境,主动补齐自己的短板。比如我就是一个感觉型的人,那么我要有意识地去培养我的一些宏观的视角;我还是一个过于感性的人,工作中有些时候我就要果断一点、理性一些,处理问题不能太感性。

(3) 理解和接纳他人。比如面对一个内向的人,就不要强迫他去表达自己的感受;或者不要跟一个直觉型的人过于强调细节;对于一个思考型的人,他爱憎分明,那就不要过于要求他考虑别人的感受,因为他也不需要别人考虑他的感受,这是正常的;对于一个判断型的人,我们能够理解他内心的压力,所以尽量配合他的节奏就可以。这就是我们探索性格的根本目的。因此对于人际关系有问题的人,学好性格理论和类型很重要,有助于学会与不同性格的人交往,这是一个突破口。

二、MBTI 性格类型论

1. MBTI 介绍

如何了解自己的性格类型是我们面临的一个问题。现代心理学中性格类型的概念由瑞士心理学家荣格提出。他在 1921 年出版的《心理学类型》中阐述了一种思想:如果了解了人们潜在的心理活动和性格偏好,就可以预测其行为。荣格认为,我们的心理活动会指向外部世界,也会指向自己的内心世界,前者属于外倾型,后者属于内倾型。同时,我们通过感官和直觉来获取外界的信息,利用这些信息,通过理性和感性的方式,对事情进行判断和认识,并在此基础上形成自己的行为习惯和人格模式。美国的凯瑟琳·布里格斯和伊莎贝尔·布里格斯·迈尔斯母女发展了这一性格类型理论,将荣格提出的性格偏好发展为四个维度(表 1-1),不同个体的性格都处于四种维度分界点的两侧,这就将性格类型发展为四维八极 16 类。她们将这一理论运用到职业选择的实践中,通过大量的个案分析,总结出与不同性格类型相对应的职业体系,制定了迈尔斯-布里格斯性格类型指标(MBTI),开发出 MBTI 性格类型测评系统。MBTI 能够让人们了解自己的处事风格、特点、职业适应性、潜质等,从而提供合理的工作及人际决策建议。目前,它已成为世界上应用最为广泛的测试工具之一,用于团队建设、职业发展与咨询、婚姻教育、医疗、法律等诸多领域。许多知名企业的高层管理者、高级人事主管在员工培训及新员工岗位配置时使用 MBTI 这一工具。

表 1-1　　性格的四个维度

能量指向	外倾型 (E) Extraversion	内倾型 (I) Introversion
接收信息	感觉型 (S) Sensing	直觉型 (N) Intuition
决策方式	思考型 (T) Thinking	情感型 (F) Feeling
行动方式	判断型 (J) Judging	知觉型 (P) Perceiving

MBTI对于性格的描述基于四种维度,每个维度有两种类型,在每个维度上,我们两种类型都在使用,只是对于某一种类型使用起来更自然、更有能量,不需要花很多精力去发展。所以,我们要理解,一个内倾的人也可能会有一些外倾的特征,这就像用右手的人并不代表他的左手完全没有用处,很多时候需要左右手配合。性格也如此,一个人如果是内倾,他多数情况下的自然反应是内倾的,但也有外倾的时候,甚至在特别的情境下,可能主要表现为外倾。所以,MBTI测评结果的类型所指并不是"非此即彼",而是"主要"表现。

(1) 第一个维度,根据个人的能量更集中地指向哪里,分为外倾型与内倾型(E-I)。心理学认为,我们以自身为界,可以将世界分为自身以外的世界和自我的世界两个部分,也可称为外部世界和内部世界。外倾的人倾向于将注意力和精力投向外部世界,包括外在的人、物、环境等,内倾的人则相反,较为关注自我的内部状况,如内心情感、思想。两种类型的个体在自己偏好的世界里会感觉自在、充满活力,到相反的世界里则会感到不安、疲惫。因此,外倾和内倾的个体之间的区分是广泛而明显的。需要注意的是,MBTI中所讲的内倾和外倾不同于我们日常所说的"内向"和"外向"。习惯中,人们普遍认为外向的人善于和人打交道,能言善辩;内向的人不善言辞,缺乏交际能力。实际上,内倾者不愿意和不同的人打交道,但不代表他们人际关系能力差。外倾型(E)与内倾型(I)的特征比较见表1-2。

表1-2　　　　　　　　外倾型(E)与内倾型(I)的特征比较

外 倾 型	内 倾 型
注意力和能量主要指向外部世界的人和事,从与人交往和行动中得到活力	注意力和能量集中于自己的内心世界,从对思想、回忆和情感的反思中得到活力
关注外部环境	关注自己的内心世界
行动先于思考	思考先于行动
自由地表达情绪和想法	情绪和想法不轻易流露
听、说、想同时进行	先听、后想、再说
随意分享个人情况	更封闭,更愿意在精挑细选的小群体中分享个人的情况
用实际操作或讨论的方式能学得最好	用思考、在头脑中"练习"的方式学得最好
兴趣广泛	兴趣专注
在工作和人际关系中都很积极主动	当情境或事件对他们具有重要意义时会采取主动

(2) 第二个维度,根据个人收集信息的方式不同,分为感觉型与直觉型(S-N)。我们每天接收大量信息,有些人偏好通过感官,即视觉、听觉、触觉、味觉、嗅觉来接受信息,称为感觉型;有些人偏好依靠"第六感"来处理信息,他们关注的不是事物的表象,而是表象后的实质,称为直觉型。感觉型的人关注的是事实本身,注重细节,而直觉型的人注重的是基于事实的含义、关系和结论;感觉型的人习惯于固守现实,享受现实,使用已有的技能,直觉型的人更习惯变化、突破现实。换句话说,感觉型的人关注"是什么",实际而仔细,直觉型的人更关心"可能是什么"。

感觉型和直觉型的人不同,造成他们在工作上可能存在冲突:感觉型的人可能会觉得直觉型的人太富幻想、不切实际,而直觉型的人则会认为感觉型的人太保守、抵触革新。其实二者可以在工作中各取所长、相互配合:感觉型的人因为更关注事情的细节和事实,适合应用类、实施执行的工作,而直觉型的人喜欢新的问题和可能性,看重远景和全貌,更适合如理论类的、策划类的工作。感觉型(S)与直觉型(N)的特征比较见表1-3。

表1-3　　　　　　　感觉型(S)与直觉型(N)的特征比较

感 觉 型	直 觉 型
用自己的五官来获取信息,喜欢收集实实在在的、确实已出现的信息。对于周围所发生的事件观察入微,特别关注现实	通过想象、无意识等超越感觉的方式来获取信息。喜欢看整个事件的全貌,关注事实之间的关联。想要抓住事件的模式,特别善于看到新的可能性
"请告诉我具体事实"	"我要了解全局"
着眼于当前的实际情况	着眼于未来的可能
观察敏锐,能记住细节	当细节与某一模式相关时才能够记得
相信自己的经验	相信自己的灵感
重视现实性和常情	重视想象力和独创力
通过实际运用来理解抽象的思维和理论	希望在应用理论之前先能对之进行澄清
通过仔细周详的推理一步步得出结论	靠直觉很快得出结论

(3) 第三个维度,根据个人做决定下结论的依据不同,分为思考型与情感型(T-F)。思考型的人注重依据客观事实的分析来做出符合逻辑的、有目的的结论和选择,会以一贯之、一视同仁地贯彻规章制度;情感型的人常从自我的价值观念出发,变通地贯彻规章制度,做出一些自己认定是对的决策,比较关注决策可能会给他人带来的情绪体验,更富有同情心,人情味更浓。

做决策时,思考型的人以事为主,情感型的人以人为主;思考型的人重在解决问题,情感型的人更关注感受、建立关系。在工作中,情感型的人很看重所做事情的价值是否符合自己的价值观,愿意追求心灵层面的东西,他们更喜欢和谐的工作环境,乐意为人服务;思考型的人讲究逻辑性,更喜欢分析、解决问题,尤其愿意和概念、数字或者具体事务打交道,乐趣在于找到客观的标准和原则。思考型(T)与情感型(F)的特征比较见表1-4。

表1-4　　　　　　　思考型(T)与情感型(F)的特征比较

思 考 型	情 感 型
通过分析某一行动或选择的逻辑后果来做出决定。会将自己从情境中分离出来,对事件的正反两方面进行客观分析。从分析和确认事件中的错误并解决问题中获得活力。目标是要找到一个能应用于所有相似情境的标准或原则	喜欢考虑对自己和他人来说什么是重要的。会在头脑中将自己放在情境所牵涉的所有人的位置上并试图理解别人的感受,然后在此基础上根据自己的价值判断做出决定。从对他人表示赞赏和支持中获得活力。目标是创造和谐的氛围,把每一个人都当做一个独特的个体来对待
"这合乎逻辑吗?"	"会有人因此受到伤害吗?"
对问题进行非个人因素的逻辑分析	衡量决定对他人产生的后果和影响
运用因果推理	受个人价值观的引导
更关注道理或事物本身,而非人际关系	能够预计到别人会如何感受
很自然地看到缺点,倾向于批评	容易理解别人,对其缺点不太挑剔
爱讲理的	富于同情心的
可能显得不近人情	可能显得心肠太软
公平意味着每个人都能得到平等的待遇	公平意味着每个人都被作为独特的个体来对待

（4）第四个维度，根据人们如何组织自己的世界，以及采取生活方式的角度不同，分为判断型与知觉型（J-P）。判断意味着最终得出结论，包含着"终点"的意思。因而判断型的人需要迅速地做出决定，如果判断型的人被邀请参加一场宴会，他会有非常强烈的意愿尽快决定去还是不去，不会在去与不去的问题上太过矛盾，一旦事情解决，他就会倍感轻松；而知觉型的人则喜欢在做出决定前保持开放的心态，因为他们会考虑许多可能的变化因素，希望获得更多信息再决断，往往迟迟下不了决心，如果他们被邀请参加宴会，除非特别想去，否则不会太快做出决定。判断型的人喜欢有计划、有条理的世界，喜欢有序的生活，他们做事往往一板一眼，目的性较强；知觉型的人往往表现出很强的好奇心和适应性，会不断关注新的信息，更喜欢灵活、随意、开放的生活方式。判断型的人喜欢自己掌握一切，把一切安排得井井有条，甚至替别人做决定，具有强烈的责任感，从完成一件工作中会获得满足感；知觉型的人开放、好奇、渴望经历、适应性强，他们习惯让别人来做出安排，对事情的态度也不像判断型那么黑白分明。需要指出的是，判断型和知觉型并不存在优劣之分，学习、生活和工作中，判断型和知觉型的人要学会互相欣赏和包容：判断型的人既要欣赏知觉型的人"享受生活、活在当下"的态度，又要容忍他们时间观念不强的缺点；知觉型的人既要欣赏判断型的人做事果断，也要容忍他们面对计划改变时的不安。同时，人并不是一成不变的，当面临紧急的或期限明确的任务时，知觉型的人会果断起来；当面临具有很大变化的任务时，判断型的人也不得不灵活处事，只是可能这些不自然的方式会给他们带来压力和焦虑。判断型（J）与知觉型（P）的特征比较见表1-5。

表1-5 判断型（J）与知觉型（P）的特征比较

判 断 型	知 觉 型
喜欢将事情管理得井井有条，过一种有计划的、井然有序的生活。喜欢做出决定，完成后继续下面的工作。生活通常会比较有规划、有秩序，喜欢把事情敲定下来。照计划和日程安排办事对他来说很重要。从完成任务中获得能量	喜欢以一种灵活、自发的方式生活，更愿意去体验和理解生活而不是去控制它。详细的计划或最后决定会使他们感到服困。愿意对新的信息和选择保持开放，直到最后一分钟。足智多谋，善于调节自己适应当前场合的需要，并从中获得能量
"让我们快点把事情完成吧"	"等一等，再看看吧"
预先制订计划，喜欢提前把事情落实和决定下来	保持灵活性，避免做出固定的计划
建立目标，准时完成	随着新信息的获取，不断改变目标
喜欢先完成一项工作后再开始另一项	喜欢同时开展多项工作
满足感来源于完成计划	满足感来源于计划的开始
"工作原则"：工作第一，享受其次	"玩的原则"：先享受，再完成工作
看重结果（重点在于完成任务）	看重过程（重点在于如何完成任务）
把时间看作有限的资源，认真对待最后期限	认为时间是可更新的资源，而最后期限是可调节的

在四维八极16类里，其实每个人都有两种倾向，只不过是在最自然、最不需要伪装的情况下，倾向于哪一个方面要更多一些，没有绝对的外向或者绝对的内向，也没有绝对的感觉或者绝对的直觉，也没有绝对的思考或者绝对的情感，更没有说纯粹的判断或者直觉。

2. MBTI 16种性格类型概述

我们已经对MBTI的每个维度做了单独介绍，但是人的性格非常复杂，每个维度都会彼此影响，把四个维度结合起来，才是正确理解一个人的方法。性格的每个维度都有两个彼此对立的极端,这样共有 8 种倾向,每种用一个字母来表示,把这些字母进行组合,就得出 16 种性格类型。每个人都可以找到一种类型代表自己的性格。16 种性格类型及其特点见表 1-6。

表 1-6　　　　MBTI 16 种性格类型及其通常具有的特征及职业倾向代表

类型	ISTJ	ISFJ	INFJ	INTJ
特点	一丝不苟、认真负责,讲求实际、非常务实,追求精确性和条理性,具有高度专注力,不易受外界事物影响。他们往往需要相对独立的工作环境,兢兢业业地完成自己的工作,是组织忠诚的维护者、支持者,情绪稳定,有始有终 基层员工 流水线技术人员	忠心耿耿,沉静、友善、乐于助人、富有同情心。职业道德感很强,喜欢为别人服务,支持同事、下属的工作;默默投入地在背后工作以表达自己的感情投入,但如果认为自己不被需要或者不被欣赏,就容易灰心丧气 军人	非常有创意,善于独立进行创造性思考,对他人洞察力很强;能够理解复杂的概念,能够促进人与人之间的和谐一致,乐于帮助别人发展,致力于实现自己信仰的东西,工作要符合个人的价值观 咨询师 教学	强烈要求自主,看重个人能力,对自己的创新思想坚定不移。逻辑性强、有批判精神,对人对己要求都高;在所有类型中独立性最强,喜欢我行我素,但也愿意与责任心强,在专业知识、智慧和能力都很强的人合作 顾问 军师、智囊
类型	ISTP	ISFP	INFP	INTP
特点	善于分析、敏于观察、好奇心强,能使杂乱的资料和难以分辨的材料有序化,重视事情的前因后果,重视效率,善于利用一切可以利用的资源。通常精通机械技能或使用工具,对语言交流没有太大兴趣,对别人的需求和情感无动于衷 手工艺人 器乐演奏家	温柔、体贴、敏感、有耐心,喜欢帮助别人,十分随和。喜欢有自己的空间和自由,忠于自己所重视的人,喜欢在积极支持的氛围中成长,不喜欢争论和冲突,无意控制他人,对过多的规则和僵化程序不适应 导演 作家 编剧	敏感、理想化、忠心耿耿。在日常事务中,通常很灵活、有包容心,但对内心所信仰的工作义无反顾。对外少表露出强烈的情感,常常显得寡言少语;一旦相熟,也会变得十分热情。对他们来说,工作最好既有灵活架构,又能符合他们个人价值观 督导 艺术	擅长解决抽象问题,有远见,善分析;喜欢能学到新知识、掌握新技能的环境;目光挑剔、独立性很强。喜欢工作中负责某一创造性流程,而不是最终产品。他们的思想、观点对别人来说可能过于复杂、难以理解;容易对琐碎的日常工作缺乏耐心 设计师
类型	ESTJ	ESFJ	ENFJ	ENTJ
特点	办事能力很强,喜欢出风头,做事风风火火。重视集体目标,擅长于组织和作出客观决定,在推销或谈判时非常有说服力;能组织各种细节工作,工作效率很高;有一套清晰的逻辑标准,执行计划时态度会比较强硬,不达目标誓不罢休 项目经理、产品经理、职业经理人 单位的中层管理者	很好的合作者,注重人际关系,无论工作还是其他活动,都愿意为团体尽自己的力量;工作勤奋、富有效率,在表达意见时十分坚决。喜欢与人打交道的工作,希望能够参与整个决策过程。对批评过于敏感,紧张的工作环境下容易感到压力 志愿服务、客户服务	能够促进和谐、有爱心,对生活充满热情。对自己很挑剔,但能够尊重不同意见,很少在公共场合发表批评意见。果断、有条理,天生的领导者。喜欢在自己信赖且富有创意的人群中工作。可能不善处理人际冲突,倾向于把人理想化,不够注意精确性 公共关系专家 营销人员	远见的领导者,做事深谋远虑、策划周全、博学多闻、工作勤奋,能够看到不合逻辑和缺乏效率的程序和政策,从而制定和实施更全面有效的制度。可能会因急于做出决定而忽视有关事实和重要细节;可能会工作至上而忽视生活其他方面 领导者

续表

类型	ESTP	ESFP	ENFP	ENTP
特点	有弹性，讲求实际。活泼、随和、率性，属于乐天派。专注于即时效益，善于推销和洽谈；能很好地适应不同类型的人；是天生的创业者。工作中喜欢冒险和乐趣，对他人的情感可能不敏感，对于规则和章程容易感到约束 　客户拓展 　市场营销	生性爱玩，充满活力，适应性强、平易随和，可以热情饱满地同时参加几项活动，能够在工作中营造愉悦的氛围，很快调动起用户和员工的情绪。不善于提前计划和察觉行动征兆；易冲动和焦躁，规范自己和别人时不易达到要求 　演员	热情、富有想象力，能够深刻认识到哪些事情可为。不会墨守成规、善于创新，是天生的发明家。善于赋予合适的人以合适的位置或任务，能激励和支持别人。不喜欢从事需要自己亲自处理日常琐碎杂物的工作 　导游 　教育/培训	敏捷、机灵，多面手。善于运用独创能力和现场发挥能力解决问题；在连续的、充满刺激的工作中表现最出色；擅长创新和客观公正地分析；自信，只要想做就能做到。不喜欢做例行、单调重复的工作，坚持以自己的方式行事 　企业家

 扩展阅读

2008年奥运会在我国首都北京召开，当时在为奥运会选拔志愿者的时候，从全国报名人员中只选出了30%。主办方就是采用MBTI测评，经过了好几轮的测试之后，发现ESFJ这种类型的人在现场服务特别好，特别适合做志愿者。因为他们开朗外向、注重细节、关照他人感受，能够按部就班地完成安排的任务。

三、性格与生涯发展的关系

首先，如果性格跟我们的职业或专业匹配的话，效率就会非常高，这样做有用功的时候就多，是最好的本色演出，不会别扭，工作可以持久。其次，性格相近的人容易互相吸引，成为朋友；性格互补的人，容易成为稳定的关系。

但是当性格和职业、专业不匹配的时候怎么办呢？

第一，平衡。在工作中或者这个角色中耗掉的能量可以到别的角色中去补充，可以获得他人的理解和支持。

第二，适应并完善。每种性格类型本身并没有优劣之分，在应对现实的过程中各有利弊，所以只有相对的适配性，没有绝对的适配性，我们要接纳自己，理解他人，接受并享受性格带来的优势，改变或者回避性格带来的局限，如果我们还有选择权的话，尽可能地扬长避短；如果没有选择权，就扬长补短，不能以性格作为借口来回避应对，"我就那样的性格，我不想做。"这是不成熟的想法和做法。

第三，合理认知。调整、丰富自己的元认知，让自己能够理解自己，理解他人。

完善自己的人格，提高主观能动性，是我们终身的课题。

 扩展阅读

乔某，女，土木工程学院水利水电工程专业2017届毕业生，保研至天津大学攻读硕士研究生。她活泼开朗，为人诚恳，是典型的ESFJ，为团体倾尽全力自己；工作勤奋、执行力超强，非常有主见并且很坚定。

大学四年中,她是班里的学霸、热心助人的志愿者、运动会上的跑步健将,精力充沛又机缘巧合地兼任了班长、团支书、党支部书记,同时还是学生会的副主席。一路走来,她勇敢迎接挑战,对于每一次的尝试都能付出百分之百的热情与精力,为自己的青春创造更多种可能性。有着年轻人特有的朝气与魄力,永远怀揣梦想。班团工作中,她富有亲和力,精力充沛,这使她在担任班长兼团支书及党支部书记的过程中,能够把各种事务都能处理得井井有条;团学组织中,她善于沟通,热爱团队工作,在担任学生会副主席期间,积极参与活动组织协调,任劳任怨;作为志愿者协会宣传部部长,投入志愿工作,坚持支教,默默奉献;除此之外,参与各大活动,获得全国"十佳水利之星"等国家级证书5项;甘肃省"三好学生"等省级证书6项;兰州交通大学"一等奖学金""优秀志愿者""优秀学生会干部""优秀团干部""优秀运动员""水利创新大赛一等奖"等校级证书30余项,曾获第二届十佳土木之星自强之星奖,是被校长点赞的优秀土木毕业生。

　　登录北森吉讯大学生职业测评和规划系统,完成其中职业性格部分的测评,确认自己的 MBTI 类型。

第二章

兴 趣 探 索

> 天才的秘密在于强烈的兴趣与爱好。
>
> ——林崇德

学习目标

（1）通过兴趣探索练习和标准化测试等多种形式帮助学生对其兴趣进行探索和分类。

（2）学会使用"霍兰德职业索引"等工具来对职业进行考察，以及评估其与个人职业兴趣的适配度。

困惑与迷思

江某是一位文质彬彬的男生，从南方城市考入北方大学，学习机电工程专业。大一刚开始对学习很上心，后半学期开始感觉到自己一点都不喜欢这个专业，也不喜欢未来的工作环境，成绩逐渐下滑，慢慢也变得孤僻，不愿意融入到同学们中，觉得"自己跟他们不一样"。江某也不知道自己喜欢什么，对什么专业感兴趣，为此感到苦恼又自责。

（1）为什么要对兴趣进行探索？你知道自己的兴趣是什么吗？

（2）我们都希望学习或从事自己感兴趣的专业，人境匹配究竟会带来哪些益处？

（3）当你的专业和兴趣不匹配时，又应当如何做呢？

理论知识窗

一、兴趣概述

（一）兴趣的内涵和外延

兴趣是指以特定的事物或者活动为对象所产生的积极的带有倾向性和选择性的态度和情绪。从这个定义当中我们可以看到：①兴趣有可能指向的是事物，也有可能指向的是某种活动；②兴趣之所以让我们欲罢不能，就是因为它产生了积极的态度和情绪，带来积极、正向、快乐的体验；③兴趣带有倾向性、选择性，也就意味着它自然而然有了排他性。

兴趣的外延：兴趣是人们内心动力和快乐的来源，常常表现为一种自觉自愿、乐此不疲的精神状态。我们可以看到兴趣带来的是快乐的体验，它仅仅是一种态度和情绪，也就是说兴趣不等于能力，它和能力之间并没有因果的必然联系，你喜欢的未必是你擅长的，反过来你擅长的也未必是你喜欢的。比如你喜欢唱歌，但并不意味着你能够以此为业。

有学生认为"我对某些学科不感兴趣，所以我成绩不好。"很多情况下，他们也没有把时间和精力用在感兴趣的课程上，仅仅是找了个借口玩游戏而已。要明确的是，无论有没有兴趣，学习就是要努力，投入精力，从而培养能力。兴趣只是一种情绪和体验，不直接等于能力。

（二）职业兴趣

职业兴趣是兴趣在职业方面的表现，是指人们对某种职业活动具有的比较稳定而持久的心理倾向，使人对某种职业给予优先注意，并向往之。职业兴趣会直接影响到个人的工作满意度、职业稳定性和个人成就感。讲到职业兴趣，就要讲霍兰德的职业兴趣类型理论。

二、霍兰德职业兴趣类型理论

（一）理论假设

美国心理学家约翰·霍兰德提出了兴趣类型理论。

霍兰德将职业归纳成六大类型，相应地，也有六种不同类型的人，会去从事和自己的类型相同的职业。其职业兴趣类型理论的四个核心假设如下：

（1）大多数人可以被归纳为六种类型：实用型（Realistic type，R）、研究型（Investigative type，I）、艺术型（Artistic type，A）、社会型（Social type，S）、企业型（Enterprising type，E）与事务型（Conventional type，C）。这既是兴趣类型也是人格类型，因为霍兰德认为职业兴趣的选择反映了个体的人格特征。比如大家普遍认为医生都比较冷静、严谨；再比如，大家觉得幼儿园老师能歌善舞、比较活泼。

（2）职业环境也可以分成与人格特质相对应的具有同样名称的六大类型，其名称及性质与兴趣类型的分类一致。霍兰德认为一种环境可以是一种职业、一种工作、一种休闲活动、一个教育项目或一个学习领域、一所学校或者是一个公司的文化氛围。

（3）人们都尽量寻找那些能运用自己的技术、体现自己的价值和能在其中扮演令自己愉快角色的职业。比如艺术型的人喜欢在艺术型的职业环境中工作。

（4）一个人的行为表现是职业环境类型和人格类型相互作用的结果。兴趣与职业的匹配程度决定了个体的职业满意度、稳定性和成就感。

（二）类型特征

通过广泛细致的调查研究，霍兰德给出了每种兴趣类型的特点。

1. 实用型（R）

实用型人的特点：喜欢操作机械、修理仪器等需要技术的活动；喜欢用实际行动代替言语表达，重视现在胜于重视未来；喜欢具体明确、需要动手操作的工作环境；喜欢从事机械、电子、建筑、农事等方面的工作。他们通常情绪稳定，忍耐力强，给人以诚实、谦和、踏实的印象。

实用型职业环境特点：这类工作环境常有个人可操作的工具、机器等，需要人们按一定程序要求，明确地、具体地从事技术性、技能性工作。在这类工作环境中，处理与物接触的问题比处理人际关系问题更重要。

实用型典型职业：质检员、电力工程师、软件技术人员、建筑设计师、汽车工程师等工程技术人员、运动员。

举例：有的同学喜欢修理各种家用电器、设备等；喜欢上实验课、劳技课等，因为可以操作实验设备、仪器；喜欢玩各种组装、拼装类玩具；喜欢有理花草、制作家具、缝制衣物、烹饪；喜欢户外运动、体育活动等。

2. 研究型（I）

研究型人的特点：这类人喜欢研究且解决抽象的问题。喜欢运用心智能力去观察、分析、推理，喜欢与符号、概念、文字、抽象思考有关的活动；喜欢从事理化、生物等需要动脑的研究性工作；在工作中表现出优异的科学能力。他们通常个性独立、温和、谨慎、理性、有逻辑。

研究型职业环境特点：这类工作环境通常需要运用复杂抽象的思考能力，需要人们通过观察、科学分析等进行系统的、创造性的研究工作和理论性工作。在这类环境中不太需要处理复杂的人际关系，大多数时候需要使用智慧，独立解决工作上的问题。

研究型典型职业：心理学家、物理学家、计算机分析师、营养师、统计员、记者等。

例如：有的同学脑袋里常常有各种各样的"为什么"；与各类娱乐杂志相比，更喜欢翻阅科学、哲学等知识类书籍、材料；喜欢参加在脑力上更有挑战的活动和游戏，如下棋、推理游戏；平时可能话不多，但不人云亦云。

3. 艺术型（A）

艺术型人的特点：这类人喜欢借助文字、声音、动作或色彩来表达内心想法和对美的感受；喜欢自由自在的、有创意的工作环境。对美的事物具有敏锐的直觉。他们个性热情、冲动，有丰富的想象力和创造力，乐于独立思考和创作。

艺术型职业环境特点：这类工作环境通常开放自由，鼓励个人表现和创意，需要通过非系统化的、自由的活动进行艺术表现和创新工作，不太需要程序化的事务性工作。这类环境提供了开发、创造、自由的空间，鼓励感性与情绪的充分表达，不要求逻辑形式，使用工具也是为了传达内心的情绪或创意。

艺术型典型职业：演员、艺术家、园艺设计师、室内设计师、服装设计师、广告制作人、雕刻家、建筑师、小说家、诗人、歌唱家、作曲家、乐队指挥等。

举例：有的同学喜欢欣赏各种形式的艺术作品；乐意参加文艺演出；写自娱自乐的小文章、拍各类照片、听音乐会（并非单纯的追星）、看画展等。

4. 社会型（S）

社会型人的特点：这类人喜欢从事与人接触的活动。对人慷慨、仁慈，喜欢倾听和关心别人，能敏锐觉察别人的感受。在团队中，乐于与人合作，喜欢和大家一起完成工作。他们关心人胜于关心物，关心他人的福祉；喜欢帮助他人类的工作。他们个性温暖、友善、乐于助人，容易与人相处。

社会型职业环境特点：这类工作环境鼓励人们彼此了解，互相帮助，和睦相处，需要人际交往技能，需要更多时间与人有交道。这类工作环境强调人类的核心价值观，如理想、友善等，充满了经验指导与交流、心理的沟通等。

社会型典型职业：教师、社会工作者、警察、顾问、运动教练、护士等。

举例：有的同学小时候喜欢扮演老师，常常教育、指导其他的小朋友；喜欢参加公益服务类活动，在帮助他人的过程中感到很快乐；喜欢和谐友善的工作和生活环境，同学中有争执或冲突，往往充当"和事佬"。

5. 企业型（E）

企业型人的特点：这类人喜欢以言语说服或影响他人，领导他人；喜欢销售、管理、法律、政治方面的工作；做事有组织、有计划，喜欢立刻采取行动，领导人们达成工作目标。

他们通常精力充沛,善于表达,希望拥有权力。

企业型职业环境特点:这类工作环境中充满了权力、金融或经济议题。这类工作需要组织为影响他人共同完成目标,需要胆略、冒险以及承担责任,不太需要精确、细琐的事务和集中心智的工作。这类工作氛围重视升迁、绩效、权力、说服力和推销能力,强调自信、社交手腕与当机立断。

企业型典型职业:公关代表、销售、经理人、政治家、律师等。

举例:有的同学从小担任各种学生干部,在各项活动中表现出色;喜欢看各类金融类电视节目和书籍,对商业活动很感兴趣;大学后对创业感兴趣,与小伙伴们组建团队,开展创业实践;热衷参加演讲比赛,辩论赛等活动;喜欢做销售类的兼职。

6. 事务型(C)

事务型人的特点:这类人喜欢以有系统、具体、例行的程序处理文书或数字资料;喜欢从事会计、秘书等数字计算、文书数据处理方面的工作,较不喜欢从事创造类活动;喜欢在别人领导下工作,乐于配合和服从。他们通常表现为有秩序,做事仔细,有效率,值得信赖。

事务型职业环境特点:这类工作环境注重组织与规划,需要注意细节、精确度、有系统、有条理,严格按照固定的规则、方法进行工作,不太需要笨重的体力劳动和创意、创新为主的工作。这类工作需要运用到数字与人事行政的能力。

事务型典型职业:书记员、计算机操作员、行政助理、银行出纳员、秘书等。

举例:有的同学习惯制定工作和生活计划,凡事做好规划;喜欢有规律的生活,喜欢把个人物品收拾得干干净净、井井有条;不喜欢抛头露面,在工作中乐于做助手;乐于做文字录入、表格处理、数据统计等事务性工作。

(三)六大类型之间的关系

这六大兴趣类型按照一个固定的顺序排成一个六边形 RIASEC(图2-1)。在这个六边

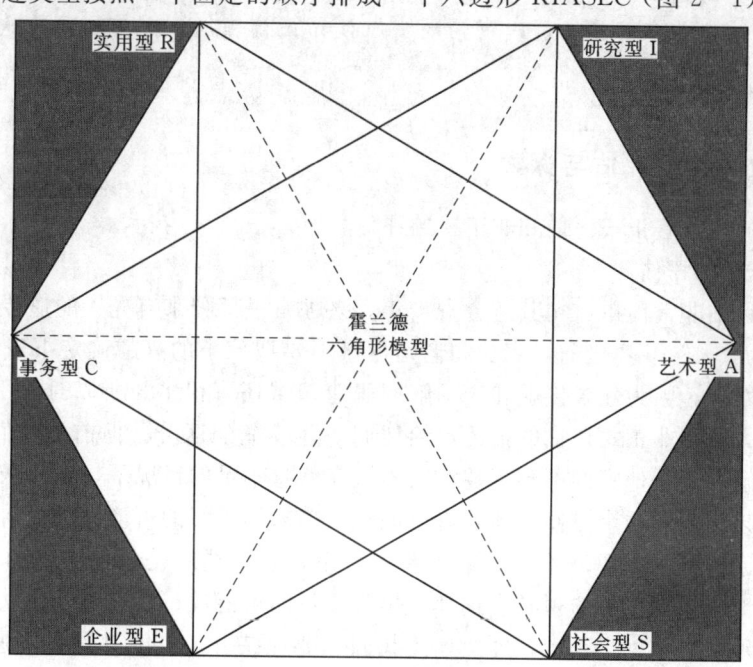

图2-1 霍兰德兴趣类型六角形模型:RIASEC

形模型中可以看到：任何两种类型之间的距离越近，其职业环境和人格特质的相似度越高，例如企业型和社会型，这两种类型的人都比其他类型更喜欢与人打交道；距离越远，尤其处于对角线位置，一致性就越低，而且具有相反的特质，比如事务型的人追求循规蹈矩，而艺术型的人追求自由个性。

 扩展阅读

霍兰德的故事

霍兰德在1959年退休之前一直名不见经传，他只是默默地在明尼苏达大学进行职业心理学的研究，研究人格分类很多年也没有什么成果。一直到1973年的某一天，他在整理研究结果的时候突然发现：从事相同行业或职业的人，或多或少都有一些共同的特点，于是他就提出了一个假设：我们是不是能够通过观察人们的特点，来预测并指导他们未来的职业，进而保证他们的职业满意度和稳定性？这是他的假设。然后他就开始进行实验，用了纵向研究，对青春期的孩子进行兴趣的评估，预测他们未来职业倾向选择，和与此的相关性。他的结论是人的兴趣大概可以分为6类，同时人类的职业大概也可以分为6类，人与职业的匹配可以带来最大限度的职业满意度和稳定性。于是他就实现了心理学从描述到控制这样一个过程，我们可以在人们选择职业之前对他进行职业兴趣的探索。这是霍兰德提出的职业兴趣类型理论。这个理论一旦提出，短短10年间，他就在全世界发表了600多篇相关论文，全球已经有2100万的人参与了他的研究。

霍兰德成功的例子是厚积薄发的结果。任何成功的背后、偶然的背后一定有其必然性。正是由于霍兰德对职业心理学进行了长达三四十年的研究，他才能够在1973年的时候提出六角形理论。

从霍兰德的故事来看，你感兴趣的未必就擅长，你擅长的未必是你一开始感兴趣的，我们的兴趣和技能并不是齐头并进的，还有可能是此消彼长，也可以是互惠互利的一个过程。

三、职业兴趣的评估与探索

职业兴趣的评估有正式评估和非正式的评估。

（一）非正式的评估

非正式的评估非常简单，尤其适合青少年。兴趣有一部分来自先天的遗传，更多来自后天的发现与培养。在15岁之前，家长和老师尽量不要把孩子的兴趣确定下来，他依然有机会去拓宽、去发现，因为他未接触和未了解的职业领域还有很多。所以对于15岁以下的孩子，我们可以大体用非正式评估的描述，给他们一些模糊的区分。但前提我们必须要知道：究竟是他不了解，还是他真的不感兴趣？很多人在信息不足的情况下，倾向于把那些不了解的也归为不感兴趣，而这个时候，他就有可能把很多未知领域的可能性给提前排除了。言传身教，耳濡目染，都是兴趣培养的非常重要的一个途径。这就是舒伯讲到的在探索期的时候，要尽可能地去拓宽他们的视野和选择，拓宽选择的可能性；然后到了建立期的时候，我们才能够真正地确定某一个领域，即便如此我们也要保持开放，尤其是在飞速变化的时代，勇于尝试是一个非常重要的品质。

非正式评估最经典的活动就是兴趣岛。

兴 趣 岛

恭喜你！你获得了一次免费度假的机会，有机会去下列6个岛屿中的1个。唯一的要求是你必须在这个岛上至少待满半年的时间。请不要考虑其他因素，仅凭自己的兴趣按顺序挑选出你最想去的3个岛屿。

岛屿A——美丽浪漫的岛屿。岛上有许多美术馆、音乐厅、街头雕塑和街边艺人，弥漫着浓厚的艺术文化气息。当地的居民很有艺术修养、创新和直觉能力，他们保留了传统的舞蹈、音乐与绘画。许多文艺界的朋友都喜欢到这里找寻灵感。

岛屿I——深思冥想的岛屿。岛上人迹稀少，建筑物多偏于一隅，平畴绿野，适合夜观星象。岛上有多处天文馆、科技博览馆以及科学图书馆等。岛上居民喜好观察、学习、探究、分析，崇尚和追求真知，常有机会和来自各地的哲学家、科学家、心理学家等交换心得。

岛屿C——现代井然的岛屿。岛上建筑十分现代化，是进步的都市形态，以完善的户政管理、地政管理、金融管理见长。岛民个性冷静保守，处事有条不紊，善于组织规划，细心高效。

岛屿R——自然原始的岛屿。岛上保留有原始森林，自然生态保护得很好，有多种野生动物。岛上居民生活状态还相当原始，他们以手工业见长，自己种植花果蔬菜、修缮房屋、打造器物、制作工具，喜欢户外运动。

岛屿S——友善亲切的岛屿。岛上居民个性温和、十分友善、乐于助人，社区均自成一个密切互动的服务网络，人们重视互助合作，重视教育，关怀他人，充满人文气息。

岛屿E——显赫富庶的岛屿。岛上的居民善于企业经营和贸易，能说会道，以口才见长。岛上的经济高度发展，处处是高级饭店、俱乐部、高尔夫球场，来往者多是企业家、经理人、政治家、律师等，曾数次在这里举行财富论坛和其他行业巅峰会议。

我最想前往的三个岛屿：_____ _____ _____

这6个岛屿代表了霍兰德提出的6种类型。做完这个活动后，应当能得出自己最有兴趣的前三个类型，也就是你的霍兰德代码，并对这六种类型的基本特征有所了解。

可以小组思考并讨论以下问题：与同一岛屿的人交流，自己为什么选择这个岛屿？找出大家的共同的兴趣爱好。总结本岛居民的特点。

练习

兴趣并不是天生就具备的，而是以自己的生活背景为前提，在生活实践过程中逐步发生和发展起来的。通过对自己以往学习、生活经历的盘点、反思，找出其中最吸引自己的东西，有助于我们发现自己的兴趣。

我的兴趣探索

请具体、详细地回答下列问题。回答时特别注意问题的第二部分，即"为什么感兴趣"

的部分。如有可能，请与一位同伴相互讲述自己对问题的思考。同伴可以提问，帮助讲述人发掘细节和原因。这个练习的目的是帮助你回忆并梳理日常生活中有关个人兴趣的一些代表性事件，增进自我觉察，因此仔细思考和讲述的过程非常重要。

（1）请回忆三个从事某件事情时令你感到快乐（满足）、甚至是忘了时空和自己的经历。请详细地描述这三个画面，是什么令你感到如此快乐（满足）？

（2）休闲的时候，你最想做什么或学什么？这里面有什么吸引着你？

（3）你平时最喜欢听什么主题的讲座？这些讲座中哪些方面吸引你？喜欢看哪些书籍/杂志/电视节目/主题网站？这些书籍/杂志/电视节目/主题网站的哪些内容吸引着你？

（4）你曾经在学习哪门课程或科目的时候感觉最快乐、最投入？为什么喜欢它们（排除授课老师的因素）？

（5）你曾经做过哪些让自己很喜欢、很投入的社团活动/学生工作/社会实践/志愿服务/兼职工作/实习？这些工作中什么东西吸引你？

（6）请列举出三种你非常感兴趣的职业/专业，这些职业/专业中的哪些特征吸引着你？

（7）你的答案里有什么共同点吗？是否可以归纳主题或者关键词？这些主题或关键词可能和霍兰德的哪种类型相对应？你如何让这样的主题在你今后的生活中得到更充分的彰显？

大学生在校期间选择参加什么样的社团、担任班级或校级的何种干部、听取什么主题的讲座、以什么样的方式休闲等，都会受到兴趣的引导。对上述最后一个问题的回答将有助于我们总结和归纳前面所有的问题，有利于从实践中发现自己的兴趣类型。

喜欢做的事情，可能分为不同的种类；即使是同一种类，也有不同的原因。比如同样是上网，有些人喜欢上网聊天，享受交友的快乐；有人喜欢浏览专业网站，钻研学术领域的课题；有人喜欢有网游，享受在游戏中成为赢家的感觉；有人喜欢上网学习软件操作，提高课件或视频制作技能……体现了不同的兴趣偏好。再比如有的同学选择加入音乐协会，可能代表他具有艺术型的兴趣（A），但同样是加入音乐协会，有的同学喜欢与别人一起交流，参加很多团体活动，可能体现他具有艺术型和社会型兴趣（AS），有的同学可能努力成为协会会长，统筹、发展协会，这可能体现了他具有艺术型和经营型兴趣（AE），也有的同学在协会负责每次会务记录，账务管理，这可能体现了他具有艺术型和事务型兴趣（AC）。分析每一项活动背后的原因，有助于我们找到具有共性的、主导着活动的兴趣特征。

（二）正式评估

1985年，霍兰德自行研发的职业测评工具，应用最为广泛的有"职业偏好量表"与"职业自我探索量表"两种。其中"职业自我探索量表"（SDS），是由职业白日梦、活动、能力、职业、自我评价五个方面构成。每一个方面，所设计的活动、能力、职业或自我评定都按R、I、A、S、E、C 6种类型的顺序排列。这些测评工具可以作为个人进行自我探索的工具，测评之后可以得到自己在六大类型中分数最高的前三项，根据分数高低依次排列字母，得到自己的霍兰德兴趣代码。但在具体使用的时候，需要注意测评工具的施测要求，被测试的人要满 15 岁。这类测试通常要求由生涯辅导专业人员实施测评，并对测评结果进行专门的解释说明，帮助被测试的人正确理解测评的含义。作为个人，不要迷信、滥用测评，被测评结果误导。

自助测试可以使用吉讯大学生职业测评系统，并参考系统最终形成的报告。要注意做兴趣测试的目的是帮助你增进对自我及工作世界的认识，拓宽其在职业前景上的思路、为未来发展提供方向性的指导，而不是限定自己。因此不要局限于测试结果所建议的职业，也不要简单地用某些类型给自己贴标签、限制自己。

（三）兴趣评估结果的运用

霍兰德理论的最大功能在于帮助整合个人特质与职业信息。该理论认为：根据六大类型的特性，个人可以求出以三个类型为主的类型代码，环境亦然。个人的霍兰德兴趣代码可以从兴趣探索方法中得到，环境也有霍兰德代码。因此，根据兴趣探索得到的结果，很快可以查到相对应的教育或职业信息（见附录 1 和附录 2）。

所学专业、目标职业与霍兰德职业代码

6～8 人为一组，探索所学专业、目标职业的霍兰德职业代码。

1. 根据霍兰德职业类型的描述，请在小组内讨论，分析所学专业对应的职业环境类型有哪些，填写相应的字母（R、I、A、S、E、C），如果有不确定的，可以请教职业规划教师。

你所学的专业为：_____

专业对应的最典型职业环境为_____型，其次为_____型，再次为_____型，三字母组合为_____。

可能专业所对应职业环境的三字母代码不唯一，请把你们认为正确的都写下来，并说明原因：

2. 目前你心中暂定的目标职业分别是：

职业 A_____；职业 B_____；职业 C_____；

职业 D_____；职业 E_____；职业 F_____。

访谈从事该职业的职场人士，写出该目标职业的典型特点。根据霍兰德职业类型特点，与小组同学讨论，确定你每个目标职业的霍兰德职业代码（用三字母代码表示，越典型写在越前面；可能一个职业不止一个霍兰德代码，把你们认为正确的都写下来）。

3. 了解所学专业、目标职业对应的霍兰德职业代码，对你有何启示？

做完这个练习，可能会发现：专业和职业代码很难统一为确定的三个字母，而是可能有各种不同的组合。为什么呢？因为某一专业对应的职业发展方向可能有很多种，如工科专业领域对应的职业方向有研发、技术支持、销售、市场推广等，也有人力资源管理、行政管理、财务等岗位，学习同一种专业，可以去从事这些不同的岗位。

比如，同是学习计算机专业的学生，每个人可以根据自己的兴趣类型、性格特点、擅长方面有不同方向发展的侧重。如果属现实型，可考虑从事软件工程师、程序员、电脑维修等工作；如果是研究型，可从事软件开发、计算机技术研究等工作；艺术型的同学则可以使用计算机进行动画、游戏、艺术设计类的工作；社会型可成为计算机领域的教师、售后服务人员等；经营型的可以从事计算机销售、组织管理类的工作；事务型的可从事计算机编程、测试类的工作。由此看来，每种兴趣类型的人都可以将其专业背景与自身的特质相结合，找到两者之间的交叉和融合，铸就自己的核心竞争力。对于兴趣类型与职业类型之间的关系，要动态、灵活地看待。

四、兴趣培养与生涯发展

前面讲完测量，很多人很在意测量结果。但测量不是最核心的内容，用测量结果去引导人们改变、解决生涯问题才是最核心的。

虽然我们希望每个人都可以学习自己喜欢的专业，从事自己喜欢的工作，但实际上很少有人的工作能够完全符合个人的期待。我们必须明白兴趣虽然很重要，但并不一定必须体现在专业学习或者工作中，也有可能仅仅是业余爱好、休闲娱乐。对照大学生活，可以将兴趣的一部分放在专业学习中实现，也可以在社团活动、社会实践、兼职、实习、志愿活动、自主活动等来实现。

美国心理学家克朗伯兹认为，兴趣是个人后天学习的结果。兴趣是从我们的实践体验中来的，随着对事物的认识而不断明确、深化，不是兴趣测验和兴趣探索练习告诉我们兴趣类型，而是我们的生活经历在潜移默化中形成了具体的、现实的、稳定的兴趣。继而，在兴趣的引导下，会越来越多地关注与此相关的事物，会在某个方向上有所积累，收获更多的知识、能力、经验，更加清晰地知道自己要做什么。因此是自己的成长经历决定了自己的兴趣，而兴趣又影响了职业目标的选择，三者一脉相承而且相互影响。

同时在大学期间要不断地发现或有意识地培养新的兴趣，要对未知的领域保持好奇，勇于去尝试新的可能性。时代发展很快，出现了很多我们不了解但我们认为是不感兴趣的新的行业，应保持开放的心态和好奇心，也许我们会发现新的兴趣。还有一些事情，随着我们的能力逐渐提高，也有可能转化为新的兴趣。对同学们来说，非常重要的一点是要思考：如何发展自己目前已有的兴趣？大学阶段可以做些什么？人的精力有限，我们要适当地着重培养和发展某个方面的兴趣，或者把各个兴趣分类，哪些需要重点培养，哪些仅作生活调剂。例如，很多同学喜欢玩游戏，可以仅仅把它当成是生活的调剂，也可以把对游戏过程的兴趣稍作转化，转化成如何设计和实现游戏，研究一下如何设计和创作出更受欢迎的游戏。游戏开发公司在招聘开发设计人员的时候，其中一条要求就是要具有丰富的游戏经验。如某公司校园招聘"运营管理培训生"，两条应聘要求分别是"酷爱网络游戏，至少接触过3款以上不同类型的网络游戏，要对游戏玩家思维形式有一定了解，能探析玩家的心理想法"。

 扩展阅读

2015届毕业生胡某，中考、高考两度落榜，复读后考到兰州交通大学土木工程学院工程管理专业，后又跨专业考取兰州大学法律研究生，现在北京某知名律师事务所从事律师工作。大学期间参加各种社团活动、公益志愿服务，二年级以后主持天分得到了老师、同学们的广泛认可，经过训练和实践，在学校大大小小的文艺活动中担任主持人，成为学校里最受欢迎的主持人。同时利用节假日游览了祖国 70 多个城市，曾在台湾淡江大学交流，交流期间获得台湾混凝土设计大赛三等奖的好成绩；研究生期间三个月通过司法考试、两个月通过托福考试，如愿以偿去哈佛、斯坦福等知名大学游学。他是主持人中最学霸的，学霸中最贪玩的，贪玩中最上进的跨界小男神。他的成长经历告诉我们，当一个 EAS 的人不喜欢 RE（工程管理）类的工作时，要靠勤奋、好奇、勇敢开拓，不断探索自己的兴趣，寻找最适合自己的方向。最终他选定的律师工作，符合他 EAS 的兴趣类型，虽然很辛苦，但乐此不疲且很有成就感。与此同时，他作为新人，因为喜欢和擅长主持，能够在事务所组织的年会、排演的宣传片中崭露头角，既满足了自己的兴趣，又得到了领导和同事们的青睐，也是工作和兴趣之间的一种平衡。

第三章

技 能 探 索

> 技能因人而异，我们必须凭借天生的资质引导我们执著前行，奋斗不息。
> ——品达

学习目标

（1）了解能力的概念、构成、能力测试等知识。
（2）正确理解技能的概念及分类。
（3）在职业生涯规划中能重视对个人技能的澄清。
（4）愿意在实践中不断探索思考，并有意识地培养自己所需要的技能。

困惑与迷思

案例1　怎样突破重围？

杨某是某所普通大学英语专业的学生，她感到现在会英语的人太多了，她虽然学习成绩不错，也过了专业八级，但总体来讲，自己仅仅掌握这一个工具不会有太大竞争力，且不说985、211学校的学生会带来的巨大竞争，现在很多其他专业的学生英语也很厉害。还有，将来从事的工作如果只与目前所学专业相关，那大概只有翻译、教师等职业可供选择，择业面比较窄。如果将来从事的工作与专业的关系不大，就需要其他的技能，可是她不知道需要什么样的技能才能帮助自己找到一份比较好的工作，时间蹉跎中杨慧已经到了大四，多次被想去的用人单位拒绝后，心里感到非常的迷茫和焦虑。

案例2　我适合这个工作吗？

金某在一所重点大学学习市场营销专业，就业前景非常好，同班的好多同学毕业之前就已经找到了工作。但毕业前夕的一次实习却让她对自己产生了深深的怀疑。尽管理论知识掌握得很牢固，专业学习成绩也位居全班前列，但不善言谈的她在与顾客交谈时，就会非常紧张，甚至会语无伦次，不能完成项目要求，实习单位也给出了很一般的评价。她做过很多次的努力，效果甚微。她痛感自己的人际交往能力差，但又没有信心能够改变。为此，她感到非常迷茫。

案例3　是不是要放弃本专业？

匡某对自己在专业方面的能力不是很自信，学习成绩一般，也不是很感兴趣，于是打算毕业后不从事本专业的工作。但对非本专业的领域，他又没有足够的信心能做得比人家专业出身的人更好，目前，对于自己究竟能在哪个领域做得更好心里也没把握。况且，如果浪费四年的专业学习，也会觉得可惜，甚至很有挫折感。对于前途，他感到很茫然。

生涯规划中有一个重要目标，同时它也是实现很多目标的重要条件——这就是能力。"你有什么样的能力"，这是每个人在求职时都会遇到的问题，是HR们在面试的时候最常提出的问题，是用人单位最关心的问题，是用来判断你为单位所带来的价值的主要依据，也是我们最需要证明给用人单位看的。

那么，你了解的能力是什么？你是否发现了自己的全部能力？对于这些能力，你培养和表现出来了吗？

理论知识窗

第一节　能 力 概 述

心理学家罗圭斯特与戴维斯在对个体的工作适应问题进行多年研究后，提出了明尼苏达工作适应论。他们指出：当工作环境能够满足个人的需求时，个人会感到"内在满意"；而当个人能够满足工作的要求时，个人能够达到"外在满意"（即令自己的雇主、同事感到满意）。当个人能够同时达到内在和外在满意时，个人与环境之间的关系就比较协调，个人的工作满意度会比较高，在该工作领域也能持久发展。

在对"内在满意"和"外在满意"这两个指标的衡量中，能力占有很重要的地位。罗圭斯特和戴维斯认为："外在满意"主要可以通过衡量个人职业技能与工作的技能要求之间的符合程度来进行评估；在"内在满意"方面，则主要通过衡量个人价值观与企业文化及奖惩制度之间的适配性来评估。不难看到：做自己能够胜任的工作，培养和发展自己的能力，发挥个人的潜能，常常是个人选择职业时希望能够得到满足的需求，也就是与能力相关的价值观。由此可见，能力与个人的职业满意度、工作适应性及职业稳定性具有直接的相关关系。

一、什么是能力

能力（ability）指顺利完成某一活动所必需的心理条件，是直接影响活动效率，并使活动顺利完成的心理特征，它不仅包含了一个人现在已经达到的水平，而且包含了一个人所具有的潜力。能力总是和人完成一定的活动联系在一起，人的能力是在活动中形成、发展和表现出来的。

比如在绘画活动中，一个学生在色彩鉴别、空间比例关系等方面都很强，画得特别逼真，就说他具有绘画能力。在音乐活动中，一个学生的曲调感、节奏感和听觉表象等都很强，歌声优雅动听，就说他具有音乐能力。倘若一个人不参加某种活动，就难以确定他具有什么样的能力。离开了具体活动既不能表现人的能力，也不能发展人的能力。同时，能力也是从事某种活动必需的前提。能力影响活动的效果，能力大小只有在活动中才能比较。比如在其他条件（知识、技能、花费的时间）相同的情况下，做数学运算时，甲比乙能更快地了解题意、采用简洁的方法、准确地进行计算，于是，就说甲的数学能力强于乙的数学能力。

能力和兴趣是两个截然不同、相互独立的概念。在兴趣的指引下，我们专注于某类事物或活动，进而发展起来从事这方面活动的能力；而你喜欢做某件事很有可能是因为你有能力把它做好，成功的体验激发了你的兴趣。同时，能力与兴趣有所区别。能力表明能运用技能做某事，指胜任与否的资格；兴趣指喜欢做某事，表达的是偏好。兴趣并不必然发展出相应的能力，我们很多人对音乐感兴趣，但这并不表明我们拥有演奏、创作的能力。明确这二者的区别在做职业生涯规划时相当的重要。

二、影响能力发展的因素

能力的形成与发展是多种因素交互作用的结果，这些因素包括遗传因素、环境和教育因素、实践活动以及个性品质等。

（一）遗传因素

智力和身高、相貌一样具有遗传性。英国著名科学家高尔顿以各方面的杰出成就作为衡量高能力的标准，比较了杰出者的亲属成为杰出者的可能性和普通人成为杰出者的概率。研究发现，随血缘关系的降低，名人亲属成为名人的概率有规律地下降。在不同环境下长大的同卵双生子，智力相关很高。遗传因素是能力发展的自然基础，每个人都有一定的遗传优势和不足，应该善于发现自己的优势并加以利用，同时发现自己的不足并通过后天的学习和练习努力克服，或以其他的方式进行补偿。

（二）环境和教育因素

环境对人的能力的影响是指每个人一生中所处的具体环境对人所施加的影响。这其中包括家庭、学校和社会各方面的因素。研究表明，儿童时期的营养状况影响着儿童的智力发展。营养条件好的儿童，大脑发育就较好，体质也较好。在环境的影响中，社会环境的因素更为重要。儿童出生后如有人经常和他讲话，他的语言表达能力就发展得快；如果将他放在一个照顾不周的孤儿院里，他的能力发展就明显地迟缓。环境对儿童的影响主要是通过教育来发挥作用的。实验证明，受过教育者比没有受过教育者能力形成得快且早。特别是早期教育对儿童能力的发挥有重要影响。

（三）实践活动

环境与教育的作用不是机械、被动地为人所接受，外部条件对人发生作用必须通过人本身的实践。历史上许多杰出人物、创新能手之所以表现出惊人的才能与成就，无不都是应社会历史的要求，参加变革实践的结果。儿童的知识能力、特殊才能也都是应生活、学习的要求，经过积极活动，认真锻炼而逐渐发展起来的。人的能力还和他们所从事的职业活动相联系，不同的职业活动对人们提出不同的要求，从而也发展了相应的能力，例如染色工人能分辨40种不同的黑色；陶瓷工人根据敲击瓷器时发出的声音来判断其质量的好坏；呼伦贝尔草原上的牧民，可以尝出来草的营养价值。实践活动越多样，劳动分工越精细，人们能力的个别差异也就越明显。

（四）个性品质

优良的个性品质对能力的形成和发展具有重要的意义，比如勤奋、谦虚和毅力等都有助于能力的形成和发展。有些人虽然天资聪慧，但由于缺乏勤奋，最终事业无成；有些人虽然天生智力并不优越，但通过勤学苦练，也会取得事业的成功。

三、能力的个体差异

人与人的能力存在着明显的个体差异，这种差异主要表现在以下4个方面：

（1）能力发展水平的差异：在能力发展水平上，不同的人所达到的最高水平极其不同。通常，用智商可以说明人的能力发展水平分布状态。研究表明，人类的智力分布基本上呈两头小、中间大的正态分布形式。超常者：智商达到或超过140分；智力水平中等：70~140分；轻度智能不足：智商50~70分；中度智能不足：智商25~50分；重度智能不足：智商25分以下。也就是，聪明的人和愚笨的人都是少数，绝大多数人的智力水平属中等。例如，在大学校园里，大部分同学之间的智力并没有太大的差异，只是各自的特点不一样。

（2）能力表现早晚的差异：是指人的能力充分发展有早有晚。有些人在少年儿童时期就表现出优异的能力、智慧超群，这称为"人才早熟"，在很小的时候就崭露头角——早慧，在音乐、绘画领域较常见；有些人的能力表现较晚，甚至到了晚年，能力才充分发挥出来，这称为"大器晚成"，有调查认为，中年是成才和创造发明的最佳年龄，诺贝尔奖获得者都在这个年龄段。

（3）能力结构类型的差异：是指能力中的各种成分的构成方式不同。例如，在智力中，有的人观察能力和记忆能力强，而思维能力和想象能力弱；有的人模仿能力强，却缺乏创造能力，而有的人既富于模仿能力又富于创造能力。更具体地说，在观察能力、记忆能力和思维能力等方面，也有结构上的差异。比如在记忆方面，有的人主要是形象记忆，有的人主要是词语的抽象逻辑记忆，有的人则是居中；形象记忆为主的人对人物、图画、颜色、声音等材料的记忆效果较好，语词逻辑记忆为主的人则对概念、数字一类材料的记忆效果较好。

（4）能力的性别差异：大量的研究表明，男性和女性在总的智商方面没有显著的差别。男性和女性在能力上的差异主要表现在一些特殊能力方面，如空间能力、数学能力、言语能力上的差异。女生在小学和初中阶段的数学能力优于男生，但青春期以后，这种优势被男生所占有，并且男生一直把这种优势保持到老年。男性在视觉上优于女性，特别是多纬度空间判断能力；女性听觉定位和分辨力优于男性；记忆方面，男性理解和意义记忆优于女性，女性机械记忆优于男性。言语方面以及词的流畅性，女性优于男性；但在推理方面，男性优于女性；抽象和逻辑思维方面，男性优于女性；形象思维方面，女性则优于男性。

第二节 能 力 倾 向

能力是人们顺利实现某种活动的心理条件，能力按照其获得的方式（先天具有和后天培养），可以分为"能力倾向"和"技能"两大类。

一、能力倾向的概念

能力倾向（potential）是指遗传赋予每个人的特殊才能，如音乐、绘画、运动能力等。"天资""潜能"和"才能"这几个词经常被用来代表个人在某一知识领域先天具有的能力或能力倾向。比如，一个人会说："她具有音乐方面的能力倾向。"能力倾向意味着学习的能力。就好像说："我现在还不具备这项技能，但我有潜力去掌握它。"能力倾向是与生俱来的，不过也有可能因为未被开发而荒废。因此，能力倾向是一种潜能，即其能力的发展前景及未来可能的潜在成就，会受到后天环境、文化、教育等的影响，此种潜能予以训练后，容易使个人获得某种知识或技能。人的能力是有限的，但可挖掘的潜力却是无限的。心理学研究表明，大多数人一生中只用了十分之一的潜能。如果每个人都能科学地开发出潜能，那么，世界将减少许多碌碌无为的遗憾，而增加更多有所建树的英才。

二、能力倾向的分类

（一）多元智力理论

在传统的智力理论中，人们常常以语言能力和数理逻辑能力来作为评判人们天生智力高低的标准。1983年，美国心理学家加德纳提出了多元智力理论，认为智力是多元的，是由同等重要的多种能力构成的，而且各种能力不是以整合的形式存在，而是以相对独立的形式表现出来的。他在研究中发现，人类至少有8种不同的智能：语言智能、逻辑-数理智能、视觉-空间智能、身体-运动智能、音乐智能、人际交往智能、自我认知智能、自然观察者智能。这8种智能在个人的智力结构中处于同等重要的地位，每个人都同时拥有相对独立的8种智能，而这8种智能在每个人身上以不同方式、不同程度的组合使得每个人的智力各具特点。

（1）语言智能（linguistic intelligence）：有效地运用口头语言或书写文字的能力。这项智力包括把句法（语言的结构）、音韵学（语言的发音）、语义学（语言的意思）、语言实用学（语言的实际应用）结合并运用自如的能力。

（2）逻辑-数理智能（logical - mathematical intelligence）：有效地运用数字和推理的能力。这项智力包括对逻辑的方式和关系、陈述和主张及其他相关抽象概念的敏感性。

（3）视觉-空间智能（spatial intelligence）：准确地感觉视觉空间，并把所知觉到的表现出来。这项智力包括对色彩、线条、形状、形式、空间及它们之间关系的敏感性。这其中也包括将视觉和空间立体化地在脑海中呈现出来，以及在一个空间矩阵中很快找出方向的能力。

（4）身体-运动智能（bodily - kinesthetic intelligence）：善于运用整个身体来表达想法和感觉，以及运用双手灵巧地生产或改造事物。这项智力包括特殊的身体技巧，如协调、平衡、敏捷、力量、弹性和速度，以及自身感受的、触觉的和由触觉引起的能力。

（5）音乐智能（musical intelligence）：觉察、辨别、改变和表达音乐的能力。这项智力包括对节奏、音调、旋律或音色的敏感性。

（6）人际交往智能（interpersonal intelligence）：觉察并且区分他人的情绪、意向、动机及感觉的能力。这包括对脸部表情、声音和动作的敏感性，辨别不同人际关系的暗示，以及对这些暗示做出适当反应的能力。

（7）自我认知智能（intrapersonal intelligence）：有自知之明，并据此做出适当行为的能力。这项智力包括对自己相当了解（自己的长处和短处），意识到自己内在的情绪、意向、动机、脾气和欲求，以及自律、自知和自尊的能力。

（8）自然观察者智能（naturalist intelligence）：这项智力与其他智力具有同等的坚固地位，也是一种核心能力，能够辨认一个团体或是物种的成员，能够区分同一物种中成员的差别，能够认识到其他物种或相似物种的存在，还能够正式或非正式地把几种物种之间的关系列出来。

（二）能力倾向与职业的关系

不同的智能也会对应不同的职业，见表3-1。

表3-1　　　　　　　　　　　能力倾向与职业

智能类型	特　　点	适合的职业
语言智能	能准确表达内心，擅长学习语言文字	作家、诗人、演讲家、节目主持人、语言文字学家、编辑、广告人、播音员等
逻辑-数理智能	能计算、量化、思考命题和假设并进行复杂数学运算，具有从事科学研究所必需的能力	数学家、科学家、物理学家、天文学家、统计学家、逻辑学家、工程师、侦探、律师、会计师、电脑程序设计员
视觉-空间智能	擅用三维空间的方式进行思维	建筑师、摄影师、雕塑家
身体-运动智能	能巧妙操纵物体，善于控制身体动作	舞蹈家、演员、运动员、外科医生、机械制造师、服装设计师、手工艺匠等
音乐智能	能敏锐感知音调、旋律、节奏和音色	演奏家、作曲家、指挥、录音师、乐器制造师、机械制造师、钢琴调音师等
人际交往智能	能有效地理解别人和具有与人交往的能力	外交家、教师、政治家、宗教人士、心理咨询师、职业生涯规划师等
自我认知智能	建构自我知觉的能力，善于计划和引导自己的人生	心理学家、哲学家、神学家等
自然观察者智能	洞察自然界事物的形态并对物体进行辨认和分类	植物学家、生态学家、庭院设计师等

三、其他职业能力倾向测试

职业能力倾向测验是个人了解自己能力倾向的一种非常有效的方法。根据测验分数，个人可以了解自己的长处和短处。这在决定自己的职业发展方向时，具有非常重要的参考价值。目前，职业能力倾向测验也被广泛用于人才选拔和员工考评当中。从应用角度看，能力倾向测评主要有两类：一是通用能力倾向测评，以测量各职业都涉及的通用能力为目的，如"一般能力倾向成套测验"（General Aptitude Test Battery，GATB）、"差异能力倾向测验"（Differential Aptitude Tests，DAT）、"雇员能力倾向测验"（Employee Aptitude Survey，EAS）等；二是特殊能力倾向测评，以测量特定职业所需能力为目的，如我国的"行政职业能力测验""音乐能力测验""机械能力测验""文书能力测验"等。

（1）通用能力倾向测评：也就是人们通常所说的智力测试，它是对一般智慧能力的测试，测试的不是一个单独的智力特征，而是一组能力，包括记忆、词汇、数字和口头表达能力等。大多数人的智力水平都是差不多的，只有少数人智力超群，如智商达到150分左右的爱因斯坦。有些职业，像大学教师、科研工作者、工程师等往往对智力有较高的要求。可以通过一些测验工具来了解自己的通用能力倾向。比较常用的通用能力倾向测验有瑞文标准推理测验和韦克斯勒智力量表，这些测验模式经常被用于智力诊断和人才选拔培养等。

（2）特殊能力倾向测评：是指测试某些人具有他人所不具备的能力。有时，由于工种的需要，在企业招聘中需要测试一些特殊能力。进行特殊能力倾向测试需要一些心理测试仪器的配合运用。目前已经形成并且在实践中广泛应用的特殊能力倾向测试有许多，下面简要地介绍几种：

1）文书能力测试：主要是测试应聘者处理办公室日常例行工作的能力，如打字、记录、整理与保管、校对、装订函件和通知联络等。由于工作层次和单位规模不同，文书工作内容也会有很大的差异，一般来说，文书能力倾向测试包括快速阅读能力、文件整理的效率、物品与人名的速记、文字校对的正确性、数字运算能力、必要的管理知识与社会适应性。

2）心理运动能力倾向测试：主要是用于测量一个人运动反应的速度、灵活性、协调性和其他身体运作方面的特征。这种测试大多数是典型的仪器操作测试，主要应用于工业和军事领域的人员选拔。它们通常是为某些特殊的工种专门编制。测试要部分或全部地再现工作本身所需要的运动。

3）机械能力倾向测试：主要用于测试应聘者的机械操作能力。根据心理测试原理，测试机械能力时应当布置各种标准化的机械情境，使受试者产生反应，再将他的反应和一般受试者的反应比较，以评定高低。

4）创造能力倾向测试：创造力是一种特殊的能力，是人的一种高级能力，目前对创造力有各种各样的定义。心理学家一般都认为创造力是发散思维的能力，在行为上表现为流畅性、变通性和独特性。创造力的核心是创造性思维的能力，创造能力倾向测试的表现有以下几方面：思维的灵活性，能够灵活变通地思考和解决问题，遇到障碍时善于迂回解决；思维的发散性，思考问题的角度多、范围宽，不易受到束缚和限制；思维的独特性，观点和见解新颖独特，不受常规影响；思维的流畅性，能迅速产生大量的想法。

5）领导能力倾向测试：领导职位所要求的领导人员，不仅需要具备领导人员的智力、知识、能力和能力倾向，而且必须具备领导能力。领导能力是领导人员组织、引导、指挥、控制、协调被领导人员完成预定目标、任务和规划的能力。这种能力带有综合性，要求更高，决定着领导活动的效能、目标和成败，因此在人事测评中占有独特的地位和作用，而且被理论研究和实际工作所看重。领导能力由多种能力构成，其中要测试的最基本能力倾向有两种：逻辑推理能力倾向测试和敏感性与沟通能力倾向测试。

 扩展阅读

换一种方式也许离成功更近点

他出生在美国新泽西州一个贫穷的外来移民家庭。

从小他是个腼腆内向的孩子，和他一样大的孩子都不喜欢和他在一起，因为他什么也不会。

每次考试，他都是倒数前几名。老师不想让他回答问题，因为他总是羞涩地说不知道。大家认为他是笨蛋，是个白痴。伙伴们嘲笑他，说他永远和失败在一起，是失败的难兄难弟。邻居们说，这个孩子将来注定一事无成。父母听到这样的话，暗暗为他担心。

他努力过，可是收效甚微，自己在学业方面取得的进步近乎为零。但是，他还是在不断加班加点苦读。

每天，他醒来后都害怕上学，害怕被嘲笑。周末，他坐在自家的门前，看着草地上喜笑颜开的男孩们，感到自己的未来一片渺茫。

时间在一天天地流逝，而学校也在考虑劝其退学。

一次，他看到一个老人为了一张被老鼠咬坏的一美元钞票而痛哭不已。为了不让老人伤心，他悄悄回家将自己平时积攒的硬币换成一张一美元的钞票，并交给了老人，说这是他用魔法变回来的。老人激动不已，说他是个善良聪明的孩子。

父亲知道这件事后，认为自己的孩子还不是个笨到家的人。接下来的这天，是他永远不会忘记的。

父亲要带他出门，目的地是波士顿。他说："我们坐汽车可以到达。"父亲说："那我们坐汽车吧。"可是，在中途的一个小站，父亲下车买东西忘记了汽车出发的时间。就这样，汽车在他喊叫声中呼啸而去。他很害怕，心想这下怎么办，没有汽车，父亲怎么能到波士顿？波士顿汽车站到了，他下车时却看到父亲正在不远处等着他。他快速跑了过去，扑进父亲的怀抱，诉说一路的忐忑不安，害怕父亲到不了波士顿，并惊讶父亲是如何到达的。

父亲说，我是骑马来的。

原来是这样！他惊讶不已。父亲说："只要我们能到达目的地，管它用什么方式呢，孩子，就像你学业不成功，并不代表你在其他方面不能成功，换一种方式吧！"此时，他猛然醒悟。

随后，他看到很多人为了自己的理想不能实现而痛苦不已，就想假如自己用魔法帮助他们实现，即使是假的，但起码能从精神上减轻他们的痛苦。

从此，他对魔术表现出浓厚的兴趣，并跟随一些魔术师学习魔术。

他克服心中的怯懦，为自己的梦想开始奋斗。他为了实现自己的梦想而进行的努力受到了父母的鼓励。

教他魔术的老师发现他在这方面具有很高的悟性，学东西很快，而且每次在原有的基础上都能创新。很快，老师的技巧便被他学光了，他不得不换老师。就这样，短短的两年时间里，他换了4个魔术老师。

他就是大名鼎鼎的魔术师大卫·科波菲尔。

有人问他是怎么成功的，大卫·科波菲尔说："父亲告诉我，成功对我们来说好比是个固定的车站，我们在为怎么到达而绞尽脑汁，大家都在争夺汽车上的座位，没有得到座位的人不得不等下一班汽车，可是，为什么我们不能骑马或者乘轮船去车站呢？这样，我们不是也到达了吗？只不过我们换了一种方式。"

最后，大卫·科波菲尔又说："后来我知道，这一切是父亲安排好的，其实那个小站离波士顿很近，骑马竟然比坐汽车还快，所以父亲到得比我早。"

道理浅显易懂，可是真正理解它，并付诸行动的人却很少。

大卫·科波菲尔的故事告诉我们，每个人都有其独特的才干以及自身独有的优势。比如，有的人数理能力不好，但是言语能力极强；有的人不擅长与人交往，但是做技术却是一把好手……因此，成功的关键一步是要清楚了解自己的优势所在，并想办法最大限度地发挥自身的优势。

第三节 技能的分类

在简历中和面试过程中，HR 主要看的就是我们的能力，这是企业是否愿意雇佣你、打算给你何种职位的重要根据。因此，大学生在毕业之际，要对自己拥有什么样的技能有清楚的认识，同时也要了解具体职业所要求的技能是什么，这样才能做到最好的"人职匹配"，达到较高的职业满意度，在某个工作领域长久发展。

在职业生涯规划中通常说的能力是指技能，技能（skill）是指经过学习和练习而培养形成的能力，是我们在完成一个工作或任务时运用到的具体的特质、才艺和个人品质。能力是技能的基础，能力是指我们完成活动的心理特征或倾向，技能则与具体的任务或者工作相关。技能的提升比能力要快，更加可塑。

每个工作都需要技能。无论是应聘者还是雇主，都非常重视技能的提升。技能是完成任务的基础，与工作绩效具有较高相关性。最新的调查显示，在所有个人素质考核指标中，雇主最注重大学生的 5 项技能依次为：沟通能力、分析能力、团队合作能力、专业技能、职业道德。

从雇主的角度看，具备这 5 项技能的大学生更容易适应职场生活，胜任工作的可能性越大。那么技能到底是怎么分类的，怎样确定我们是否有这样的技能呢？

美国学者辛迪·梵和理查德·鲍尔斯将技能分为三种类型，分别为专业知识技能、可迁移技能、自我管理技能。人们往往比较容易想到自己所具有的知识技能，但实际上后两种技能更为重要。后两种技能使人有可能在更广阔的范围内选择职业而不被所学的专业局限。它们对于每个人在竞争中胜出具有关键性的作用，并能够在工作中得以更长久地发展。而雇主们对它们的重视程度，也往往超过了对单纯知识技能的重视。

一、专业知识技能

专业知识技能是指那些需要通过教育或者培训才能获得的特别的知识或能力，也就是个人所学习的科目、所懂得的知识。专业知识技能是不可迁移的，它们是一些特殊的语汇、程序和学科内容，必须经过有意识的、专门的培训才能掌握。比如：你是否掌握外语、电脑操作或物理化学等知识。它们常常与我们的专业学习或工作内容直接相关，一个土木工程专业的学生就业方向基本上就是工程局、设计院、铁路局等。除了正式的专业教育以外，专业知识技能也可以靠课外培训、专业会议、讲座、研讨会、自学、资格认证考试等方式获得。在当前日趋激烈的人才市场中，如果你不仅仅只会一种专业技能，还掌握了其他不同的知识技能，就可以被称为"复合型人才"，具备了更强的市场竞争力。比如，一个外语系的学生英语水平很好，在大学中又通过其他选修课程考取了会计资格证，那么在国际贸易活跃的当今社会，他就开拓了自己的就业方向，塑造了自身的核心竞争力，也更有可能将工作完成得更好。

你具备哪些专业知识技能

请同学们对下面列举的经历进行分析，尽可能全面地列出所掌握的知识技能，再从中分别挑出自己感觉比较精通的和在工作中使用或希望使用的知识技能。

◆ 在学校期间学习到的书本知识（如语文、化学、物理等）：

_____

_____

◆ 在兼职或暑假工作中学到的（如文字编辑等）：

_____

_____

◆ 从兴趣、爱好中学到的（如绘画、集邮等）：

_____

_____

◆ 通过看电视、听广播、上网阅读等方式学到的（如图片处理等）：

_____

_____

二、可迁移技能

可迁移技能是指一个人会做的事，也被称为通用技能。比如教学、组织、设计、安装、帮助、计算、分析、搜索、维修等。可迁移技能可以从生活中方方面面、特别是工作之外得到发展，而且可以迁移应用于不同的工作之中，当你成功组织了一场文艺晚会的时候，你的组织能力也将会帮你在今后组织其他的活动。因此，可迁移技能其实是个人最能持续运用和最能够依靠的技能，与专业知识技能相比，可迁移技能不受到空间与时间的限制，无论你的需求与工作环境有什么变化，它们都可以得到应用，且随着我们工作经验和生活阅历的增加，可迁移技能还会得到不断的发展，在你想要"跨行就业"的时候，它更有可能成为你最重要的依靠。索尼技术中心的经理说："我在聘用一个人时，最为看重的是他的人际沟通能力和学习能力，因为必须有能力与人交谈才能获得重要的信息，有能力不断地去学习才能跟上时代的发展。"

赫伍德·斐格勒（Howard Figler）作为美国著名的心理学家和职业专家，在1988年对可迁移技能进行了10类划分，并对这些技能在职业竞争中的作用做了高度的评价。这10种技能分别如下：

（1）预算管理。表现为对现有资源的最佳运用。

(2) 督导他人。表现为执行、实现能力。

(3) 公共关系。表现为良好的营造氛围能力。

(4) 应对最后期限的压力。表现出强烈的攻坚能力。

(5) 磋商和仲裁。表现出合理适当的妥协共存能力。

(6) 公共演讲。表现出公共引导和宣传方面的潜力。

(7) 公共评论协作。也是公共引导和宣传的表现。

(8) 组织、管理、调整能力。是领导和协调资源能力的综合体现。

(9) 与他人面谈的技巧和能力。个体交往潜力的集中表现区域。

(10) 教学和教导能力。传授、散布方面的潜质。

剑桥大学认为，可迁移技能是在生活中的各种活动中获得的技能，即研究技能、数字技能（如统计能力、数据处理）、计算机基本技能和外语技能。所有本科生都应该被给予机会（通过教学或其他活动）来发展这些技能，如果这些技能不构成学科的必要组成，那么技能可以通过自愿学习、课外活动或工作体验等活动来获得。无论学生打算从事什么工作，有 4 种关键技能对他们未来的成功至关重要。这 4 种技能为：沟通技能、数学技能、使用通信信息技术的技能和学会如何学习的技能。

 练习

发掘自己的可迁移技能

请选出你认为自己擅长的 5 项技能，如果没有，也可以自己添加。

(1) 主动学习：积极主动获取新信息，理解其内涵，并应用于解决现实问题。

(2) 积极倾听：在交流中能够耐心倾听他人讲话，善于理解要点，而且能够适时提问。

(3) 批判性思维：在解决问题时，能够恰当运用逻辑分析、推理，对不同方案进行鉴别，区分不同决议或方法的优劣。

(4) 策略性学习：在学习新知识时，根据具体情况选择、使用合适的学习方式。在把新知识向别人教授时，能够有针对性地使用恰当的教学或指导策略。

(5) 数学思维：使用数学解决现实问题。

(6) 监督：能够对自己、他人甚至团队、组织进行评价或监督，并能够在此基础上提出恰当的改进意见，或者直接采取恰当的行动。

(7) 阅读理解：能够准确理解与工作有关的文件。

(8) 交流表达：通过口头或书面形式，以及其他适当形式，准确清晰地表达主体意图，与他人进行双向（或者多项）信息传递，以达到相互了解和沟通。

(9) 书面表达：根据阅读者的需求，以书面的形式有效地传达信息。

(10) 复杂问题解决：能够对一些复杂问题进行识别，查阅相关的资料，最终制订和评估可能的解决方案并加以执行。

(11) 时间管理：合理安排自己的时间，并协调他人的时间分配。

(12) 协作：能够在与他人共同完成任务过程中，配合大家的工作来调整自己。

(13) 组织策划：计划、决策、指挥、协调、交往。

(14) 说服：说服他人改变自己原有的观念或行为。

(15) 服务意识：积极主动寻求可以帮助别人的方法。

(16) 人际敏感：敏锐地感受他人的反应，并理解他们为什么做出这样的反应。

(17) 判断和决策：综合考虑多种行动方案的利害得失，并从中选择出最恰当的一个。

(18) 设计：为满足任务的需要，发明或改进工作方式或工作条件。

(19) 管理：包括管理自己、信息、他人和任务的能力。

(20) 信息处理：运用计算机处理各种形式的信息资源。

选出擅长的5项技能后，在每项技能后写出一个事例，以证明你擅长该项技能。

技能1：_____

技能2：_____

技能3：_____

技能4：_____

技能5：_____

三、自我管理能力

自我管理能力也可被看做是个性品质，它们被用来描述或说明人具有的某些特征，比如耐心、热情、负责、敏捷等。良好的自我管理技能能够帮助个人更好地适应周围的环境，应对工作中出现的问题，因此也被称为"适应性技能"，在工作中对取得成就和处理人际关系是不可缺少的，"它们是成功所需要的品质，是个人最有价值的资产"。一个人如何使用自己的专业知识，以什么样的态度从事工作，这甚至比工作本身更为重要，正是这样一些品质和态度，将个人与许多其他具有相同知识技能的候选人区别开来，最终得到一份工作或在工作中得到更高的成就。在用人单位对刚毕业大学生的意见中，常常听到的就是"缺少敬业精神，不愿吃苦耐劳，不认真不踏实，不负责任"等，而这些都是与自我管理技能相关的。值得注意的是，自我管理技能无论是个人先天具有还是后天习得的，都需要练习，它们可以从非工作生活领域转换到工作领域，也就是说，耐心、负责、热情这些技能并不是通过专门的课程学习到的，而是在日常生活中随时随地培养的。

下面为自我管理技能词汇，圈出你相信自己确实拥有的任何适应性技能。在每个适应性技能后面都有一个同义词。如果某个同义词更适合你，也请把它圈出来。大多数适应性技能都用形容词或副词来表达。

- 学术性强的——勤学的、博学的
- 精确的——准确的、正确的
- 活跃的——活泼的、精力充沛的
- 适合的——灵活的、适应的
- 精通的——娴熟的、内行的、熟练的
- 胆大的——勇敢的、冒险的
- 攻击性强的——强有力的、好斗的
- 坚持己见的——强调的、坚持的
- 健壮的——强壮的、肌肉发达的

- 机敏的——警戒的、警惕的、警觉的
- 野心勃勃的——有抱负的、毅然决然的
- 好分析的——逻辑的、批判的
- 感谢的——感激的、感恩的
- 能说会道的——善于表达的、擅长辞令的
- 艺术的——美学的、优美的
- 随和的——放松的、随意的
- 有效的——多产的、有说服力的
- 有效率的——省力的、省时的

- 留心（细节）的——观察敏锐的
- 吸引人的——漂亮的、英俊的
- 平衡的——公平的、公正的、无私的
- 心胸开阔的——宽容的、开明的
- 有条理的——有效率的、勤勉的
- 平静的——沉着的、不动摇的、镇定的
- 正直的——直率的、坦率的、真诚的
- 有能力的——有竞争力的、内行的、技艺精湛的
- 仔细的——谨慎的、小心的
- 喜悦的——高兴的、快乐的、欢快的
- 清楚的——明白的、明确的、确切的
- 聪明的——伶俐的、敏锐的、敏捷的
- 有能力的——熟练的、高效的
- 竞争的——好斗的、努力奋争的
- 有信心的——自信的、有把握的
- 志趣相投的——愉快的、融洽的
- 认真的——可靠的、负责的
- 考虑周到的——体贴的、亲切的
- 前后一致的——稳定的、有规律的、恒定不变的
- 常规的——传统的、认可的
- 合作的——同意的、一致的
- 有勇气的——勇敢的、无畏的、英勇的
- 周到的——有礼貌的、彬彬有礼的、尊敬的
- 有创造性的——新颖的、有创意的
- 好奇的——好问的、爱探究的
- 果断的——坚决的、坚定的、明确的
- 慎重的——小心的、审慎的
- 微妙的——机智的、敏感的
- 民主的——平等的、公平的、平衡的
- 雄辩的——鼓舞人心的、精神饱满的
- 有感情的——感动的、多愁善感的
- 同情的——理解的、关心的
- 着重的——强调的、有力的、有把握的
- 精力充沛的——活泼的、活跃的、有生气的
- 进取的——冒险的、努力的
- 热情的——热切的、热烈的、兴奋的
- 博学的——消息灵通的、有文化修养的
- 慷慨的——乐善好施的、仁慈的
- 讲道德的——体面的、有德行的
- 富于表现力的——生动的、有力的
- 公平的——无私的、无偏见的
- 有远见的——明智的、有预见的
- 流行的——时髦的、走俏的、现行的
- 坚定的——不动摇的、稳定的、不屈不挠的
- 灵活的——适应性强的、易调教的
- 有力的——强大的、强壮的
- 合礼仪的——适当的、有礼貌的、冷静的
- 朴素的——节俭的、节省的、节约的
- 大方的——慷慨的、无私的、乐善好施的
- 亲切的——真诚的、友好的、和蔼的
- 温和的——好心的、温柔的、有同情心的
- 乐群的——爱交际的、友好的
- 吃苦耐劳的——坚强的、坚忍不拔的
- 健康的——精力充沛的、强壮的、健壮的
- 有帮助的——建设性的、有用的
- 诚实的——真诚的、坦率的
- 有希望的——乐观的、鼓舞人心的
- 幽默的——诙谐的、滑稽的、可笑的

练习

他人眼中的我

了解自己的一个很好的方式就是通过他人对自己的反馈。可以向身边的亲朋好友询问一下，如果让他们用几个词来形容你一下，他们会说什么？

_____

_____

_____

他们所说的符合你对自己的评价吗？有没有以前没有想到过的呢？哪些是你的优势？

哪些是你的劣势呢?
_____
_____

在全球经济融合中,每个人的成功都是依赖许多因素的,而灵活性至关重要。个人灵活性是最基本的学术技能(如阅读能力和会用电脑),也是适应性技巧(如对事件的处理、人际关系和学习的能力)。学者们认为,适应性技巧还有转变能力(如应急能力和自我评价能力)都是当今员工应该掌握的最基本的素质要求。企业家的素质包括逻辑推理能力、冒险精神、应变能力都是全球化经济中最重要的方面。同时,要求政府部门、服务行业、制造业、教育行业都应具备这些素质。对许多国家来说,这些素质的具备有利于促进国际经济的发展。

在大学时光中,许多同学往往只重视专业知识技能的学习,而忽视可迁移技能和自我管理技能的培养。根据美国全国大学与雇主协会的调查,美国的雇主们最为重视的技能为沟通能力、积极主动性、团队合作精神、领导能力、学习成绩、适应能力、专业技术、诚实正直、工作道德、分析和解决问题的能力,可迁移技能和自我管理技能占了绝大多数的比重。因此,大学生在校期间,一定要在学好专业知识的基础上,加强对自我管理技能和可迁移技能的培养。

成就故事法是一种通过自我反省的方式来获得有关自身能力优势的方法。通过成就故事法可以对能力倾向的所有方面进行评价。

请写下生活中有成就感的具体事件,然后对这些事件进行分析,看看其中都使用了哪些技能,可以按照专业知识技能、可迁移技能、自我管理技能分类填写。请写出明确的时间地点,做了什么事情,取得了什么成就,遇到了什么困难,怎么克服的,回忆并尽可能写出细节。

列举的这些"成就事件"并非一定是工作上或学习上的,也可以是在家庭生活中所发生的,如一次美好而难忘的自助旅游等。这些事情可大可小,只要符合以下两条标准,就可以被视为"成就",即:喜欢做这件事时体验到的感受;完成后觉得非常有成就,很自豪。如果同时还获得了他人的认可和表扬那就更好,不过这并不是最重要的。

在列举"成就"故事清单时,每一个故事都应当包含以下内容。

(1) 面临的障碍、限制或困难(S:Situation)。

(2) 希望达到的目标,即需要完成的事情(T:Task)。

(3) 具体行动步骤,即是如何一步步克服障碍、达到目标的(A:Action)。

(4) 对结果的描述,即取得了什么成就。最好能够用某种方法衡量或以数据说明(R:Result)。

要求写出至少3个故事(越多越好)。如果有条件,请两三个同学组成一组,逐一分析。找出每位同学在故事中重复出现的技能,即所喜爱和擅长的技能,并将这些技能按优先次序加以排列。

示例：制作PPT并在课堂上演示讲解课程内容

这学期，作为师范生的必要培训内容之一——教学技能培训课，老师要求自选题目并用PPT进行演示讲解。我以前没学过怎么做PPT，请教同学用了20分钟，又请教了机房管理人员几个不明白的问题。选定了要讲的题目以后，上网搜索了相关的资料和图片，然后制作了10分钟课程的辅助教学PPT。在课堂讲解演示中，由于我的PPT图片精美、文字与内容搭配得宜，得了95分，最终得到了老师和同学的称赞。

在学习制作课件的过程中所涉及的技能有：快速学习；善于利用人际资源；寻求帮助；清晰地沟通；搜索信息；图片文字的处理；编辑和组织；面对新情况，表现出灵活性和很强的适应能力；敢于迎接挑战；积极主动；耐心；关注细节；克服压力。

◆ 我的成就故事：

_____
_____
_____
_____
_____
_____
_____

◆ 我所喜爱使用并且擅长的技能：

_____
_____
_____
_____
_____
_____

除了上述故事分析的方法，你还可以通过正式测评工具评估技能状况。此外还可以到专业的职业网站上查询理想职业或目标职业的技能要求状况，并与自己的技能状况做对比，从而发现自己需要提升的技能。

第四章

价值观探索

> 一个人最大的幸福，是能以自己选择的方式生活，择其所爱，爱其所择的结果，会使一个人以己为荣，并呈现出圆融、丰足、喜悦、智慧和充满创造力的气质。
>
> ——佚名

学习目标

（1）了解价值观的概念、认识到价值观对个人职业选择和发展的影响。

（2）正确理解价值观的来源及相关理论。

（3）在职业生涯规划中能重视对个人价值观的澄清。

（4）能够澄清并真正"拥有"自己的价值观，认识价值观与个人需要，人生不同阶段目标之间的关系。

困惑与迷思

案例1　这是我想要的生活吗

秀慧在银行工作了10年，30岁出头的她，猛然发现自己常常在算还有几年就可以退休。当初她专科毕业考进银行，同学们都很羡慕，父母高兴地到处炫耀，考进银行是对自己能力的一种肯定，但是到银行上班却是自己始料未及的。秀慧知道自己一直喜欢和人打交道的工作，喜欢扮演大姐的角色，帮大家解决问题，虽然银行的文书事务工作是她可以做的，且做得不错，可是她并不感兴趣，她常常问自己"这是我想要的生活吗？"

她喜欢慈善家的精神，希望从助人的过程中得到快乐。银行的工作和自己的价值观不相符，她早就心知肚明。这半年来升迁上的不如意，让她更加怀疑这份工作的意义。仔细思量，她很清楚离职是现实上最不明智、经济上最不划算的决定（理想与现实的冲突），但是情感上她真的很想换一换工作环境，去当修女或义工人员都不错。有一天，她从广播上得知台北生命线在招募义工，有一连串助人的辅导训练，包括一阶段、二阶段的训练课程……秀慧想通了，为了现实，她继续留在银行工作，为了理想，她到生命线当义工，两全其美，对自己、对家人都有交代。对于过程的辛苦，她相信自己撑得过来。

案例2 家明的困惑

家明已经大三了，在考虑找工作的问题。他看到自己的表哥在一家外企工作，表面上风光无限，其实累得要命，加班到深夜两点是常有的事。他很疑惑：是否一定要找一份收入很好但很累的工作来满足自己的虚荣心？

许多时候，我们也像秀慧一样满足于有着一份体面的工作和不菲的收入的白领生活，可是在内心深处，我们却忽略了许多其他有价值的事物，例如家庭、友谊、爱情、休闲、帮助他人和健康等，在我们的价值观体系里，这些也很重要。工作可以让我们获得金钱、地位、权力，但也常常让我们觉得拼命工作是不值得的。值不值得关键取决于人的价值观。从秀慧的例子来看，我们可以察觉秀慧有哪些价值观呢？这些价值观是如何影响我们的工作与心情的呢？如果你是秀慧，你还有更好的选择吗？为什么我们面临选择的时候犹豫不决？你清楚自己的价值观吗？

理论知识窗

第一节 价值观概述

好多大四毕业生都面临这样的问题：考研还是就业？想考研的同学也并非确定自己是否真的想考、想读研究生，只是现在就业形势严峻，"考研风"盛行，"随大流"的情况很多。每个人都有诸多的考虑，一方面，想考研，但又觉得自己想工作，想赚钱，不想再在学校里浪费大好的时光；另一方面，大家都考，我不考很没面子，而且现在找工作那么难，本科毕业找工作并不简单。而想就业的同学，在择业就业时也面临多重的困惑与问题。"鱼与熊掌，到底要什么？哪个是鱼，哪个是熊掌？""在哪项工作中，我能真正开开心心地投入并实现自己的价值？"等。

你是否面临这样的选择？是否已经做出最适合自己的选择？还是迫于形势根本没得选择？清楚自己到底在意和重视的是什么吗？其实这个问题搞清楚了，所有的疑惑也就迎刃而解。于是就产生了这样一个问题：如何清楚、明确自己所重视的是什么呢？对自己来说，到底什么才是最重要的呢？这些问题的答案就构成了自己的价值观，而当这些问题应用到工作中时，就成为职业价值观。

一、价值观理论

（一）价值观的概念

价值观是人们用来区分好坏标准并指导行为的心理倾向系统。每个人都生活在特定的生活环境中，对现实中的一切事物都会有一定的评价，哪些是好的、可接受的、值得的，哪些是不好的、不可接受的、不值得的，这就是价值观。价值观往往容易被看做仅属于认知的范畴，其实它通常是充满着情感和意志的。价值观为人自认为正当的行为提供充分的理由，是浸透于整个个性之中支配着人的行为、态度、观点、信念、理想的一种内心尺度。

价值观在人们的职业生涯发展中起到极其重要的、决定方向性的作用，甚至往往超过了兴趣和性格对我们的影响，当我们有矛盾冲突，或妥协与放弃时，常常也是出于对价值观的考虑，就像亚当·斯密所说的那样，价值观就像"一只看不见的手"，在不知不觉中就决定了我们选择以什么样的方式度过一生。对自身价值观的探索，将使我们的生活更有方向感，将有助于我们更好地回答下面3个最根本的哲学问题："我是谁""我适合做什么工作""我的生命有什么意义"。比如著名歌星席琳迪翁在其歌唱事业的巅峰时期退出乐坛相夫教子，就是由于她在丈夫生病后感觉到，与家人相处的时光是有限的，而且比事业更宝贵——这成为她的价值观，并导致她作出了对自己职业发展产生重大影响的选择。

（二）价值观的特征

价值观具有如下4个特征：

（1）主观性。指用以区分好与坏的标准，平常所说的区分得与失、荣与辱、成与败、福与祸、善与恶的标准是根据个人内心的尺度进行衡量和评价的，这些标准均可以称为价值观。对于客观存在的客体，个人都是依据主体自身的需要对客体的意义进行评价的。

（2）选择性。价值观是在个体出生后随着社会生活实践的扩展而逐渐萌发和形成的。儿童期的"价值观"是通过对父母和亲人言行的模仿而形成的。他们的"价值观"具有明显的感性形式，是对成人价值观的照抄照搬。青年期，随着自我意识逐渐成熟，个体开始有意识地选择符合自己的评价标准，从而形成个人特有的价值观。

（3）相对稳定性。个人的价值观形成之后往往不易改变，具有相当的稳定性，并通过多种方式进行表现，如兴趣、愿望、目标、理想、信念和行为等。

（4）社会历史性。在不同历史时代、不同社会生活环境中会形成不同的价值观。价值观通过人们的行为取向及对事物的评价、态度反映出来，是世界观的核心，是驱使人们行为的内部动力。曾经流传过一个笑话：某地发现一个外星人，一个北京人、一个上海人和一个广东人同时赶到那里。北京人说："把它带回去解剖，研究研究。"上海人说："把它带回去办个展览，赚点钱。"广东人则说："把它蒸了，看好不好吃。"我们可以从笑话中三地人对外星人利用的不同评价体会到不同地域人的价值观取向。

 扩展阅读

渔夫与商人的对话

一个成功的商人坐在海边一个小渔村的码头上，看着一个打鱼的渔夫划着一艘小船靠岸。小船上有好几条大黄鱼，这个商人问渔夫："要花多少时间才能抓这么多？"渔夫说，"一会儿工夫就抓到了。"商人接着问道，"你为什么不待久一点，再多抓一些鱼？"渔夫觉得不以为然，这些鱼已经足够一家人生活所需！

商人又问："那么你一天剩下那么多时间都在干什么？"渔夫解释：我每天睡到自然醒，出海抓几条鱼，回来后跟孩子们玩一玩，再睡个午觉，黄昏时晃到村子里喝点小酒，跟哥儿们玩玩吉他，我的日子可过得充实又忙碌呢！

商人不以为然，帮他出主意，就说："我是名牌大学企管硕士，可以帮你忙！你应该每天多花一些时间去抓鱼，到时候就有钱去买条大一点的船，再买更多渔船。然后你就可以拥有一个渔船队，可以自己开一家罐头工厂。如此你就可以控制整个生产、加工处理和行销，然后可以离开这个小渔村，搬到小城镇，再搬到大城市里，在那里经营不断扩充的企业。"

> 渔夫问："这要花多少时间呢？"
>
> 商人回答："十五年到二十年。"
>
> "然后呢？"
>
> 商人大笑着说："然后你就可以在家当皇帝了！时机一到，就可以宣布股票上市，把公司股份卖给投资大众。到时候你就发了！可以几亿几亿地赚！"
>
> "然后呢？"
>
> 商人说："到那个时候你就可以退休了！可以搬到海边的小渔村去住。每天睡到自然醒，出海随便抓几条鱼，跟孩子们玩一玩，再睡个午觉，黄昏时，晃到村子里喝点小酒，跟哥儿们玩玩吉他喽！"
>
> 渔夫疑惑地说："我现在不就是这样了吗？"

二、职业价值观

职业价值观生涯大师舒伯认为，职业价值观是个人追求的与工作有关的目标，即个人的内在需求及在从事活动时所追求的工作特质或属性。国内专家黄希庭（1994）等认为，职业价值观是人们对社会职业的需求表现出来的评价，它是人生价值在职业问题上的反映。

职业价值观分为内在和外在两种。内在价值观涉及一个人所做工作的内容及如何作用于社会；外在价值观指的是外在的一些因素，如薪酬、工作地点及环境。价值观是后天习得的。一般来说，一个人的价值观形成之后，就会在较长的时间内发挥其导向和动力作用，产生想做某事或不想做某事的感觉，具有相对稳定性。职业价值观也是社会现象的反映，必然随着社会的变化而变化，折射出时代的变迁。因此，不同的时代，不同的制度环境，人们会有不同的职业价值观。即使在相同的时代，也会因各自的成长环境、家庭背景、教育程度、性别、个性追求等差异，而各有所好，这是毋庸置疑的。例如，在择业时，有人追求优厚的收入和福利待遇；有人钟情于社会地位高的职业；有人喜欢工作环境轻松愉快；更多的受过高等教育的年轻人仍然把能否充分发挥自己的才能视为择业的第一标准。作为人们对待职业的一种信念和态度，职业价值观往往决定了人们的职业期望，影响着人们对职业方向和职业目标的选择。当人们按照自己的价值观生活时，会得到最大程度的满足感。对自己的价值观有清楚认识的人，在进行生涯规划时比较容易做出决策，澄清个体的价值观是有效生涯规划的重要组成部分。

俗话说："人各有志。"这个"志"表现在职业选择上就是职业价值观，它是一种具有明确的目的性、自觉性和坚定性的职业选择的态度和行为，对一个人职业目标和择业动机起着决定性的作用。

有关"工作"的一分钟联想

请在一分钟的时间内尽可能地写下头脑中所联想到的任何短语。

我希望工作……

思考：

你在工作中寻找的是什么？判断工作好坏的标准是什么？请将自己所写的内容和思考与同学一起分享。

下面是一些大学生所写的例子，可以参考一下，也可以和自己写的做对比。

· 环境好，不用有太复杂的人际关系，具有创造性，有较大成就感，不要总是重复、单调（多样性）；是我所热爱的，可以发挥自己的才能潜质，能够从中学习到很多东西，受人尊重，有一定社会地位，体面，机会多、收入高、待遇好。

· 不要太累，让我有足够的自由支配时间；不要处理太复杂的人际关系；可以让我有快乐感和成就感；能让我学到一些东西。

· 具有挑战性，可以成为生活乐趣；有很融洽的合作伙伴；能带来物质上的满足；能有充分的劳逸安排（生活与工作平衡）；有自订假期；是我钟爱、投入的事；能帮助成长、学习；能带来良好的人际关系；能帮助我的朋友。

· 在一个和谐的氛围中，没有人发号施令，没有人以自己的身份压制别人的想法，每个人可以施展自己的个性、才华、创意，人们之间互相尊重，互相欣赏，分工也许不同，但每个人都快乐地做着自己喜欢的事，都为最终要完成的工作尽一份力，每个人都乐在其中，所有人在平等和自愿的协作中使事件完美地完成。结果或许都不重要，而是每个人在这个过程中都感到自己被需要，自己有价值。

 扩展阅读

追随我心——从微软到 Google 的跳跃

李开复在职业发展过程中遇到的最艰难的选择就是从微软到 Google 的转换，这种转换并不只是职业领域的转换。从微软到 Google 的一跳使他一度成为新闻的热点话题，也曾经使他成为官司的主角，前后持续了一年多，以至于他的好朋友见到他的时候，都发现他明显瘦了很多。

他为什么要从微软转到 Google？听一听李开复自己的内心剖白吧。

当你面对两个选择，一个好一个坏时，很容易做出决定；当你面对两个都很好的选择时，不管选哪一个，结果都不会差，也很容易做出决定；只有当你面对两个都不算好的选择时，才会感到艰难。选择需要很多种智慧，但我觉得最重要的一点是追随我心，你所做的选择是不是符合你的价值观、理想和兴趣。例如，我选择来到 Google。坦率地讲，对我来说做出这个选择并不困难，因为我只要问问自己的心，想想自己的价值观、理想和兴趣，我就能很容易地做出决定。

我的人生目标是尽可能扩大自己的影响力。我希望能够尽可能多地影响他人。不管我出一本书、办一个网站，还是转变职业，我都会考虑如何从正面最大限度地影响他人。每个人对影响力的衡量方法不同。在我看来，衡量自己影响力的方法就是要看世界有我和没有我的差别。具体到我在微软和Google之间的选择，我会分析是微软的这批产品、员工和用户有我更好，还是Google的这批产品、员工和用户有我更好？有人会说，在微软李开复管理800个人，做100个产品；而在Google他只是光杆司令，要收50个弟子，一年也做不出产品，影响力明显变小。但我不是这么衡量的。微软没有我，会有另外的人来管理这800个人，微软不会因为少了我一个人就做不出产品。当然，我的离开也会造成一些影响，但影响的不是800，可能只是8。我到了Google，就可以把Google创新的模式带到中国，影响和培养更多的中国学生或青年人才。看一件事也不能看得太短暂，如果你只看2005年这一年，那我可能留在微软会有更大的影响力。但如果你看两年、三年，甚至更长的时间，你会发现，Google是适合我的，是我自己找Google的。

但这个选择却使我一度进入了最困难、最艰苦的时期。我需要面临官司，我曾经导出30万字的邮件以证明我的清白。但这个选择符合我的价值观、理想和兴趣，所以我不会为了暂时的挫折或痛苦而感到悔恨。在这段时间内我做一切能让自己快乐起来的事，如和朋友聊天、思考以前的事情、总结和反思一些事情。这些事也让我更确信追随我心的选择是正确的。我付出了很多代价，但我得到的更多，我看到了家人对我的真情，看到了学生对我的信任。

第二节 价值观理论

每个人都希望拥有一套独一无二的价值系统。生涯规划中，当为了制定一个明智的职业决策而寻求自我认识时，需要明确最符合自己的个性的价值观，通过自己的思想、语言和行为来表达自己的价值观。如果想了解自己，想知道自己为什么会像现在这样处事，那就不能忽视探索自己的价值体系。但是，我们的价值体系究竟从何而来，我们为什么会重视这件事情而不是那件事情？在生命的每个时刻，为什么会出现价值观的变化？价值观有哪些类型呢？

一、马斯洛需求理论

心理学家马斯洛提出了需求层次理论，认为人类价值体系中有五个层次的需求：生理需求、安全需求、归属和爱的需求、尊重的需求以及自我实现需求。只有当低层次的需求满足以后，个人才能够更好地满足更高层次的需求。这些需求体现在我们的生活中，就成为我们的价值观，它们具有强大的驱动力。

（1）生理的需求。这是人需要中最基本、最强烈、最具有优势的一种，是对生存基本条件的需求。例如一个人极度饥饿，那么除了食物外，他对其他东西都会毫无兴趣。对食物、水分、空气、睡眠、性的需要是人的所有需要中最重要也是最有力量的。

（2）安全的需求。它表现为人们要求稳定、安全、受到保护、有秩序、能免除恐惧和焦虑等。例如人们希望得到一份安定的职业，愿意参加各种保险。

（3）归属和爱的需求。一个人要求与他人建立感情的联系或关系，如结交朋友、追求爱情、参加一个团体并在其中获得某种地位等,这就是归属和爱的需要。

(4) 尊重的需求。它包括自尊和希望受到别人的尊重。自尊包括对获得信心、能力、成就和自由等的愿望;别人的尊重包括威信、承认、地位、名誉和赏识。马斯洛认为最稳定和健康的自尊是建立在来自他人的尊敬之上,而不是建立在外在的名气、声望以及虚浮的奉承之上。

(5) 自我实现的需求。人们追求实现自己的能力或潜能,并使之完善化。每个人在人生道路上自我实现的形式是不一样的,并非必须在重大发明和艺术创造的形式下才能实现,学生、工人、保姆等只要尽自己能力,也可以实现自我。

马斯洛需求层次的生理需要和安全需要主要对应职业价值观中的物质追求,如工作的稳定性、工作环境舒适等;而马斯洛需求层次的较高层次的归属、自我尊重和自我实现的需要,则主要对应职业价值观中的精神层面的追求,如实现自己的职业理想、发挥自己的职业技能、施展自己的个性特长等(图 4-1)。

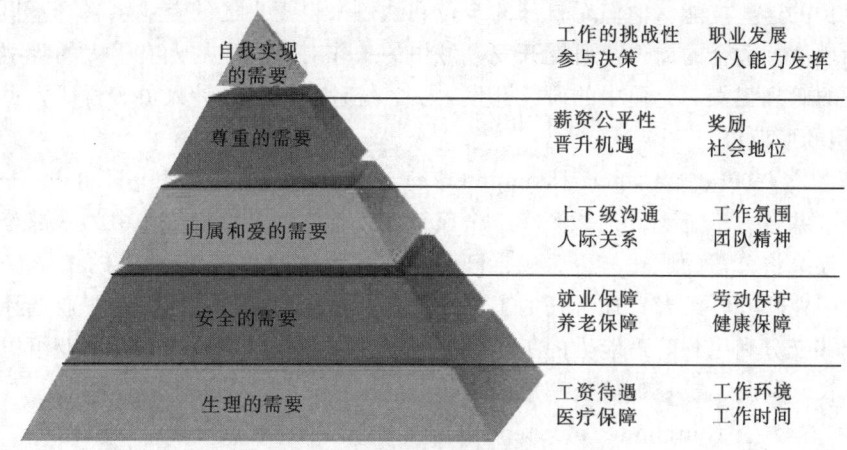

图 4-1 需求层次对应的职业价值观

二、职业锚理论

(一) 职业锚的概念

美国斯坦福大学著名职业指导专家埃德加·施恩 (Edgar. H. Schein) 教授在 20 世纪 70 年代创立了职业锚理论。施恩教授领导了一个专门研究小组,针对该学院毕业生的职业生涯进行研究。斯隆管理学院的 44 名 MBA 毕业生,自愿形成一个小组接受施恩教授长达 12 年的职业生涯研究,包括面谈、跟踪调查、公司调查、人才测评、问卷等多种方式,最终分析总结出了职业锚理论。

锚是使船只停泊定位用的铁制器具。职业锚,实际就是人们选择和发展自己的职业时所围绕的中心,是指当一个人不得不做出选择的时候,他无论如何都不会放弃的职业中的那种至关重要的东西或价值观。

职业锚是通过学习获得的,发生于早期职业阶段。当我们对于职业世界一无所知时,我们的职业锚处于隐藏的状态。当工作若干年后,我们了解自己所从事的职业,并且选定自己稳定的长期贡献区,职业锚逐渐形成。职业锚在某种程度上由个人实际工作决定,而不只是取决于潜在的才干和动机。

我们选中的职业不是固定不变的。职业锚是个人稳定的职业贡献区和成长区。但是，个人在不断发生变化，以职业锚为其稳定源，可以获得该职业工作的进一步发展。尤其是现在职业转换越来越频繁，平均每个人在一生中至少要经历3~5次职业转换。职业锚也是在发展和变化中的，在职业生涯中要根据实际情形，重新锚定自己的职业价值观。

（二）职业锚的种类简介

国外许多大公司均将职业锚作为员工职业发展、职业生涯规划的主要参考点。个人在进行职业规划和定位时，可以运用职业锚思考自己所具有的能力，确定自己的发展方向，审视自己的价值观是否与当前的工作匹配。自1992年以后，麻省理工管理学院将职业锚总结为8种类型。

1. 技术/职能型（technical functional competence）

他们追求在某一专业领域中不断地成长，不断地提升自己的技能水平，并且非常喜欢运用自己所擅长的这些技能。他们对自己的定位和认可来自于自己的专业水平，不惧怕专业领域上的各种挑战。适合的岗位：研究开发领域中的工作对这类型的人有很大的吸引力，不喜欢从事一般的管理工作。企业中的研究开发人员、统计人员和会计人员、科研人员都是属于技术/职能型的职业锚。

2. 管理型（general managerial competence）

他们追求并致力于工作晋升，倾心于全面管理，希望独自负责工作中的一部分。愿意承担更大的责任，将公司的成功与否看成自己的工作。具体的技术/专业上的工作仅仅被看做获得更大的职业晋升，或者管理责任的工具或途径。适合的岗位：他们在职业选择中往往会选择一些能够充分利用到管理能力的工作，主要职业领域是政府机构、企事业组织的主要负责人，如市长、局长、校长、厂长和总经理等。

3. 自主/独立型（autonomy independence）

自主/独立型的人希望工作方式、工作习惯和生活方式能够自己自由安排。追求能施展个人能力的工作环境，最大限度地摆脱组织的限制和制约。他们宁愿放弃提升或工作扩展机会，也不愿意放弃自由与独立。职业选择：他们在选择职业的时候通常以是否足够自由，是否能够自己安排为标准。他们的主要职业领域是学者、科研人员、职业作家、个体咨询人员、手工业者和个体工商户等。

4. 安全/稳定型（security stability）

安全/稳定型的人追求工作中的安全与稳定感，如果能够看到未来的成功，他们将会很踏实地走下去。他们关心财务安全，如退休金和退休计划。稳定感包括诚实、忠诚及完成老板交代的工作。适合的岗位：稳定，不要有太多的波动和竞争的职位；有固定、完善的职位体系及晋升、发展体系，能够在组织中稳固地发展。组织中有稳固的福利制度和稳固的情感联系。他们一般会在稳固的大机构中工作，如政府部门、大型公司或者军队组织中工作。

5. 创业型（entrepreneurial creativity）

他们时时追求建立或创造完全属于自己的成就。他们要求拥有自主权、管理能力和施展自己才华的特殊能力，创造是他们自我发展的核心。适合的岗位：他们会选择一些能够发挥创造性的职业，在职业发展的初期，他们可能会在别人的公司工作，会独自承担一些创造性的工作。但是时机成熟或者机会到来，他们就会创建自己的事业。创造型职业锚的主要职业领域是发明家、冒险性投资者、产品开发人员和企业家等。

6. 服务型（service dedication to a cause）

他们认可的核心价值是能够帮助他人，改善人们的安全或者通过产品和专业知识消除疾病。在工作中他们会表现得很乐于助人，或者乐于帮助他人改进和提升。哪怕要忍受恶劣的环境或工作条件。职业选择：在与人交流和互动比较多的职业中，他们会感到自己的价值能够得到体现。在一些助人、帮助他人提升的职业或岗位上他们能够如鱼得水。他们倾向于教师、心理咨询师、职业咨询、职业教练、医生这样的职业。

7. 挑战型（pure challenge）

他们喜欢解决看上去无法解决的问题，克服无法克服的困难障碍。具有很强的竞争心，强硬的对手或艰苦的竞争局面能够激发他们的斗志。他们对工作或职业的选择也是基于工作能够提供机会，让他们战胜各种不可能。新奇、变化和挑战更高的目标是他们的终极目标。职业选择：挑战型的人往往会选择一些变化快速的行业，如快速消费、咨询等行业。在具体岗位的选择上，他们可以是研发岗位中的攻坚团队成员，也可以是销售团队中的最能顶住压力的成员。

8. 生活型（lifestyle）

他们追求的是个人、生活及工作的平衡。成功对于他们而言不只是职业上的成功，更代表着整体生活的成功。他们不会让工作无限挤压掉生活空间。如果必须在生活和工作之间做出选择，那么选择的天平会自然地倾向于生活。职业选择：在选择职业时，他们首要关注的因素是这个职业对生活的影响，对自己的家人会有何影响？这个职业加班时间是不是过长以至于不能照顾好家人？这些挑战型或技术型人通常不会考虑的因素，在生活型的人看来是至关重要的，他们甚至可以因此而牺牲他们职业的一些方面，如晋升机会、更高的薪酬。

第三节　价值观澄清

价值观无论在人生还是职业发展中都起着极其重要的决定方向的作用，甚至超过了兴趣性格的影响。那么，现在请想一想并且回答：什么是生命中最重要的，自己的真正追求到底是什么？

真正回答的时候，很多人又有些茫然，有些人每天在校园里，要么和大多数人一样随波逐流，要么睡懒觉、逃课、上网、打工、谈恋爱……有时也躺在床上思索人生的意义，但是绕来绕去迟迟得不到答案。根本的原因在于，他们不知道自己真正追求的是什么，不知道自己忙来忙去究竟要到哪里去，因此无法做出正确的决定，无法制定出明确的目标并采取有效的行动。

每个人都有自己独特的价值观，生活中重要他人（如父母、同学、师长等）的价值观也常常会对我们产生影响。重要的不是去评判这些价值的对错，而是去考虑他们给自己的生活和职业发展带来的影响，并适时做出调整。同时也需要认识到，很少有工作能够完全满足一个人所有的重要价值观。因此，我们总是要不断地做出妥协和放弃，这是不可避免的，也是必要的。只有对自己的价值观进行澄清和排序，才能知道如何取舍。

一、价值观澄清理论

价值观澄清理论的主要代表人物拉斯思等人认为：个体在转折关头或处理事务时都面临选择，选择的依据是人们已有的价值观，但实际上人们常常不清楚所持价值观是什么就已做出选择了。这种现象不仅年长者有，年轻人也有，对青少年来说表现更为突出。因此，要了解自己的价值观，就需要在做出人生选择的过程中，仔细觉察自己选择时所依据的内心价值观。

进行价值观澄清可分为三个阶段，即选择阶段、珍视阶段和行动阶段，具体步骤如下。

（一）选择阶段

（1）完全自由地选择，不存在任何人强迫你这样做，进而思考："我是从什么时候第一次产生这种想法的"。

（2）在尽可能广泛的范围内自由选择。具体做法：①辨别与问题有关的价值观；②辨别其他可能有关的价值观；③整理上述每一种价值观及其可能对选择产生的后果。如思考"在产生这一想法之前，我经常考虑什么事情"。

（3）对各种途径产生的后果三思后进行选择。我们一般都会在做出重大决定前考虑到后果，例如你得到一份工作邀请，但公司距离你生活的城市很远，面对这个情形，你是否能承担离家远去的代价？你是否还愿意从事这份工作？从你对这份工作的选择，就可以反映出你的部分价值观。

（二）珍视阶段

（1）重视和喜爱做出的选择并感到满足，只有我们所珍惜重视的价值观，才有可能成为我们价值观真正的一部分。

（2）乐于向公众公布自己的选择。

（三）行动阶段

（1）按做出的选择行事。如提问"我现在准备做些什么呢？"，再次强调你的价值观，是通过你如何使用你的时间和你如何生活反映出来的，这绝不仅仅是空想或理想化浪漫地想象你的一生将如何度过。

（2）重复一贯的行动和确定的模式。如果个人的某种观念上升为他的价值观，那么，他就会在各种不同时间和场合一而再、再而三地表现在行为上。

澄清价值观的方法见表4-1。

表4-1 澄清价值观的方法

价值形成的阶段	层次	可提问的问题
选择（choosing）	自由的选择	a. 你考虑过任何一个选择吗
	从不同的途径中选择	b. 你想可能的结果是如何
	深思熟虑后选择	c. 你自己愿意去做吗
珍视（prizing）	重视与珍惜自己的选择	d. 你觉得这么做是对的吗
	公开表示自己的选择	e. 你愿意向谁讲呢
行动（acting）	根据自己的选择，采取行动	f. 到目前为止做得怎样
	重复行动	g. 你下一步要怎么办呢

二、价值观辨析

当代大学生的价值观总体上是乐观的、积极进取的,并且向多元化发展,自我意识普遍增强,大学生的成才意识、竞争意识也明显增强。从校园里相继出现的"英语热""计算机热""考证热"以及争先恐后竞争学生干部、参与社团等现象来看,大学生有提高自身素质、实现自身价值的要求,这是一个较高的需求层次。但是大学生的价值观也存在一些矛盾困惑,比如在生活上,一方面强调自立、自强,要走自己的生活道路,另一方面又屈从于环境,把人际关系和家庭看得比什么都重要;一方面普遍地追求个性化的生活,另一方面往往只限于表面的与众不同,结果还是陷入雷同化、赶时尚的生活。再如在职业价值观上,大学生在职业选择上,一方面,重视所选职业与所学专业是否对口,希望个人的兴趣爱好得到满足,实现个人的价值;另一方面,择业方向又高度集中,绝大部分择业者选择外资企业、政府机关和国有大企业事业单位。因此,许多大学生对于自身的价值观也迷茫不已,不知道内心当中真正重要的到底是什么,在这种情况下,就需要同学们辨析清楚,什么是真正的价值观。

(一)分清终极型价值观和工具型价值观

工具型价值观和终极型价值观是有巨大区别的,金钱、工具、汽车、房子、工作等都属于工具型价值观,而快乐、幸福、成就感、尊重、被信任等则都属于终极型价值观。比如,我要开"奔驰",住别墅,吃山珍海味,穿世界顶级名牌的衣服,其实仔细想想,你真正想要的并不是你所说的奔驰、别墅,你真正要的是开"奔驰"、住别墅的那种自豪美好的感觉,这种感觉才是你最终想要的,而奔驰、别墅、山珍海味和衣服只不过是帮助你达到自豪美好感觉的工具而已。但是很多时候,我们总是忙于追求工具价值,而渐渐忘记了我们当初真正想要的价值,而最终成为工具价值的牺牲品。

许多人之所以在生活中走偏了路,是因为没有弄清楚"终极价值"和"工具价值"这两者间的差异,常常费心于那些并非真正想要的工具价值上,因此才会遭受那么多的痛苦。任何人一生中所追求或逃避的都只是一种感觉,我们真正所要的并不是诸如上大学、工作、娶妻生子等这些外在的表象事物,而是这些事物给我们带来的感觉。我们要的可能是考上大学带来的自信、快乐,工作带来的成就感,婚姻家庭带来的幸福、安全和温馨……唯有终极型价值观才能使你的心灵得到满足,让你的人生更丰盛、收获更多。我们要记住:人生最重要的价值是心灵的幸福与快乐,而不是任何身外之物。

(二)分清追求型价值观和逃避型价值观

弗洛伊德认为人类行为的动机,都在于追求快乐、逃离痛苦。人的一生想要追求的感觉我们可以称为追求型价值观,而你不愿意触碰或不愿意拥有的感觉可以称为逃避型价值观。

(1)追求型价值观。例如:爱、关怀、快乐、有趣、幸福、舒适、安全感、自由、尊重、和谐、成功、健康、挑战或刺激、创造性、智慧、贡献、影响力、幽默、诚实、信任、自信心、成就感、受欢迎、责任感等。

(2)逃避型价值观。例如:孤独、无聊、沮丧、压力、忧虑、生气或愤怒、挫折、失败、被拒绝、可怜、恐惧、不安、不确定、束缚、自私、嫉妒、不被信任、被欺骗、无知、愚笨、无能、绝望、懦弱、优柔寡断、拖延等。

（三）树立多元的成功观

目前社会有个错误的思维方式，就是每个人都照一个模式发展，衡量每个人是否"成功"采用的也是一元化的标准：在学校看成绩，进入社会看名利。各行各业，对一个人成功与否的评价，往往更多以个人财富为标准："我最想要的是挣大钱，如果实现了，那是成功""我最想要的是成为比尔·盖茨式的人物——事业有成，如果我实现了，那也是成功"。但是，有了最好的成绩就能对社会有所贡献吗？有名利就一定能快乐吗？成功这个词可以涵盖很多东西，它凝结着许多人的梦想和追求，但成功的内涵到底是什么，不同的人可能会有不同的诠释。

成功观应当是多元的。英国政论家、历史学家埃米尔·莱希在《生命中的成功》中谈到："要树立全面的成功观，要在个人、事业和家庭之间建立起坚固的平衡""生命中的成功，不仅包括你的职业和收入，而且包括你的家庭、友谊、个人健康，还有精神的、智力的及情感的发展"。成功包括事业的进步、人际的和谐、家庭的幸福、友谊的长久、身心的健康等，使人生达到一种平衡的状态。我们所要树立的成功观应该是全面的、多元化的、平衡式的成功观，在人生的关键要素之间建立起坚固的平衡。而不幸的是，很多人沉浸在所从事的工作和学习的专业氛围中，忽视了真正的自我和自己的家庭等要素。当然人生成功也不是在所有的方面都达到圆满，成功的人生也不见得面面俱到。每个人都有自己的价值偏向和取舍，关键是要取得内心认可的平衡，不可过分追求单一的成功。

 练习

职业价值观测试量表

说明：下面有52道题目，每个题目都有5个备选答案，请根据自己的实际情况或想法，在题目后面圈出相应字母，每题只能选择一个答案，通过测验，你可以大致了解自己的职业价值观念倾向。

A. 非常重要；　　B. 比较重要；　　C. 一般；　　D. 较不重要；　　E. 很不重要

序号	项　目	非常重要→很不重要				
		A	B	C	D	E
1	你的工作必须经常解决新的问题	5	4	3	2	1
2	你的工作能为社会福利带来看得见的效果	5	4	3	2	1
3	你的工作奖金很高	5	4	3	2	1
4	你的工作内容经常变换	5	4	3	2	1
5	你能在你的工作范围内自由发挥	5	4	3	2	1
6	工作能使你的同学朋友非常羡慕你	5	4	3	2	1
7	工作带有艺术感	5	4	3	2	1
8	你的工作能使人感觉到你是团体的一分子	5	4	3	2	1
9	不论你怎么干你总能和大多数人一样晋级和长工资	5	4	3	2	1
10	你的工作使你有可能经常变换工作地点场所或方式	5	4	3	2	1
11	在工作中你能接触到各种不同的人	5	4	3	2	1

续表

序号	项 目	非常重要→很不重要				
		A	B	C	D	E
12	你的工作上下班时间比较随便自由	5	4	3	2	1
13	你的工作使你不断获得成功的感觉	5	4	3	2	1
14	你的工作赋予你高于别人的权力	5	4	3	2	1
15	在工作中你能试行一些自己的新想法	5	4	3	2	1
16	在工作中你不会因为身体或能力等因素被人瞧不起	5	4	3	2	1
17	你能从工作的成果中知道自己做得不错	5	4	3	2	1
18	你的工作经常要外出参加各种集会和活动	5	4	3	2	1
19	只要你干上工作就不再被调到其他意想不到的单位和工种上去	5	4	3	2	1
20	你的工作能使世界更漂亮	5	4	3	2	1
21	在你的工作中不会有人常来打扰你	5	4	3	2	1
22	只要努力你的工资会高于其他同年龄的人升级或长工资的可能性比干其他工作大得多	5	4	3	2	1
23	你的工作是一项对智力的挑战	5	4	3	2	1
24	你的工作要求你把一些事务管理得井井有条	5	4	3	2	1
25	你的工作单位有舒适的休息室更衣室浴室及其他设备	5	4	3	2	1
26	你的工作有可能结识各行各业的知名人物	5	4	3	2	1
27	在你的工作中能和同事建立良好的关系	5	4	3	2	1
28	在别人眼中你的工作是很重要的	5	4	3	2	1
29	在工作中你经常接触到新鲜的事物	5	4	3	2	1
30	你的工作使你能常常帮助别人	5	4	3	2	1
31	你在工作单位中有可能经常变换工作	5	4	3	2	1
32	你的作风使你被别人尊重	5	4	3	2	1
33	同事和领导人品较好相处比较随便	5	4	3	2	1
34	你的工作会使很多人认识你	5	4	3	2	1
35	你的工作场所很好比如有适度的灯光安静清洁的工作环境甚至恒温恒湿等优越的条件	5	4	3	2	1
36	在工作中你为他人服务使他人感到很满意你自己也很高兴	5	4	3	2	1
37	你的工作需要计划和组织别人的工作	5	4	3	2	1
38	你的工作需要敏锐的思考	5	4	3	2	1
39	你的工作可以使你获得较多的额外收入比如常发实物常购买打折扣的商品常发商品的提货卷有机会购买进口货等	5	4	3	2	1
40	在工作中你不受别人差遣	5	4	3	2	1
41	你的工作结果应该是一种艺术而不是一般的产品	5	4	3	2	1
42	在工作中不必担心因为所做的事情领导不满意而受到训斥或经济惩罚	5	4	3	2	1

续表

序号	项 目	非常重要→很不重要				
		A	B	C	D	E
43	在你的工作中能和领导有融洽的关系	5	4	3	2	1
44	你可以看见你的努力工作的成果	5	4	3	2	1
45	在工作中常常要你提出许多新的想法	5	4	3	2	1
46	由于你的工作经常有许多人来感谢你	5	4	3	2	1
47	你的工作成果常常能得到上级同事或社会的肯定	5	4	3	2	1
48	在工作中你可能做一个负责人，虽然可能只领导很少的人，但你信奉"宁做兵头不做将尾"的俗语	5	4	3	2	1
49	你从事的那种工作经常在报刊电视中被提到因而在人们的心目中很有地位	5	4	3	2	1
50	你的工作有数量可观的夜班费加班费保健费或营养费	5	4	3	2	1
51	你的工作比较轻松精神上也不紧张	5	4	3	2	1
52	你的工作需要和影视戏剧音乐美术文学等艺术打交道	5	4	3	2	1

评分与解释：

上面的52道题分别代表12项工作价值观，A得5分，B得4分，C得3分，D得2分，E得1分。

请你根据下面评价表中每一项前面的题号，计算一下每一项的得分总数，并把它填在每一项的边上，然后在表格下面依次列出得分最高和最低的三项。

评价表

得分题号价值观说明：

1. 利他主义：2、30、36、46，工作目的和价值在于直接为大众的幸福和利益尽一份力。

2. 美感：7、20、41、52，工作的目的和价值在于能追求美的东西，得到美感的享受。

3. 智力刺激：1、223、38、45，工作的目的和价值在于不断追求进行治理的操作，动脑思考，学习以及探索新事物，解决新问题。

4. 成就感：13、17、44、47，工作的目的和价值在于不断创新，不断取得成就，不断得到领导与同事的赞扬，或不断实现自己想要做的事。

5. 独立性：5、15、21、40，工作的目的和价值在于能充分发挥自己的独立性和主动性，按自己的方式，步调或想法去做，不受他人的干扰。

6. 社会地位：6、28、32、49，工作的目的和价值在于所从事的工作在人们的心目中有较高的社会地位，从而使自己得到人们的重视与尊重。

7. 管理：14、24、37、48，工作的目的和价值在于获得对他人或某事物的管理支配权，能指挥和调遣一定范围内的人或事物。

8. 经济报酬：3、22、39、50，工作的目的和价值在于活得优厚的报酬，使自己有足够的财力去获得自己想要的东西，使生活过得较为富足。

9. 社会交际：11、18、26、34，工作的目的和价值在于能和各种人交往，建立比较广泛的社会联系和关系，甚至能和知名人物结识。

10. 安全感：9、16、19、42，不管自己能力怎么样，希望在工作中有一个安稳局面，不会因为奖金、涨工资、调动工作或领导训斥等经常提心吊胆，心烦意乱。

11. 舒适：12、25、35、51，希望能将工作作为一种消遣、休息或享受的形式，追求在一起感到愉快、自然、优越的工作条件和环境。

12. 人际关系：8、27、33、43，希望一起工作的大多数同事和领导人品较好，相处在一起感到愉快，自然。认为这就是很有价值的事，是一种极大的满足。

13. 变异性或追求新意：4、10、29、31，希望工作的内容应该经常变换，使工作和生活显得丰富多彩，不单调枯燥。

得分最高的三项是：1._____；2._____；3._____。
得分最低的三项是：1._____；2._____；3._____。

从得分最高和最低的三项中，可以大致看出你的价值倾向，在选择职业时可以加以考虑。

活动：价值观市场

步骤：

（1）参照下面所列出的价值观，挑选出其中5种对你来说最重要的价值，分别写在5张小纸条上。如果你认为重要的价值没有列出，也可以另写。

价值观：人际关系/归属感、团队合作、物质保障/高收入、稳定、安全、创造性、多样性和变化性、新鲜感、乐趣、自由独立、被认可、受尊重、能帮助他人、能发挥自己的才能、成就感、成功、名誉、地位、有意义、有学习/发展/成长的机会、权力/领导或影响他人、有益于社会、挑战性、冒险性、竞争、符合自己的道德观、工作环境、工作地点、工作与生活的平衡、健康、家庭、朋友、亲情、亲密关系、爱、信仰、幸福、为社会服务、和谐、平等……

（2）给每一条对你来说很重要的价值下定义，并在纸上写下来，即要达到什么样的水平你才能满意？个人对同一种价值的定义可能并不相同，例如对于"物质保障"的理解，有的人可能认为是月薪至少3000元以上，也有人可以接受2000元月薪的工作，但一定要有医疗保险、养老保险。

（3）如果你不得不放弃其中的一条，你会放弃哪一条？将写有你准备放弃的价值的纸条与其他人交换。

（4）保留刚才别人给你的纸条，放在一边。现在，如果你不得不继续放弃剩下四条中的一条，你会放弃哪一条？再次与另一个人交换。

（5）继续下去，直到最后一条。这是否是你无论如何也不愿放弃的？

我的五样重要价值观及其定义（按重要程度排序）：

a. _____
b. _____
c. _____
d. _____
e. _____

(6) 讨论：

1) 通过这个活动，你对于自己的价值观有什么样的了解和想法？
2) 你的价值观会对你的职业选择和人生产生什么样的影响？
3) 他人的价值观会对你的生活造成什么样的影响？

第二部分

工作世界探索篇

第五章

工作世界探索

> 一种职业，决定了一种生活方式。任何一种职业都需要勇气。
>
> ——佚名

学习目标

（1）认识到工作世界是一个人实现其生涯理想的外部平台。

（2）学会以积极的心态面对工作世界，消除对工作世界的刻板印象，开阔思维，多角度、多途径获取工作信息。

（3）了解目前工作世界的大趋势，掌握多种获取和研究职业信息的方法，能够使用多种方法与策略获取职业信息，学会有效管理职业信息。

困惑与迷思

请画一张图来表示：你眼中的工作世界是什么样子。

第一节 职业和专业概述

一、职业的定义及其功能

谈起职业，同学们也许并不陌生。首先你们的父母亲友，他们或是工人，或是农民，或是教师，或是医生，或是机关工作人员，或从事其他工作。他们每天奔波忙碌，辛勤工作，供你们读书上学，维系着家庭的生活和幸福。这些工作就是职业。

（一）职业的定义及理解

职业（occupation），中国职业规划师协会的定义是：性质相近的工作的总称，通常指个人服务社会并作为主要生活来源的工作。在特定的组织内它表现为职位（即岗位，position），我们在谈某一具体的工作（职业）时，其实也就是在谈某一类职位。

从不同的角度，职业又有不同的解释，从社会角度看，职业是劳动者获得的社会角色，劳动者为社会承担一定的义务和责任，并获得相应的报酬；从国民经济活动所需要的人力资源角度来看，职业是指不同性质、不同内容、不同形式、不同操作的专门劳动岗位。

对于职业的含义，很多学者也有自己的理解。美国社会学家塞尔认为，职业是一个人为了不断取得个人收入而连续从事的具有市场价值的特殊活动，这种活动决定着从业者的社会地位。他还指出，"职业"范畴的三个要点是技术性、经济性和社会性。日本劳动问题专家保谷六郎认为，职业是有劳动能力的人为生活所得而发挥个人能力，向社会作贡献的连续活动。他指出"职业"具有5种特性：①经济性，即从中取得收入；②技术性，即发挥个人才能与专长；③社会性，即承担社会分工，履行公民义务；④伦理性，即符合社会需要，为社会提供有用的服务；⑤连续性，即所从事的劳动相对稳定。美国著名哲学家、教育家杜威认为，职业就是人们从中可以得到利益的一种"生活活动"。美国学者泰勒在其著作《职业社会学》一书中指出："职业的社会学概念，可以解释为一种成为模式的与特殊工作经验有关的人群关系。这种成为模式的工作关系的整合，促进了职业结构的发展和职业意识形态的显现。"

简单地讲，职业就是人们从事的有比较稳定的合法收入的工作。准确地说，职业是劳动者以获取经常性的收入为目的而从事的连续性的、相对稳定、合法的社会劳动。

理解职业的定义必须有以下认识：

（1）不是任何工作都能成为职业。

（2）职业是劳动者获得的劳动角色。

（3）职业为劳动者提供了一个实现个人价值的机会。

（二）职业的功能

职业是有其特定的功能的，主要是指职业活动与职业角色对人和社会的作用与影响。这些功能可以从个人与社会两个方面来进行评价。

1. 职业的个人功能

职业是人的一种社会活动和生活方式，又是人的一种经济行为，是人们从社会中谋取各种利益的资源，它对于每一个人都极为重要。职业问题解决的好坏对个人一生是否顺利发展具有重要的意义。具体来说，职业对于个人有以下作用：

（1）职业是人生的主要活动。职业作为人们参与社会活动、从事社会活动进行人生实践的最主要场所，从多方面决定了一个人的特征和境遇。无职业者在此方面则大受影响。人的职业生活，使从业者进入一种社会情境，这种社会情境因职业的不同而不同。由此，职业就成为使人担任特定社会角色、形成一定行为模式的条件。

（2）职业是人们获取利益的手段。首先，职业是人的主要经济来源。职业是个人获得经济收入的主要手段，是个人生存和维持家庭的物质基础。职业活动区别于其他活动的重要标志是：职业是以获取经济收入、取得报酬为目的的。人一般都追求高收入的职业，这是人们选择职业的主要标准。其次，职业可以获得多种非经济利益。这种非经济利益包括名誉、地位、权力、各种便利等，从而使个人获得心理满足，达到"乐业"的境地。这种非经济利益也可能转化为金钱或者其他形式的经济利益。追求较高的社会地位是许多人的重要人生目标。职业类别、职业环境和职业中的个人等级（如局长、厂长或办事员、工人）就是人的社会地位的象征。人们在职业问题上的努力和奋争，构成人们在社会地位的"阶梯"中的向上流动。

（3）职业是个人发挥才能、实现人生价值的手段。在人们按照一定的社会规范从事特定的职业时，由于每种职业都有不同于其他职业的活动内容的形式，必然对从业者的生理和心理产生重大影响。当这种工作能够使个人的才能得到发挥、个性得到不断地发展与完善时，就成为促进个性健康发展的途径。而随着个性和才能的逐步提高，人们自我实现的需要也逐步得到满足。

(4) 职业是个人为社会作贡献的途径。个人从事某种职业，就是进入一个社会劳动分工体系之中参与其活动。个人在这个体系中的活动结果，就是在为社会作出贡献。

2. 职业的社会功能

(1) 职业是社会存在的内容。职业作为一种社会存在，不仅是人的社会身份、等级的体现，其本身也构成了人类社会存在的一个内容。职业分工及其结构，是社会经济制度与社会经济结构的重要部分，是社会经济发展水平的反映。通过人的职业劳动，生产出社会财富，这也为社会的存在与发展提供了物质基础。

(2) 职业是社会发展的动力。职业的社会运动，包括个人改善职业的向上流动、与社会经济相关联的职业结构变动、不同职业阶层间的矛盾冲突及解决等构成了社会发展与社会进步的动力。此外，人们为了追求未来的"好职业"而进行人力投资，不断学习，更成为推动社会发展的巨大动力。

(3) 职业是社会控制的手段。职业是人的重要生活方式，"安居乐业"是人们的共同愿望。衣食足而知荣辱，饥寒生则起盗心。政府为公众创造职业岗位，执行"充分就业"的政策，从其功能或意义的角度看，就是为了减少社会问题，达到社会控制，维护社会稳定的目的。

二、职业的分类

职业分类，是指按一定的规则、标准及方法，按照职业的性质和特点，把一般特征和本质特征相同或相似的社会职业，分成并统一归纳到一定类别系统中去的过程。

职业分类是形成产业结构、产业组织及产业政策研究的前提，也是择业者了解职业、认识职业特点，并结合自身情况，切合实际地选择职业的前提。

(一) 职业分类的原则

1. 同一性

同一性是职业分类的最基本原则。具体来说，它是指构成一个职业类别，必须在工作范围、工作内容、操作方法、使用工具以及工作环境等方面都是同一的。

2. 标准性

职业分类是一项复杂而重要的工作，要有严格的标准。特别是对于政府管理部门来说标准性是极强的。这种标准反映为一个国家的职业分类标准，即由政府有关部门组织制定和实施的国家标准。

3. 多极性

职业是一个庞大而复杂的现象，有着数千甚至上万个类别。对于这样一个庞大的体系，需要划分为几个不同的等级或层次，每一个等级或层次中一般又有许多类别。这样，才能把庞大而复杂的"职业"区别开来。一般情况下，各国根据自己的情况，把职业分为3~4个层次。

4. 现实性

职业分类是一个现实的范畴，它要反映社会现实，是基于一个社会的经济发展水平、产业结构、技术状态、社会文化状况以及对于人的劳动状况作出的划分。

（二）职业分类的方法

职业分类的方法很多，标准各异，但一般划分的标准是按从事社会劳动的不同内容、手段、劳动方法、环境、劳动消耗量等方面进行的。依据就业者主要付出劳动的性质来分类，可以分成脑力劳动和体力劳动职业。依据对专门知识和技术所需要的程度来分类，可以分成专门职业和非专门职业或一般职业。从职业指导的角度，又可分为实用型职业、研究型职业、艺术型职业、社会型职业、企业型职业、事务型职业等6类。

1. 国外一般有三种职业分类方法

（1）按脑力劳动和体力劳动的性质、层次进行分类。这种分类方法把工作人员划分为白领工作人员和蓝领工作人员两大类。白领工作人员包括专业性和技术性的工作，农场以外的经理和行政管理人员、销售人员、办公室人员。蓝领工作人员包括手工艺及类似的工人、非运输性的技工、运输装置机工人、农场以外的工人、服务性行业工人。这种分类方法明显地表现出职业的等级性。

（2）按心理的个别差异进行分类。这种分类方法是根据美国著名的职业指导专家霍兰德创立的"人格—职业"类型匹配理论，把人格类型划分为6种，即实用型、研究型、艺术型、社会型、企业型和事务型。与其相对应的是6种职业类型。

（3）按职业的主要职责或"从事的工作"进行分类。这种分类方法较为普遍，以两种代表示例。其一是国际标准职业分类。国际标准职业分类把职业由粗至细分为4个层次，即8个大类、83个小类、284个细类、1506个职业项目，总共列出职业1881个。其中8个大类是：①专家、技术人员及有关工作者；②政府官员和企业经理；③事务工作者和有关工作者；④销售工作者；⑤服务工作者；⑥农业、牧业、林业工作者及渔民、猎人；⑦生产和有关工作者、运输设备操作者和劳动者；⑧不能按职业分类的劳动者。这种分类方法便于提高国际间职业统计资料的可比性和国际交流。其二是加拿大《职业岗位分类词典》的分类。它把分属于国民经济中主要行业的职业划分为23个主类，主类下分81个子类、489个细类、7200多个职业。此种分类对每种职业都有定义，逐一说明了各种职业的内容及从业人员在教育程度、职业培训、能力倾向、兴趣、性格以及体质等方面的要求，有较大的参考价值。

2. 我国的职业分类

（1）《职业分类与代码》（GB/T 6565—2015）。参照国际标准和方法，1986年，我国国家统计局和国家标准局首次颁布了中华人民共和国国家标准《职业分类与代码》（GB 6565—2015），并启动了编制国家统一职业分类标准的宏大工程。这次颁布的《职业分类与代码》将全国职业分为8个大类、63个中类、303个小类。1992年，原国家劳动部会同国务院各行业部委组织编制了《中华人民共和国工种分类目录》，这个目录根据管理工作的需要，按照生产劳动的性质和工艺技术的特点，将当时我国近万个工种归并为分属46个大类的4700多个工种，初步建立起行业齐全、层次分明、内容比较完整、结构比较合理的工种分类体系，为进一步做好职业分类工作奠定了坚实基础。

（2）《中华人民共和国职业分类大典》。20世纪90年代中期，随着社会主义市场经济体制的逐步建立和科学技术的迅猛发展，我国的社会经济领域发生了重大变革，这对人力资源管理提出了新的要求。为此，国家提出要制定各种职业的资格标准和录用标准，实行学历文凭和职业资格两种证书制度。《中华人民共和国劳动法》中明确规定："国家确定职业分类，对规定的职业制定职业技能标准，实行职业资格证书制度。"根据社会经济发展的需要，1995年2月，劳动和社会保障部、国家统计局和国家质量技术监督局联合中央各部委共同成立了国家职业分类大典和职业资格工作委员会，组织社会各界上千名专家，经过四年的艰苦努力，于1998年12月编制完成了《中华人民共和国职业分类大典》，并于1999年5月正式颁布实施。

根据1999年颁布的《中华人民共和国职业分类大典》，我国把职业划分为大类、中类、小类、细类4个层次，包括8个大类、66个中类、413个小类、1838个细类（职业）。8个大类分别如下：

第一大类：国家机关、党群组织、企业、事业单位负责人，其中包括5个中类、16个小类、25个细类。

第二大类：专业技术人员，其中包括14个中类、115个小类、379个细类。

第三大类：办事人员和有关人员，其中包括4个中类、12个小类、45个细类。

第四大类：商业、服务业人员，其中包括8个中类、43个小类、147个细类。

第五大类：农、林、牧、渔、水利业生产人员，其中包括6个中类、30个小类、121个细类。

第六大类：生产、运输设备操作人员及有关人员，其中包括27个中类、195个小类、1119个细类。

第七大类：军人，其中包括1个中类、1个小类、1个细类。

第八大类：不便分类的其他从业人员，其中包括1个中类、1个小类、1个细类。

(3) 新职业的出现。我国在1999年颁布了《中华人民共和国职业分类大典》后，又出现了许多新职业，目前还未能列入这本职业大典，但国家承认这些职业，专门进行了认定，并制定了职业标准，如电子商务师等。为了对突然冒出来的新兴职业及时确认并进行规范化的管理，我国政府开始对包括新兴行业在内的众多职业实行就业准入和资格认证制度。截至2007年1月，国家劳动和社会保障部先后颁布了8批国家职业标准，颁布的国家职业标准已经达到了650个，其中有相当一部分是新职业。如第3批中就有电子商务师、营销师、企业信息管理人员等7种新职业；第4批中有计算机程序设计员、企业培训师、室内装饰设计员、茶艺师、插花员、洗衣师等11种新职业；第5批中有物流师、理财规划师、中央空调操作工、钢琴调律师、育婴师等8种新职业；第8批中有会展设计师、珠宝首饰评估师、创业咨询师、手语翻译员、灾害信息员等10种新职业。

三、职业的发展趋势

随着我国经济、社会文化和科学技术的发展，我国的产业结构将发生根本的变化，社会职业的发展变迁也将出现前所未有的动荡、分化、重组的格局。新的职业种类层出不穷，传统的职业种类消亡和迁移方兴未艾，这种发展变迁的态势还将持续相当一段时间。

（一）职业发展的总体趋势

在当代中国，由于农业社会、工业社会和后工业社会（即信息社会）并存的多元特征，社会分工具有较强的中国特色，比较显著的一个宏观特征是：第一、第二产业的社会职业以消亡变动和重组为主,第三产业正迅猛发展,如交通运输业、邮电通讯业、商业、服务业、金融保险业、信息咨询业、租赁广告业、卫生、体育、教育培训和文化艺术等,尤其是其中的信息产业,国外有人把它称为第四产业,可见信息产业的巨大潜力。这些新兴行业的出现和兴起,将为社会提供更多的就业岗位。但同时第一、第二产业由于新技术、新成果的不断推广应用,给传统行业又提供了新的发展机遇,比如农业,由于新技术的应用,传统观念的更新,新的生产方法和发展思路给农业这一传统产业带来了前所未有的职业选择机会。

(二)未来职业的特点

有专家预测,未来职业将呈现以下三大特点:

(1)职业的知识含量增大。各种就业岗位,需要更多的受过良好教育、掌握最新技术的技术工人,单纯的体力劳动或机械操作职业将明显减少。未来白领蓝领阶层的界线将越来越模糊,职业逐渐向专业化方向发展。

(2)职业要求不断更新。一些职业,因新的工作设备和条件变化,对职业内容有了新的要求。如行政工作人员,在以前只要求具备较好的组织协调能力、分析问题解决问题能力、文字能力、口头表达能力等。但现在除要求他们具备上述能力以外,还要求具备社会交往及计算机辅助管理、办公自动化操作能力等。

(3)永久性职业减少。只有少数人能拥有"永久性"的工作,而从事计时、计件或临时性职业的人会越来越多。

四、认识专业

思考

高校举办职业规划大赛,一个会计专业的大二男生不以为然:"我学会计,以后出来做会计,有什么好规划的。"别人问他:"你了解会计这个职业吗?毕业后想做什么?"他回答得很干脆:"只要把专业学好了,还怕出来找不到工作吗?"

(1)这个男生说得有没有道理?

(2)学什么专业就从事什么职业,真的是这样的吗?专业和职业的关系是怎样的?

(3)如果不喜欢所学的专业,应该怎样去规划职业路线?

(一)什么是专业

专业泛指专门学业或专门职业,如干部专业化、生产专业化、分工专业化、专业化经济、专业化制作、专业户等。就学业来说,专业是指教育机构培养专门人才的专业门类。大学设置专业是大学培养人才的重要特征。

关于专业设置有三点需要说明:

(1)专业设置有人才培养规格的要求。一个大学生只有完成专业教学计划规定的学习任务,才是一个符合该专业培养规格的合格毕业生。

(2)专业设置兼顾了职业群的要求。大学本科的专业设置是以学科为主进行划分的。学科有其自身的科学体系和内涵,与职业有联系,但不紧密。高等职业学校和高等专科学校专业目录中的532种专业,兼顾了职业群的要求,建立了专业与职业(职业群)较紧密的联系。大学生除完成专业学习外,还可以跨专业选修课程,以满足自己职业规划的需要。

(3) 专业受社会需求发展变化制约。那种"上了大学就有一个好职业"的时代，随着"精英"教育时代的结束而结束了。

(二) 专业与职业的关系

专业是学业门类，职业是工作门类，专业与职业之间有四种关系。

1. 专业包容职业

在这种情况下，个人的职业发展一直在所学专业的领域内，选择的职业与学习的专业相吻合，能够做到学以致用。

2. 专业为核心，职业包容专业

个人的职业发展以所学专业为核心，向外扩展。这种情况下，选择的职业与学习的专业虽然方向一致，但职业发展超出所学专业领域，需要根据自己的职业规划，在学好专业的基础上通过选修、自学提高自己所从事职业的素质。

3. 专业与职业交叉

以专业为基础发展职业，个人的职业发展在所学专业基础上有重点地沿某一方向拓展。所学专业在个人职业发展中仍有重要意义，需要在职业生涯规划的指导下，在学好本专业的基础上，同时辅修或自学自己规划要从事的其他专业课程。

4. 专业与职业分离

个人规划要从事的职业与所学专业基本无关，所学专业的某些方面在个人职业发展有一定的重要性，但方向并不一致，这时应尽早调整专业，若为时已晚，应辅修其他专业。

(三) 从职业的角度认识专业

从你所学的专业出发，分析本专业所对应的职业群的相关职业信息，了解并把握你的专业与未来职业的关系。

(1) 与本专业对应职业群有关的职业资格。例如，财经类专业的学生不但应了解与会计有关的职业资格，还应了解统计、金融、保险、证券、仓储等职业资格，甚至推销、秘书的职业资格。仅就会计而言，应至少知道有四类证书与职业生涯有关：①会计上岗证和财会电算化证，这是具有从业资格的基本条件；②注册会计师证、资产评估师证等，这是今后能否具有执业资格的证明；③专业技术职务证书，如助理会计师、会计师、高级会计师，这是专业水平的体现；④跨职业的能力水平证书，如外语、计算机、普通话和汽车驾驶证等，这或者是与取得第二、第三类证书有关的证书，或者是与提高求职成功率有关的证书。对于这些证书，不但要分清种类和功能，更要知道取得这些证书应具备的学识、技术和能力，即资格标准。这是结合自己的专业方向进行职业生涯设计的基础。

(2) 科技进步对本专业对应的职业群及相关职业群的影响，以及这些职业群的演变趋势。在分析中你必须明确，现行的职业资格标准是职业岗位的现实需要，职业会随科技进步而演变，职业资格标准也会不断调整。因此，你不但要努力学习，为今后一生做好铺垫，还要树立"活到老、学到老"的终身学习的观念。

(3) 与本专业相关的职业机会与前景。例如，物流专业。加入WTO使中国的大门逐步打开，跨国快递巨头们在中国的人才需求也随之剧增。联邦快递预计，在未来的几年里，每年员工队伍将以20%（300人左右）的速度增长。而在其他行业的需求上，最缺乏的物流专业人才是中高级物流策划管理与营销，最好是既懂得营销管理又懂得策划，还懂得如何运用现代技术去改善、提升原有操作模式的人才。显然，刚毕业的大学生在工作经验上难以适应这些岗位。但经验需要积累,你完全可以通过在操作岗位以及低级别管理岗位上的锻炼来达到这一水平。

第二节 工作世界的内容角度

外面的世界很精彩,对于一个要进行职业生涯规划的人来说,对外面的职业世界进行探索是一件必须也是非常重要的事。那么如何做呢?职业世界探索应该认知什么?"入职要求""工作内容""职业机会""职业空间"还是"关系"?通过职业世界探索,你觉得能解决什么问题?"找到工作""认知匹配""职场攻略""行业动态""产业发展"还是"组织文化"?有太多的东西需要我们去探究。

下面我们来梳理一下如何有效进行职业世界探索。从静态的观点来看,职业世界是由地域、行业、组织、职业、职位所构成的一个嵌套生态系统。职业世界=职业/职位+组织+行业+地域。在该系统中,大系统的改变引发小系统的变化。

职业世界探索实际是一个系统工程。对职业世界的探索,首先必须要考虑到时代的特点以及时代的因素,考虑到时代对有关地域、行业、职业、职位的特殊要求;其次,需要结合一个地域的特点来探讨当地的"人才需求状况""人才竞争激烈程度""人才分布情况""当地的发展机会"等方面的内容;最后,需要从行业、组织、岗位等角度探索职业信息。

一、工作世界的宏观状况

(一) 有关工作世界的一些基本事实

当我们用更广阔的思路来看工作时,会更容易理解下面的一些基本事实:

(1) 目前工作世界中有超过 200 种的职业,对于大多数人来说,会有数种甚至数十种职业适合他们。

(2) 调查表明,各个经济收入阶层和各种行业领域的人大都热爱自己的工作。

(3) 没有哪一种工作能够完全满足你所有的需要。所有工作都有其局限性和令人失望之处。你需要通过其他活动来平衡你的生活,才有可能感觉完美。

(4) 工作市场和经济形势都时常发生变化,甚至是急剧的变化。有的职业在目前可能充满了机会和诱惑,但可能会在数年内受到冷落或者淘汰。如 20 世纪 60 年代,打铜锣补锅的声音遍布大街小巷,不绝于耳,然而到了 20 世纪 80 年代,则如泥牛入海,销声匿迹了。有的职业目前可能令人不屑一顾,但有可能在若干年后却如日中天,蓬勃发展,前景广阔。

所以在工作世界中,每个人都有可能找到适合自己的那份工作,只是需要做好心理准备:这是一个过程,对于不同的人,过程也会有长短;变化也是其中必然要面对的,一个决定可能不会持续一生,也常常伴随风险,因此需要个人不断调整和变化才能适应社会的变化发展。面对工作世界,你需要学会如何应对工作的变动,而不是有意去回避它。

(二) 人才需求状况

人才需求状况是指社会各行业对当前人才的需求状况。例如,随着信息技术的发展和普及,社会对计算机、网络等方面的应用人才的需求不断增加,同时,对各种管理人才的需求也越来越多。对这方面的信息进行分析,可以使个体认识到自己目前所具备的知识和技能是否为社会所需要。在明确社会的需求程度后,就需要在相关方面主动地学习基本知识,并提高基本技能，以便更好地适应社会发展和需要。

（三）人才竞争状况

人才竞争状况是指社会各行业的人才竞争状况。在现实中，往往是很多人竞争同样的单位或是同一个岗位。通过了解和分析人才的竞争状况，可以认识到与自己竞争相似职业的其他人的状况；同时，还能通过与竞争者的相互比较，更好地意识到自身的优势和劣势。正所谓，知己知彼，才能百战百胜；知己知彼，才能让我们在竞争中处于优势地位。

（四）相关政策

相关政策是指国家和当地政府制定的各项有关政策。目前，我国的相关就业政策，对大学生就业市场仍有积极的作用。通过政策分析，可以使个体了解到一些新的事业和就业机会，以便在进行职业设计时利用这些机会。例如，对大学生志愿服务西部的鼓励政策、对大学生的创业扶持政策等，有利于到西部发展和愿意创业的同学找到职业发展路线。

二、行业环境分析

俗话说："女怕嫁错郎，男怕入错行。"

在现代社会环境条件下，虽然人们的职业选择并不再像传统社会那么局限，但是，在社会现实中，行业的整体发展状况和环境总是会直接影响到企业的发展状况，进而也就影响到每个人职业生涯的发展。分析和了解影响职业生涯的行业因素，有利于个人选择有发展前途的行业和职业，有助于更好地实现个人职业目标。

（一）行业环境分析的概念

行业环境分析是一个人对目前所在行业和将来想从事的目标行业的环境进行分析，包括行业的运作现状，行业目前的优势与问题所在，行业发展的前景预测，国内、国际重大事件对该行业生存与发展的影响等因素。

（二）行业的性质

你现在从事的是什么行业？是加工制造型行业，还是咨询服务型行业？这个行业在我们国家是怎样一个发展趋势？是一个逐渐萎缩的行业，如资源耗费大、造成环境污染的小型采矿业，还是一个朝阳行业，如旅游业、保险业、管理咨询行业？这个行业是行政垄断行业、自然垄断行业、还是自由竞争行业？是暴利行业，还是薄利行业？是成熟性行业，还是新兴的成长性行业？是高端的科技型行业，还是中低端的传统型行业等。

（三）行业发展现状

进行行业发展现状分析，首先应了解这个行业是什么样的行业，该行业的发展趋势如何。行业发展主要受到以下三方面因素的影响。

1. 技术因素对行业发展的影响

随着科学技术的不断进步，新技术和新产品会带动新的社会需求、产生新的社会经济，这样必然会出现新的行业和职业，例如，手机短信技术的进步，产生了短信写手这一职业。同时，技术发展也会加速朝阳行业（如旅游业、保险业、管理咨询行业）和夕阳行业（如资源消耗大、造成环境污染的小型采矿业、小型造纸厂）的分化和产生。

2. 资本投入对行业发展的影响

政府主导与资本流向是影响行业发展的又一重要因素。有些行业是国家制定发展计划和国家基础建设中的重点行业，对于这些行业，政府会投入大量的资金、技术、人力和物力，而这些会大大促进这些行业的发展。

3. 社会需求对行业发展的影响

社会需求是刺激行业发展的主导因素。随着社会经济的发展，人们的收入增加，对某一产品的有效需求增大，会增加这一产品的购买力，从而促进该行业发展。

（四）重大事件对行业的影响

行业的发展往往容易受到国内、国际重大事件的影响，这些事件会影响到该行业能否提供较多的职业机会。如北京申办2008年奥运会成功后，迅速拉动了北京乃至全国的奥运经济，给建筑业、旅游业和服务业等都提供了较大的发展空间，也相应地提供了较多的就业机会。

（五）行业优势及问题

社会的发展变化总是影响着各个行业的发展变化。因此，行业的优势和劣势，实际上都是相对而言的。在某一时期成为优势的地方，在变化后的下一时期，有可能成为行业发展的劣势。所以，我们要特别关注的是行业当下的、目前的特征和问题，例如：该行业的哪些问题是可以改进或避免的？哪些问题是无法消除的？该行业是否具有优势和竞争力？这种优势体现在哪些地方、会持续多久？

（六）行业发展前景预测

对某一行业的发展前景预测，可从两方面进行分析：一方面，是关于行业自身生命力的分析，要了解该行业的产生背景和条件，是否具有雄厚的技术支持和充足的资金支持等；另一方面，也要考虑到国家对这个行业所实行的相关政策，政府会根据经济与社会发展状况对某些行业发布政策、法规。例如，对一些行业实施鼓励和扶持，而对另一些行业限制发展、缩小规模。而这些国家政策，对这一行业在本国的发展起到至关重要的作用。

三、企业（组织）环境分析

进行工作世界探索，除了要分析整个社会以及所在行业的外部环境外，还需要分析和了解企业或单位的内部组织环境。任何一个企业或单位，都有自身的基础和特点。

（一）企业（组织）环境分析的概念

组织环境分析是指一切社会组织的内部环境分析，主要指企业内部环境分析，包括企业在本行业或新的发展领域中的地位和发展前景，以及企业产品或服务在市场上的表现与发展前景。

（二）企业（组织）环境分析的内容

组织环境分析的内容包括企业性质、类型、企业实力、资本构成体系、发展历程与背景、企业领导、人才选拔机制、发展战略、薪酬结构、企业文化和规章制度等因素。就其中几个重要内容做简单介绍。

1. 企业的发展目标

所谓组织，是指人们为了达到某种共同的特定目标而结成的人际关系系统。一定数量的人、一定的目标、一定的人际关系系统是一切组织都必须具备的三个基本要素。其中，任何组织之所以会存在，之所以能够将许多具有个人意志的人聚集到一起，就是因为组织有一个所有组织成员都希望达到的、共同为之努力的目标。可以说，组织的目标是组织存在价值和运作状态的"生命线"。因此，在分析企业组织的发展目标时，我们不仅需要了解企业未来追求的目标是什么，还要了解企业有什么阶段性的发展目标，以及企业目前所处的发展阶段，同时，还应尽可能地搜集相关资料，了解和分析企业目标在执行方面的措施和实现目标的可能性。

2. 企业实力

企业在本行业中具备很强的竞争力，还是处于一个很快被吞并的境地？发展前景如何？是不是企业越大、企业越强，生命力就越强？达尔文说过：物竞天择，适者生存。在激烈的市场竞争当中，不一定是最大的企业就能生存，即不是大者生存，而是适者生存。

3. 企业领导人

企业战略层领导人的抱负及能力是企业发展的决定性因素。企业主要领导层是心有私心，还是真想干一番事业？企业家要做的事主要是找到顾客群，并且制造顾客群，满足顾客的显在需求和激发顾客的潜在需求。一个真正的企业家能够制造顾客群，他的产品和服务就能满足顾客的潜在需求。另外，该领导人的管理风格如何？是以人为本，还是以物为本？有没有考虑员工的职业生涯发展？

4. 企业文化

在这些组织环境的要素中，组织文化是组织环境分析中至关重要的因素。如果在一个组织中没有独特的、行之有效的组织文化，组织就不能更好地发展壮大；同样，大学生必须更清楚地了解不同的组织文化，才能更好地做好自己的职业生涯规划，才能更快地融入到组织中去，更好地发展自己。

（1）组织文化的含义。综合国内外的研究，对组织文化大致有两种看法：第一种是狭义的，认为组织文化的意识范畴，仅仅包括组织的思想、意识、习惯、感情领域；第二种是广义的，认为组织文化是指组织在创业和发展的过程中所形成的物质文明和精神文明的总和，包括组织管理中的硬件与软件、外显文化和隐形文化（或表层文化和深层文化）两部分。简单地说，组织文化是指全体组织成员在长期的创业和发展过程中，培育形成并共同遵守的共同目标、价值标准、基本信念及行为规范。它是组织理念形态文化、物质形态文化和制度形态文化的复合本。

（2）组织文化的结构。组织文化的结构划分有多种观点，我们把组织文化划分为三个层次，即精神层、制度层和物质层。

（3）不同类型的组织文化。组织文化是社会文化影响、渗透的产物，是以社会文化发展为基础的。不同社会、不同民族、不同性质的组织，其组织文化具有不同的特色。

四、岗位环境分析

岗位也称为职位，是在一个特定的组织内，在一定的时间内，由一个特定的人担任的一个或数个任务及责任。在一个组织中，岗位的数量等于其成员的数量，也就是说，只要是组织的成员，就有其特定的岗位。岗位和职业的区别主要在于范围不同：职业是跨组织的，而岗位是在组织内的，职业的具体化就是岗位。例如，某大学生所学专业是会计，其职业生涯规划目标是在某公司工作三年后当上会计主管。会计主管就是这个公司的具体岗位，而这位同学从事的是会计职业。

岗位环境分析内容和企业人力资源管理中的职位说明书的内容类似，所不同的是职业说明书是以企业角度进行的分析，是为企业招聘人才提供依据；而岗位环境分析是从求职者角度进行的分析，是求职者分析职业资格要求以及自己是否满足这种要求的方法。岗位环境分析的主要内容如下：

（1）岗位名称。

（2）岗位说明。包括职业的定义和性质，重点描述从事该职业的工作所要完成或达到的工作目标，以及该职业的主要职责权限等。

（3）工作内容。详细描述该职业所从事的具体工作，应全面、详尽地写出完成工作目标所要做的每一项工作，包括每项工作的综述、活动过程、工作联系和工作权限，以及在不同阶段所用到的不同工具和设备。

（4）任职资格。包括学历要求、专项培训、经验要求、能力要求、人格要求等。

（5）工作条件。包括工作场所、环境舒适程度、危险性等。

（6）就业和发展前景。包括该职业目前的就业情况、薪酬和福利，以及从事该工作后下一步的发展前景。

第三节　探索工作世界的方法

如果未来你想进入一个领域，获得一份工作，现在应该从了解哪些方面入手？

工作世界的信息浩如烟海，根本搞不清应该从哪入手，更谈不上如何进行了。如果有一个探索范围，则会容易很多。

一、形成自己预期的职业库

很多大学生不知道如何进行工作世界的探索，其中一个很重要的原因就是工作世界的信息浩如烟海，根本搞不清应该从哪儿入手，更谈不上如何进行了。如果有一个探索范围，则会容易很多。

通过前面单元的自我探索可以帮助个人初步形成一个探索的范围。自我探索中的兴趣、性格探索，每一部分最后有相应适合的职业出现。此外，每个人还有自己心目中理想的职业，可以通过头脑风暴的形式把它们也列出来，这样就获得了一个职业清单，看看这些职业有什么共同点，就可能启发你想到更多值得探索的职业。结合你的能力和价值观再次从职业清单中进行筛选，最终就得到你预期的职业库。

 扩展阅读

一位大学生小 A 期待做商业方面的工作，因他对社会还不太了解，具体选择什么工作还难以决定。性格探索的结果是他适合做人力资源管理者、咨询顾问、教师等，兴趣探索的结果是他应该做社工、教师、培训人员等，能力探索的结果是他可以做教育、销售、客户服务等工作，价值观探索的结果是他期待做服务、自由职业、护理等工作。从小 A 职业探索得出的各种选择中，我们可以看到，教师职业、教育工作出现的频次最高；社工、客户服务、服务、护理等虽然名称不同但都明显体现了帮助他人的特点。所以最适合小 A 的职业首先具有与人打交道、帮助他人的特点，其次还有沟通性、商业性等特点，由此他可以列出或搜索一些符合这些特点的职业，比如培训、咨询顾问、客户服务等进行详细调查。

> 研究表明：在做决策时，太多的信息容易让人迷失，反而拿不定主意；而过少的信息又起不到让当事人了解客观事实的作用。所以，在形成预期职业库的时候，库的大小根据自己的情况要有适当的平衡，通常4~6个职业的调查是比较适中的。在信息探索过程中，抛开自己固有的想法，保持开放的心态，就容易获得客观的信息。

二、探索工作世界的方法与途径

工作信息探索的方法有很多，依据一定的规律可以分为几类。

（1）第一类：从近至远的探索。所谓近和远，是指信息与探索者的距离。通常近的信息比较丰富，远的信息更为深入；近的信息较易获得，远的信息则需要更多的投入和与环境的互动才能了解。所以，从近至远的探索是一个范围逐渐缩小、了解逐渐加深的过程。图5-1列举了从近到远获取信息的一些方式。

（2）第二类：从易到难的探索。越难获取的信息越精确。

静态的资料接触：出版品、视听资料、行业展览会和人才交流会、网络以及学校、政府、公司。

动态的资料接受：专业俱乐部、专业协会/学会、生涯人物访谈。

参与真实情境：直接观察、直接工作经验。

印刷或视听媒体的范围比较广泛，报纸、杂志、电视、书籍都有可能提供职业信息，比如《21世纪》《中国教育报》《中国大学生就业》《劳动·就业》栏目以及

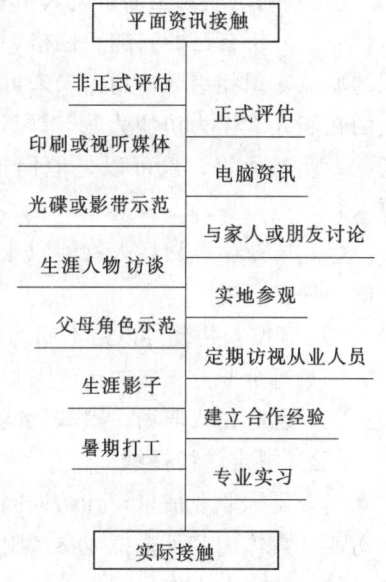

图5-1 从近至远的探索

一些传记文学等。电脑资讯如今已经成为越来越主要的获得大量信息的途径，和职业相关的网站很多，比如中国劳动力市场网、前程无忧、智联招聘、中华英才、搜狐招聘频道、新浪求职频道、中青在线人才频道、各高校职业指导网站等，也有一些网站专门提供某个专业的职业信息或留学信息等更有针对性的资讯。暑期打工和专业实习都是实践性很强的方式，获得的信息更为真实，但是所耗的时间、精力也比较多，机会也有限。生涯人物访谈处于近与远、难与易的中间，在效率和信息的真实性上有比较好的平衡。

三、职业生涯人物访谈

职业生涯人物访谈是通过与一定数量的职场人士（通常是自己感兴趣的职业从业者）会谈而获取关于某个行业、职业和单位"内部"信息的一种职业探索活动。作为一种获取职业信息的有效渠道，职业生涯人物访谈能帮助求职者（尤其是在校大学生）检验和印证自己之前通过其他渠道获得的信息，并了解与未来工作有关的特殊问题或需要，如潜在的入职标准、核心素质要求、晋升路径和工作者的内心感受。这些信息也是通过大众传媒和一般出版物得不到的。通过职业生涯人物访谈，在校大学生还能正确认识到自己的优势和不足，以便

自己更加清楚地定位职业角色以及发现未来职业发展的切入点,制定更加合理的大学学习、生活和实习计划;而且,还可以和访谈人物建立长期联系,扩充自己的人脉。

(一) 明确职业方向

了解自己是整个职业生涯人物访谈工作中非常重要的一环。你对自己了解得越多,职业生涯人物访谈进行得就会越专业,你也就越有可能找到既开心又令人满意的工作。需要注意:各种测评工具或软件仅作为一种帮助了解自己的途径,而不能因此给自己贴标签。学生可以根据自己的兴趣、性格、技能和价值观,确定本身职业方向,也可以借助一定的工具加强对自身的了解和认识(如霍兰德职业倾向测试、职业能力测量表、职业价值观自测量表或测评软件)。

(二) 确定职业生涯访谈人物

通过分析自己的兴趣、性格、技能、工作价值观,将分析结果与自己的教育背景和已掌握的职业知识相结合,列出未来可能从事的3~5种职业,然后在每种职业领域寻找3位以上的在职人士作为访谈人物。访谈人物可以考虑先从熟悉的人开始,如你的亲朋、师哥师姐、专业老师等,也可以是他们推荐的其他人。不过被访者的结构应合理,且符合以下要求:

(1) 职业生涯访谈人物的职业应是自己心仪的,或为与本人所学专业相关、相近职业群中的一种。

(2) 3位人物既可以是不同的职业种类,也可以是同一种职业的不同职业岗位。

(3) 每个职业领域的访谈人物结构合理:既有工作了一定年限的长辈或成就卓著的中高层人士,也有初入职场、默默无闻的基层人士。

(三) 拟定访谈提纲

结合目标职业信息设计访谈问题,围绕职业咨询和生涯经验两个方面对访谈人物进行深入访谈(具体内容可自拟或参考附件)。职业生涯访谈人物一旦确定之后,接下来要准备的就是访谈的文案工作。首先,正式访谈前,对人物的信息掌握得越全面越好。除了姓名、职务和联系方式,对访谈人物的讲话、文章或者从大众传媒和单位网页上获得的相关信息,要尽可能多地收集和熟悉。其次,要结合目标职业列出访谈提纲,这将有助于访谈内容的深入,收效会比较好。最后,还要为自己准备个"30秒的广告"。因为在访谈过程中,访谈对象可能会问到你的职业兴趣和求职意向。

预约职业生涯访谈人物,说明采访目的,确定采访的日期、时间和地点。访谈方式可以是面谈、电话访谈、QQ访谈,最好是面谈。实施访谈时的注意事项有以下几点:

(1) 访谈前要做好充分的准备。

(2) 访谈中要注意着装和仪表,态度和蔼、大方;要文明礼貌,措辞得体。

(3) 要时刻注意安全问题,增强安全意识,提高防范能力,确保万无一失。

(4) 尊重被访谈者,注意保护他们的信息安全和个人隐私。

(5) 认真对待,不走过场,真正通过访谈达到探索职业的目的,为个人的职业定向和职业选择做准备。

(四) 撰写访谈报告

访谈过程中要做好访谈记录,访谈结束后应认真撰写访谈心得。对照之前自己对该职业的认识进行比较,找出主观认识与现实之间的差异,以确定自己是否适合这一行业、职业,工作环境如何，自己是否具备其所需能力，知识与品质等方面，形成书面总结报告，进而详细制订大学期间的自我培养计划。

（五）访谈参考提纲

（1）在这个工作岗位上，您每天具体都做哪些工作？

（2）您当初是如何找到这份工作的？

（3）最近这个行业和工作因为科技进步、经济的全球化发生变化了吗？

（4）该职业需要什么样的人？

（5）到本领域工作的前提是什么？

（6）对于初入职场者来说，做什么职位最能学到东西？

（7）本领域初级职位和略高级职位的薪水各是多少？

（8）本领域的发展机会如何？

（9）什么样的个人品质或能力对本工作的成功来说最重要？

（10）您认为将来本行业的发展存在的最不利的因素是什么？

（11）对于一个即将进入该行业的人，您能不能提出一些意见和建议？

（12）您认为做好这份工作应该具备哪些知识、技能和经验？

（13）本工作需要什么特别的教育或者培训背景吗？

（14）您能给我再推荐些访谈对象吗？当我打电话给他（她）的时候可以说是您介绍的吗？

（15）据您所知，有什么职业杂志、行业网站或其他渠道能帮助我深入了解这个领域？

（16）从事这份工作实现了您的人生价值吗？家庭对您现在的工作满意吗？

（17）就您的工作而言，您最喜欢什么？最不喜欢什么？

（18）您在做这份工作时，什么是最成功的？什么最有挑战性？

（19）男女工作者在这份工作上机会均等吗？

（20）据您所知，从事这种工作的人在单位或者行业内发展的前景怎样？

（21）公司为刚进入该领域的员工提供哪种培训？

（22）根据您对我的教育背景、知识和技能的了解，您认为我在做出最终决定之前，还应在哪个领域、什么样的工作上进行深入的调查研究呢？

（23）您为什么选择这个职业？

 扩展阅读

　　访谈人物的选取，需要结合自己的兴趣、技能、工作价值观、教育背景和已掌握的职业知识列出未来可能从事的职业，结合自身职业规划选取与职业目标相同或者相似的职场人物进行职业生涯访谈。因此根据所初步制订的职业路线及目标规划，分别选取了同专业学长、会计师以及企业财务总监进行了访谈。

1. **人物访谈一（会计专业学长——针对短期目标）**

访谈时间：　　年　　月　　日

访谈方式：当面沟通

访谈人：小翔

被访谈人：张某

被访谈人简介：某职业技术学院会计专业大三优秀学生

访谈记录：

问1：学长你好。作为大三学生的你，今后发展的规划是什么呢？

答：作为大三的学生，我准备先找到一份适合自己发展的工作，目前我已签约。对于接下来的职业规划，首先我有一个短期目标：职业生涯的3~5年内，我认为应该是夯实基础的阶段，我会着重于怎样提高自己的专业能力、业务技能、怎样为人处事、处理好与同事领导的关系等问题。当这些具备之后，我会往更高层次去发展，学习提高自己的管理能力，如怎样管理下属、怎么增强团队凝聚力等。这是从一个基层人员往中高层管理人员转变的过程。俗话说，不想当将军的士兵不是好士兵，我认为每一个人都应该有更高的追求，不仅是做会计，从事其他工作也是一样的。

问2：今年我校会计专业的毕业生选择考研和工作的比例是多少？

答：据我所知，会计专业考研加保研的比例在大约在50%，剩下的基本上就是要找工作、考公务员、考入银行的，个别同学会选择出国。

问3：本科会计毕业的就业情况怎么样？男、女在就业机会上是均等的吗？

答：在这大约50%的选择就业的同学中，除了考公务员、考银行的成绩没出来或整个招聘进程尚未进行完之外，其他直接参加招聘会找工作的同学的就业情况还是比较理想的。尽管是"史上最难就业季"，但是各行各业对会计的需求还是比较多的，只要同学们端正态度，找到一份工作还是不难的。先就业再择业，至于以后的发展还是得靠自己的努力。

会计专业的现状明显是女生多、男生少，但是就业时确实会出现男生比女生好就业的现象，尤其在一些特殊的行业，比如建筑施工类、资源开采类企业等这个现象更明显。对此，给女同学们的建议是不要"坐以待毙"，在平时就努力提升自己各方面的能力。

问4：会计专业的学生在大学阶段可以考取哪些证件？通过率怎么样？

答：在大学期间，会计专业的学生可以考会计从业资格证、初级会计职称、注册会计师证等与专业相关的证书。其中从业资格证是上岗证，必须考，而且建议同学们要尽早考，不要拖到大三。对会计专业同学而言，此证不难，通过率很高。考过从业资格证之后，如有意愿，可以考取初级会计师证，这个也不难，但是可考可不考，因为本科毕业工作四年后可以直接考取中级会计师证。至于注册会计师证，相信很多同学都听过，专业阶段六科，难度比较大，而且目前国家政策限制大学生在校考，最早大三可以报名。这个证书的含金量是比较高的，有精力的同学平时可以提前学习。

问5：学长你在学生工作方面非常出色，这些经历对你今后的职业生涯规划和发展有什么影响？

答：在社团三年的时间里，我认为自己的收获不只是结识了很多的朋友，更多的是自己在组织能力、协调能力和沟通能力等方面的提高。我认为这些方面能力的改善，可以使自己在以后的工作中更加得心应手，使自己能够更好地处理复杂的人际关系。所以，我认为在学生工作方面的经历是我一笔宝贵的财富。同时，也建议目前处在学生工作岗位中的同学能够珍惜这种机会，多思考，多锻炼，多沟通。

问6：学校会为会计专业的学生安排哪些方面的实习？除此之外，是否还需要自己在寒暑假进行实习呢？

答：对于去正规的企业进行专业方面的实习，学院不会进行安排。但是在大一及大二，学院会安排学生进行课程设计，模拟手工做账，从开始建账到最后出报表，以及对相关财务软件进行练习。这是理论与实践相结合的良好机会，建议同学认真对待，加以重视。除此之外，就需要同学们自己利用寒暑假的时间，找相关单位进行实习。如果有这个条件，还希望同学们能够好好利用机会，因为在实习的过程中能够学到很多课堂中学不到的知识，而且在日后找工作的过程中，有实习经验的学生也是比较受欢迎的。

问7：你参加了学校组织的企业宣讲会和招聘会了吗？企业对本专业的要求有哪些？

答：每年来学校招聘的企业还是挺多的，我从9月底开始陆续参加了好多企业的宣讲会，当然这些企业都是招聘我们会计专业的，总体而言，我们会计专业的学生没有财经院校的学生受欢迎，但是只要你足够优秀，就能够从众多求职者中脱颖而出，被招聘企业看中。首先，就本专业而言，企业在招聘时会看重你的学习成绩，因为会计本身就是一项专业性比较强的工作，尤其是专业课；其次，我认为企业会看你适不适合做会计这项工作，比如说你的性格是否细致谨慎、吃苦耐劳，是否能长时间和数字打交道，做一些枯燥乏味的事情等；最后，我认为一定的社会实践或者校园实践、担任学生干部的履历会成为加分项。

问8：你认为会计专业需要在大学阶段培养什么样的能力？

答：除了各专业通用的英语能力、计算机能力以及沟通能力、团队合作能力等能力之外，我认为会计专业的学生还需要具备以下能力：

(1) 学习和了解相关专业知识、管理理论知识、金融和证券方面的知识和法律知识等，以拓展自己的知识面。

(2) 熟悉和掌握相关的财务专业软件及Excel等办公软件。

(3) 培养自己的数学计算能力、分析能力、逻辑思维能力和文字表达能力。

问9：你对我的职业生涯规划还有什么建议吗？

答：职业生涯规划首先要目标明确。你可以有一个终极目标，但是不可能一步登天，这个终极目标需要通过一个个小目标的积累才能够实现。所以，我们应该明确在什么阶段做什么事，切忌好高骛远。大学里，不断提高自身水平、完善自我，这才是现阶段应该规划好的事情。当然，中间的过程需要你一步一步地去完成。

访谈小结：

张某是会计专业一位优秀的学生，在学习、学生工作方面都非常出色，现已成功签约。我的职业生涯规划的短期目标正是针对大学阶段，与学长的交流使我更加明确了大学的努力方向。通过对他的询问，我了解了我校会计毕业生的就业情况，知道了在大学阶段需要锻炼自己的哪些能力、为今后的发展做哪些准备，摆正了心态，打算踏踏实实地打好专业基础，不断在实践中提升自己各方面的能力与素质。

2. 人物访谈二（会计——针对中期目标）

访谈时间：　　年　　月　　日

访谈方式：当面沟通

访谈人：小翔

被访谈人：王女士

被访谈人简介：某银行财务会计，也曾在企业做过财务相关工作

访谈记录：

问1：您好！请您对您现在所从事的工作做一个简单的介绍，比如工作性质、工作内容以及工作环境等。

答：会计的主要工作内容是管理和监督财务，包括填制各种记账凭证、编制会计报表、管理会计档案、处理账务等；并对经营成果和财务状况进行财务分析，提出管理建议，使公司账目清晰，资金得到合理运用；另外对会计核算、财务管理和预算执行情况进行监督。工作环境在室内，有独立的办公场所，所以还是非常不错的。

问2：能简单描述一下您对自己这份工作的评价和感受吗？

答：我在财务岗位上工作多年，对财务工作还是非常热爱的。会计工作涉及的规定、制度很多，并且财务工作要求具有很强的时间性，有时为了能按时完成任务，要几项工作同时进行。如果不能合理地安排好时间，工作起来就会没有头绪，效率很低。会计工作的特点是工作量大、内容多、涉及的面广，有些内容不容易记忆。这时就需要有一个小本子，把一些新东西、工作要点和注意事项随时记录下来，以备以后查询。在工作时，还要积极动脑思考，善于总结经验和不足，不断改进和提高工作质量和工作效率。

问3：您是如何找到这份工作的？求职期间遇到了哪些难题？

答：通过校园招聘我找到了自己的第一份工作，之后又继续学习，通过面试得到现在的银行工作。求职期间最大的难题就是：刚刚毕业后，缺乏实践经验，对业务不够熟悉，因此工作效率很低，有时也会出错。但是随着不断地熟悉与锻炼，财务处理能力不断提高，这个问题也就不存在了。

问4：从事财务方面的工作需要哪些能力？对个人素质方面有什么要求？

答：做好财务工作，要具备一定的会计专业基本知识和基本技能，要对税法、财务成本管理等知识融会贯通，熟练运用，而且需要及时更新知识，以适应新的法规、制度。财务与会计人员的核心技能对事业发展至关重要，技术能力、分析技能、沟通能力、成本分析等各项技能在个人的职业过程中也是必不可少的。

问5：现在学会计的人这么多，各大学本科都有会计专业，中专、大专也有不少，您认为我们需要接受怎样的教育、培训和经验，才能更具有竞争力呢？

答：会计刚进入企业是没有特定的培训的，不过每年会组织会计进行再教育学习。做好财务工作，要具备一定的会计专业基本知识和基本技能，并取得会计任职资格证书，具有初级以上职称、三年以上工作经验，或具有中级以上职称，有一定的沟通协调能力，对税法、财务成本管理都要有一定的了解。从事会计这份工作，首先应具备一定的会计基本知识，当然主要还是后天的实践，要不断地在实践中提高自己，可以通过培训，也可以自学。现在有很多网上学校，可以去听课，名师们讲得都不错。随着全球经济一体化，会计知识也在不断更新，计算机技术也运用到这个领域，这就要求会计人员要不断地适应新形

势的发展，更新知识、技能和经验。

问6：行业或单位一般会为刚进入会计领域工作的员工提供哪些培训，使他们能更好地进入工作状态？

答：进入会计工作领域，首先要通过会计资格考试并取得证书，这是最基本的要求，同时也要具备会计电算化证。进入领域后，要根据职位的变化，取得助理会计师资格证、会计师资格证等。从业后，单位会组织学习本公司章程、财会法规等，了解本单位的会计核算情况，每年都有会计专业资格考试。

问7：据您所知，从事这个工作的人在单位或者行业内的发展前景怎样？人才供求关系怎样？

答：从事财会工作的人员，在单位或行业的发展前景还是可以的，但目前财会行业就业现状是国内会计业人才结构的矛盾日益突出。普通和初级财务人员明显供大于求，高级管理人员相对较少，注册会计师队伍的人才缺口还很大，高端财务人才成为企业紧缺的人才。

问8：您对未来工作有什么规划吗？对我还有什么建议吗？

答：首先，在做好本职工作的基础上，我当然希望随着自己能力的不断提高，在工作岗位上有进一步的发展。同时，我也会把重心更多地放在我的家庭生活上，做一个好妻子、好妈妈。今天你来采访我，我非常高兴，相信未来你从事财务工作还是有着很好的发展前景的。我希望你能把握好大学的时光，好好享受青春的美好；同时也希望你能好好努力，不断提高自己的竞争力，使自己能在众多的会计毕业生中脱颖而出。

访谈小结：

针对自己职业生涯规划的中期目标，我对从事财务会计工作的王女士进行了人物访谈。通过与她的交谈，我对财务会计工作的内容、性质以及企业对财务工作者的相关要求有了较为明晰的了解。每一份事业都需要从最基础的工作做起，因此在中期目标的实现过程中，针对相关要求，寻找差距，不断完善自己，提升自己的竞争力，为今后的发展打好基础是非常重要的。

3. 人物访谈三（财务总监）

访谈时间：2019年12月3日

访谈方式：电话沟通

访谈人：小翔

被访谈人：牛先生

被访谈人简介：某公司财务总监

访谈记录：

问1：牛叔叔您好！能简单描述一下您的工作职责、内容吗？

答：我的工作主要是主持公司财务预决算、财务核算、会计监督和财务管理工作；组织协调、指导监督财务部日常管理工作，监督执行财务计划，完成公司财务目标；根据公司中、长期经营计划，组织编制公司年度综合财务计划和控制标准，建立、健全财务管理体系，对财务部门的日常管理、年度预算、资金运作等进行总体控制；为公司重大的投资等经营活动提供建议和决策支持，参与风险评估、指导、跟踪和控制。

问2：您是如何成为企业的财务总监的？共经历了哪些阶段？

答：能成为企业的财务总监，我认为有两点——勤奋与机遇。在走上工作岗位后，我一直在基础的财务岗位上工作，做过出纳、会计等工作。在长期的积累与努力中，我对我们企业相关的财务规定和流程都能熟练掌握。当公司为我提供了一个晋升机遇时，我果断把握，走上了财务总监的岗位。

问3：您是否具备财务方面的相关资格证？这些证书对工作重要吗？

答：我有中级财务会计证书。从事财务工作，有一定的证书还是非常必要的，虽然工作的很多内容需要在实践中锻炼，但是证书作为一个门槛，对就业还是非常有帮助的。

问4：您对现在的工作满意吗？您的家庭对您的工作持什么样的态度？

答：对我现在的工作我还是非常满意的，它符合我最初的规划。我的家人都非常支持我的工作，我也非常感激他们，因为财务工作常常非常忙碌，他们的支持给了我很大动力。

问5：您认为您工作中面临的最大挑战是什么？

答：现阶段我认为自己面临的最大挑战就是如何带动手下的积极性，并让公司法人认识到财务工作的重要性，使他们都能成为财务工作的推动者。

问6：从普通的财务工作者到财务总监，需要具备怎样的能力和品质？

答：首先，需要有过硬的专业技能，财务工作在成本、税收、审计很多方面都有系统的要求，只有专业技能够强，才能领导整个财务部门合理地运作；其次，需要有良好的职业道德、职业操守，有细心、有条理的品质，并且有一定的领导能力和沟通能力；最后，就是要善于学习、善于总结。只有不断了解整个社会的经济信息，学习最新的财务处理模式，才能使自己在众多财务人员中脱颖而出。

问7：您对未来还有什么样的规划吗？

答：在工作方面，我当然希望更进一步了，我希望在不久的将来自己能够成为公司的管理者；在家庭方面，我希望我的努力能带给他们更好的生活，同时自己也能多花些时间陪陪家人。

问8：您认为现阶段的我，为实现最终成为财务总监的目标，需要做哪些方面的努力？

答：首先希望你好好学习，打好基础，在大学阶段培养自己严谨、认真的品质，而且要提早准备并考取相关证书。

访谈小结：

我的职业生涯的最终目标是成为企业的财务总监、财务主管等财务方面的管理者。为此，我电话采访了某公司财务总监牛叔叔。他从最基础的财务工作岗位做起，最终成为企业的财务总监，除了对机遇的良好把握之外，更多的是他为之付出的努力。他的职业发展经历和他的工作态度、敬业精神对我今后的职业生涯发展有着很大的启示作用。

4. 访谈总结与感悟

通过这次生涯人物访谈，我了解了三位访问对象的相关情况，获知很多大学校园及职场生活的经验与意见，学习到了很多课本上无法学到的知识。首先我获知了会计专业的就业情况、入职要求和发展前景，总结如下：

我校会计专业毕业生就业情况还是较为乐观的，但是整个国内会计行业人才结构的矛盾，使得会计专业就业易，择业难。但总体来说，从事财会工作的人员在单位或行业中的发展前景还是比较好的。

进入财会工作领域，最基本的要求是通过会计资格考试并取得证书，同时还需要具备会计电算化证。进入财会工作领域后，随着职位的变化，对职称有相应的要求：初期要有初级会计职称；而要做到会计总管，需要有中级以上职称。规模较大的企业的财务负责人，至少要具备大学本科毕业、会计师或注册会计师资格证书。

财务工作的烦琐和重要性，要求财务工作者具备认真细致的工作作风，有足够的耐心和细心，良好的道德品质——诚实守信、客观公正、坚持原则也是非常重要的。同时，也需要具备一定的协调能力、沟通能力和管理能力。

第六章

工作世界探索实践操作

学习目标

（1）在工作世界探索过程中的要素呈现来促进更深的思考。
（2）将工作世界探索的成果书面化和具体化。

 理论知识窗

第一节　工作世界探索报告的基本内容

工作世界探索报告主要由以下几部分内容组成。

一、绪论

包括个人或团队自我介绍、探索思路及目标确立、概括作品内容、调研要点及方法等。

二、职业目标（方向）探索

职业目标（方向）探索就是要为职业目标与自己的潜能以及主客观条件谋求最佳匹配。良好的职业目标定位是以自己的最佳才能、最优性格、最大兴趣、最有利的环境等为依据的。职业目标（方向）探索过程中要考虑性格与职业的匹配、兴趣与职业的匹配、特长与职业的匹配、专业与职业的匹配等。

三、职业环境分析

工作世界探索报告职业环境分析要充分认识与了解职业目标（方向）相关的职业环境，评估职业环境因素对职业目标（方向）发展的影响，分析职业环境条件的特点、发展变化情况，掌握职业环境因素的优势与限制。工作世界探索报告职业环境分析内容包括：

（一）职业目标（方向）所在专业环境分析

1. 从职业的角度探索专业的概念

从职业的角度探索专业就是指职业目标（方向）相同的个人或团体在对本专业的调研中了解专业毕业以后能从事的职业，从而有效地规划大学生活。

2. 专业探索的核心任务

（1）这个专业是什么？

(2) 这个专业学什么？

(3) 这个专业的优势院校有哪些？

(4) 什么人适合学这个专业？

(5) 与这个专业相关的专业有哪些？

(6) 这个专业毕业有哪些出路？

(7) 哪些名人学过这个专业？

(8) 这个专业的学习圈子有哪些？

(9) 别人对这个专业的看法有哪些？

(10) 我对这个专业的看法有哪些？

  扩展阅读

大一学生对计算机科学与技术专业的探索

(1) 这个专业是什么？

计算机科学与技术。

(2) 这个专业学什么？

软件开发Java方向、软件开发.NET、软件测试、网络工程、信息工程、计算机辅助设计、数字媒体技术、电子商务技术、嵌入式系统。

(3) 这个专业的优势院校有哪些？

北京大学、清华大学、北京航空航天大学、哈尔滨工业大学、上海交通大学、南京大学、国防科学技术大学、西安电子科技大学、北京邮电大学、东南大学（南京）、电子科技大学（成都）、北京交通大学、北京理工大学、华南理工大学、浙江大学、华中科技大学、西北工业大学、中国科学技术大学、西安交通大学、厦门大学、吉林大学、大连理工大学、兰州交通大学、大连海事大学。

(4) 什么人适合学这个专业？

踏实勤恳、思维灵活、动手能力强……

(5) 与这个专业相关的专业有哪些？

电子商务专业、计算机应用技术专业、计算机信息管理专业、信息与计算科学专业、通信工程专业、电子信息工程专业、计算机应用与维护专业、计算机多媒体设计专业、计算机专业维修专业等。

(6) 这个专业毕业有哪些出路？

游戏设计师、影视设计师、计算机专业教师、程序员、网络工程师、软件设计师等。

(7) 哪些名人学过这个专业？

吴建平、方铵、杨士强、杨扶轻、肖建国、李未、马世龙、王晓龙、徐家富。

(8) 这个专业的学习圈子有哪些？

经验交流、多媒体制、应用软件、硬件和DI、数据库开、开发语言、Web开发、网络技术、信息安全、业界新闻、操作系统、其他技术。

(9) 别人对这个专业的看法是什么？

计算机专业是一个被看好的专业。尽管学的人多，但就业岗位同样多。同时很多其他专业都可作为计算机的相关或相近专业。如手机、电脑及互联网、电视、家用电器、新型汽车、公交、铁路、航空等交通控制系统、机械加工设备等几乎找不到与计算机无关的设备了。所以，我们没有理由不认为计算机是永远有前途的专业。

（10）我对这个专业的看法是什么？

这个专业培养应具备良好的科学素养，系统地、较好地掌握计算机科学与技术包括计算机硬件、软件与应用的基本理论、基本知识和基本技能与方法，能在科研部门、教育单位、企业、事业、技术和行政管理部门等单位从事计算机教学、科学研究和应用的计算机科学与技术学科的高级专门科学技术人才。

（二）职业目标（方向）所在行业环境分析

1. 职业目标（方向）所在行业环境分析的概念

职业目标（方向）所在行业环境分析就是指职业目标（方向）相同的个人或团体在调研中了解本行业的发展情况、行业优势及问题、行业发展前景等，从而有效的规划未来职业发展。

2. 行业环境探索的核心任务

（1）这个行业是什么？

（2）行业对生活和环境的作用及发展前景、趋势如何？

（3）行业的细分领域有哪些？

（4）国内外最著名的业内公司及介绍。

（5）行业的人力资源需求状况及趋势如何？

（6）从事行业需要具有的通用素质和从业资格证书有哪些？

（7）有哪些名人做过或在做这个行业？

（8）了解行业的著名公司老总或人力总监的介绍和言论。

（9）职业访谈，了解一般职员、部门职业的一天。

（10）企业校园招聘职位及大学生一般能力要求。

（三）职业目标（方向）所在企业环境分析

1. 职业目标（方向）所在企业环境分析的概念

职业目标（方向）所在企业环境分析就是指职业目标（方向）相同的个人或团体选择前期调研行业中一些目标企业，了解目标企业的发展情况、优势及问题、人才需求等方面，从而有效的规划未来职业发展。

2. 企业环境探索的核心任务

（1）企业调研：可从10个方面去了解企业（仅供参考），如：简介历史、产品服务、经营战略、组织机构、企业文化、人力资源战略、薪酬福利、人物员工、图片活动、其他文件。

（2）发展阶段：了解企业所处的发展阶段，如开发期企业、成长后期企业、成熟期企业、衰退期企业。

（3）企业的性质、地域、所处环境。

扩展阅读

人力资源顾问（HR）教你如何判断一个公司的好坏

昨天晚上，接到了一位朋友打来的电话，问我到底应该怎样去判断一家公司的好坏，因为这位朋友已经工作两年了，也可以说是一位"职场老鸟"了，所以我很好奇他为什么会这么问。他说前几天他从原来的公司辞职，去了一家房地产公司继续做他的老本行——销售，可是进去之后才发现公司和之前面试时给他介绍的完全不一样，他不明白为什么会这样。他觉得我是做过人力资源工作的，在这方面比较专业，所以想听听我的建议。我非常感谢朋友对我的信任，但自己做HR仅仅10个月，实在是谈不上什么专业的建议，然而我也十分清楚，若不是内心到了极度困惑的地步，朋友此刻也不会打电话征询我的建议，只好在这里分享一位菜鸟HR的几点拙见，若有不妥之处，还望诸位前辈海涵。我们知道，面试是个双向选择的过程，在这个过程中不仅是用人单位选择适合本公司空缺职位相应人才的过程，更是求职者判断应聘单位是否符合你的职业需求、有助于你职业规划实现的过程。面试过了，固然表示在某些方面公司对个人素质的肯定，但也不必抱着"感恩戴德"的心理，用人单位满意是前提，公司适合个人才算圆满；若面试不过，也不意味着自己一无是处，只是在某种程度上说这家公司并不适合你，所以你也大可不必自怨自艾。事实上，在极短的面试里，面试过程不仅考验着公司的识人水平，同时也需要应聘者在这个过程中判断公司是否"合格"。

面试前你要弄明白好公司能给你带来什么？你需要什么？

（1）内心稳定：安全感，优越感，价值感。

（2）生活质量：薪资，福利，奖金。

（3）未来发展：技能提升，能力加强，资源变多，人脉更广，视野开阔。

如果你新入职场，在保证自己生存所需的前提下，学习和发展就会显得尤为重要。

那么，作为一名求职者，我们该如何去判断一家公司的好坏呢？

1. 看公司的行业地位

（1）公司的知名度与行业地位。一个公司的知名度和行业地位是最直观的判断公司好坏的依据，你想想，如果你拿到腾讯或者阿里的offer，你会拒绝吗？

（2）公司目前所处于产业链的位置。如果公司市场做得不错，一般还是有前景的，不足的地方只要弥补一下即可。如果市场做得不好，其他再好也无用，此时管理、规范统统于事无补。薪酬高也是暂时的，不能长久。

（3）有无良好声誉和光荣传统。

2. 看公司的财务状况

公司的财务状况是否清晰，我现在发现这个非常重要，无论公司拉到多少资金，公司总部设立在哪，是什么企业旗下，关键就是他们到底是否有清晰的盈利模式，在业界是否有竞争力，或者是否有可能成为有竞争力的公司，并且为达成那个盈利模式，而在做有效的工作。

那么如何判断一个公司的财务状况，总结起来就是下面几点：

（1）公司的年营业额和员工数量，以及两者的比值。

(2) 公司的盈利能力以及最近几年的经营情况。

(3) 公司所处行业的发展前景。

3. 看领导的个人魅力如何

如果领导在台上讲，员工却在台下讲他；领导布置的任务，属下阳奉阴违去应付，这样的领导威信何在？一个缺乏领导个人魅力的公司，就如同球队没有精神领袖一样，失败是必然的。

看领导魅力如何看下面几点：

(1) 领导是否有信用。

(2) 领导是否有尊严和威望。

(3) 领导天天忙的是大事还是小事？

4. 看福利待遇和分配机制

从工资去评论一个公司是最大的误区，毕竟现在大多数是民营企业，而非国营企业。那就要看本质：这家公司的骨干拿的多不多，公司效益好的时候是否普遍拿的多，是否工作努力、负责的人拿得多，是否能力上升了拿的多，是否有明确的奖惩制度并且切实执行，是否核心骨干对于收入牢骚较少，是否有连续晋升的普通员工，年终的重奖是否有、给了公认工作出色的人了吗？如果这些答案大致是肯定的，说明这个公司在按照市场经济规律办事。

5. 看固定工资

工资是否合同中就规定清楚（或试用合同中就规定）？工资是否从来都按时发放？工资是否按规定明明白白发放而不这样那样的莫名扣款（当然违规扣款除外）？同职务的同事的情况如何？如果这些都做得很好，那么这个公司基本是可信的。切记：有一点是职场特别忌讳的，就是不要刻意打听别人的工资，也不要私下里议论工资，老板不喜欢，搞不好你就被开了！

6. 看加班的情况

大家都不喜欢加班，但不得不加班。加班主要看是否个人没有完成任务而要加班，是否公司要求加班但加班是否计入业绩考核？工作比较出色的人加班是否多（一般出色的人加班少）？寄希望于加班了马上要拿加班工资，这不现实。加班短期有收入不现实，长期一般都有回报。其实加班对公司、个人都是态度问题，如果在公司加班能够与个人的成长和晋升是挂钩的，则是基本可取的。如果公司都是老员工加班，说明新员工没有任务，没有学习的机会。其实，作为职场小白，加班是你拉开与别人差距的机会，请珍惜公司给你加班还有工资的时候，那叫带薪学习。

7. 看是否有培训计划

一个企业要看它是否有培训，没有培训，公司就没有活力，员工不仅仅是谋生者，同时也是想多学一点本领，不注重培训，就留不住人；是否有调岗，不会所有的人都会清楚自己适合干什么，所以适当的调岗是很好的发展；是否有领导带你项目，不管他是否手把手教你，还是要看你如何去学；是否有晋升机制，有些人经过短暂的培训就可以胜任岗位，甚至超出预期，晋升机制能更好地解决能者无法晋升的憋屈。如果做到这些，基本算合格的。

8. 看公司发展的持续性

如果加入一个公司，一个月后公司倒闭了，是不是很悲剧？所以一个公司的发展的持续性很重要，那么要看什么来判断呢？看看公司是否在成长？业务、市场在扩展吗？产品是否有前瞻性？员工人数在增长吗？客户的基础在加厚吗？客户在丢失吗？如果大致是肯定的，则这个公司具备成长性，在此工作辛苦是必然的，但回报是可以期待的。

9. 看公司员工的情况

老员工多吗？工作两三年以上的员工多吗？老员工是骨干核心吗？他们的水平大多数高吗？骨干核心老员工的收入高吗？他们的工作积极性高吗？是否有迅速上升的新员工（1年内的）？离职员工出去发展得怎么样？如果基本是肯定，则这个公司的价值观是基本符合市场经济规律的，是基本长期坚持这个合理的价值取向原则的。这点是很能从侧面反映一个公司的整体基本情况的，什么都可以假，这点假不了，什么都可以包装，这点包装不了，是在其他情况无法判定的时候，可以作为重要的评价公司的一个依据。新到一个公司，可以从这点先着手分析评估。

10. 看工作气氛是否融洽

员工之间相互协作，团结一心，积极向上，这样的公司是一个蓬勃上进的公司，要力争使自己融入进去。相反，办公室里派系林立，钩心斗角，互相拆台，或员工人人自危，暮气沉沉，这样的公司待不得，也待不久，走为上策。

（资料来源：公众号 TeachPlus）

（四）职业目标（方向）所在岗位环境分析

1. 职业目标（方向）所在岗位环境分析的概念

职业目标（方向）所在岗位环境分析是指职业目标（方向）相同的个人或团体选择前期调研企业中一些目标岗位，了解目标岗位的职业生涯发展情况路径、优势及问题等方面，从而有效的规划未来职业发展。

2. 岗位环境探索的核心任务

（1）这个岗位是什么（岗位的一般定义）。

（2）这个岗位做什么（核心工作内容——典型的一天工作）。

（3）这个岗位要具备什么（岗位胜任素质）。

（4）谁做过和在做着这个岗位（过来人的看法）。

（5）和这个岗位相关的岗位是什么（拓展发展方向及为轮岗、转换工作做准备）。

（6）这个岗位的职业发展通路是什么（岗位的晋升方向）。

（7）不同行业对这个岗位的理解是什么（行业背景下的岗位要求）。

（8）不同类型企业及企业所处发展阶段对这个岗位的理解是什么（企业背景下的岗位要求）。

（9）不同领导和上司对这个岗位的理解和要求是什么（人为背景下的岗位要求）。

（10）你与目标岗位的差距是什么（综合的岗位要求）。

（五）结论

通过对职业目标（方向）所在专业环境分析、职业目标（方向）所在行业环境分析、职业目标（方向）所在企业环境分析、职业目标（方向）所在岗位环境分析调研，总结未来职业发展过程中的优势及问题、与个人的匹配度，从而确定职业目标，制定行动方案。

（六）行动策略

行动策略就是要制定实现职业目标的行动方案，要有具体的措施来保证。没有行动，职业目标只能是一种梦想。要制定周详的行动方案，更要留意去落实这一行动方案。行动方案的制订可以围绕短期目标、中期目标等阶段性目标的实现而展开。

第二节　工作世界探索报告的信息获取筛选

工作世界探索报告写作的过程既是对职业世界实践操作的过程，又是职业信息搜集、整理、筛选、思考的过程。下面就介绍一下信息的获取和筛选。

一、信息获取的途径

在撰写工作世界探索报告的过程中，除了在前面章节中介绍的获取工作信息的一些方法，例如：出版品，视听资料，行业展览会和人才交流会，网络、生涯人物访谈、直接观察，直接工作经验等方法外，还可以有针对性的采取一些途径。

（一）行业信息获取渠道

1. 搜寻浏览行业报告
2. 行业网站、论坛的热门帖子
3. 寻找经典书籍或学术论文10本/篇

学术论文： 在CNKI和豆瓣上搜索行业关键字，查看书评及CNKI学术引擎的被引用情况。引用得越多，影响力越大。

行业经典书籍： 可以通过查看经典论文中的参考资料列表寻找到更多的本领域的经典书籍，综合多方评价，找到最具价值和里程碑价值的10本书或学术论文。

4. 发现行业的权威人物10位、从业者的私下交流

通过微博或Linkin等社交媒体及搜索引擎，或者查看媒体中对于本行业的报道，找到对本行业影响力最大的10位人物，查看他们的履历，查看他们的哪些成就对本行业有里程碑式的影响。

5. 找到代表性企业10家

从招聘公告可以了解企业的组织结构和各岗位对于技能需求。了解自己如果从事这个行业所需要掌握的技能和面临的主要挑战，包括未来的职业升迁路线。

6. 筛选行业年度案例10个

很多行业每年会有不少峰会和行业奖项，可以通过寻找到一些有价值的奖项和行业峰会，寻找某一行业中具有代表性的案例，通过代表性案例的学习，了解本领域的最新发展趋势。

（二）企业信息获取渠道

1. 查看企业的官网

企业的官网是企业的门面。一般的官网都简洁大方，栏目清晰，产品、项目介绍很明了。在查看官网的时候，每一个栏目简单了解一下，重点看一下企业简介、业务介绍和人力

资源,相对应的了解一下公司的背景,业务模式是否喜欢,成长的机会有哪些,基本的福利是否可以接受。

2. 关注企业公众号或者微博

企业公众号或者微博上面的信息一般准确真实,可以通过了解他们公司的动态来了解该公司的经营情况。

3. 了解企业的技术力量

通过了解企业所需的新科技技术以及其目前所拥有的科技技术、面临的创新环境来全面了解该企业的发展潜力。因为科技创新和技术进步是每个企业的发展原动力。

4. 了解企业的竞争对手

从该企业的竞争对手的对比中来全面了解该企业,因为只有在与其竞争对手的对比之中才能发现该企业的实力有多雄厚,而单方面的了解该企业本身可能不全面,且较难以发现其真实的实力差距。

5. 关注企业的产品和服务

从该企业提供市场上的产品或者服务被消费者接受度以及其产品或者服务在市场上的占有份额来全面了解一家企业的竞争实力和发展空间,以便于了解企业的真实实力。

二、信息的筛选

面对众多的信息,调研个人或团队要有针对性地去进行排列、整理和分析,去掉无效的、过时的甚至是虚假的信息,使之更好、更有效地为自己的调研目标服务。

调研个人或团队可以通过以下几个步骤对所获取的信息进行分析和筛选。

1. 辨别信息的真伪

当搜集到信息的时候,调研个人或团队首先要做的就是辨别信息的真实可靠性。要对信息的来源是否安全作出判断,如果遇到自己认为很重要的信息,在运用之前一定要先了解清楚它的来龙去脉,通过自己能想到的各种办法(如实地考察、网络查询、电话查询等)去证实它的真实性。

2. 注意信息的积累与联系

每一个信息都是相对独立的,但调研个人或团队要学会从一定数量的信息中找出自己所选择职业目标的行业、职位等的动向和发展趋势,使自己能对当前的职业目标发展状况有一个较全面的了解。

3. 信息的比较和筛选

根据调研个人或团队的重点目标和具体方向,将自己感兴趣的真实信息作一个排序,从中选择最重要的信息认真加以分析利用,而其他信息可以作为参考。

扩展阅读

分析一个行业,教科书给的方法可以让你对一个行业有大致的了解,仅此而已;咨询公司的方法可以让你在很短的时间内对一个行业的认识可以为咨询报告提供足够的背景知识,仅此而已;访谈业内专家和CEO,有助于你对这个行业有全面的认识,甚至在某些问题有更深入的了解,仅此而已;行业研究报告,值得一看,仅此而已。我并不是说这些方法没有价值，相反，这些都是很有价值的方法，但都有非常明显的局限性，要真正深入地分析一个行业，需要靠你的思考去建立一套系统，别无他法。

先来看一个例子：白酒行业自2011年开始进入寒冬，行业收入增速急剧下降，这一趋势延续至今。而从2004—2010年白酒行业都是高速增长的。在2010年甚至是2011年，无论是采用教科书中的方法或是前文中提到的其他方法，对白酒行业的分析都没有预料到这样的境遇。或许，今天你有信心能够用上述方法解释白酒业的冬天（很多人正是这么做的），然而什么时候白酒行业会重新进入高速增长抑或是现有的增长率才是正常的呢？那些方法能够回答这个问题吗？

在分析一个行业的时候，必须认识到行业的发展是一个动态的过程，而且受到多种因素的交互影响，这意味着不存在一个通用的模型。我在下面所说的是一种分析的思路，它由一系列的问题组成，获得这些问题的答案需要采用多种方法和数据，且有些问题很难回答。毕竟，分析行业从来不是一项简单的任务，对于绝大部分人来说，这只是为了表明我们对于这个行业的认识在哪些地方存在不足。

（1）供需。

1) 行业满足的是哪几类需求？需求是否呈周期性变化？

2) 这些需求过去是什么样的，未来可能发生什么变化？需求会一直存在吗？有哪些证据可以证明我的判断？

3) 谁对购买行为有决定权？其决定的标准是什么？有哪些证据可以证明我的看法？

4) 生产能力与需求的对比是什么样子？过去是什么样的，未来可能会发生哪些变化？我需要哪些数据或材料才能判断供需的变化？需要哪些证据才能证明这种变化是长期的？

5) 我需要考虑地域因素吗？它对我的结论影响大吗？

延伸思考：单一需求的行业与多元需求的行业，哪一个行业增长率的波动更平缓？

（2）回报。

1) 行业的回报能力，及其过去10年的变化情况是什么？

2) 上下游对于行业的回报能力有多大的影响？关键的影响因素有哪些？体现在哪些方面？

3) 在过去10年中这些因素发生过改变吗？为什么？在未来哪些因素是可以预测的哪些是不可预测的？为什么？

4) 行业内竞争者的数字和规模？谁在该行业中拥有发言权？要在该行业中获利，什么因素是必需的？我是否知道谁会在这个市场上获利，为什么？

延伸思考：为什么美国铁路行业和航空行业的长期回报率相差如此之大？

（3）冲击。

1) 法律对于行业的限制与要求体现在哪些方面？我是否能判断监管的趋势？

2) 政策倾向对于行业的发展有哪些长期和短期影响？哪些政策是长期的？哪些是短期的？我是否能预测政策的变化？

3) 站在更高的层次来看，哪些法律政策会对行业带来间接却非常重要的影响？

4) 新技术对于行业是有害的还是有益的？

> 延伸思考：为什么存储器行业（硬盘、内存）和CPU行业在技术创新的冲击下冰火两重天？
>
> 延伸思考：麦当劳和星巴克有哪些相似的地方？他们所处的行业能否用同一套模型来分析？

第三节　工作世界探索报告的撰写要求及评价标准

一、工作世界探索报告的撰写要求

一份好的工作世界探索报告应能满足以下基本要求。

1. 资料翔实，步骤齐全

收集资料有多种途径，可以通过访谈、报刊图书中摘抄、上网下载、生涯人物访谈等方式获取资料，要尽可能注明资料的出处，并多运用图表数据来说明问题，以提高资料来源的可信度和说服力。

2. 论证有据，分析到位

要明确自己的最大兴趣是什么、最喜欢与之共事的人的类型、最重视的价值观与职业目标的关系、最喜欢的工作条件是什么，了解有关测评的理论及知识，通过测评报告明确职业发展方向（目标）。要理清自己所处的地理环境（包括居住的地方、喜欢的地方、亲朋的意见等），再通过职业环境评估（行业、组织、岗位环境分析、技术的发展、经济的兴衰、政策法规的影响等）和社会环境评估（社会影响、家庭影响、学校因素、就业形势等）分析来确定自己的职业方向，做到说理有据，层层深入。

3. 言简意赅、逻辑严密

语言朴实简洁，用词精练准确，行文流畅，条理清楚，这是最基本的写作要求。撰写时还应密切注意整篇文章的结构和重心之所在。工作世界探索报告一般包含绪论、职业环境分析、结论及确定目标并制订计划这四方面的内容。在对这些内容进行分析阐述时，必须紧紧围绕职业目标这条主线来展开，从而体现文章论述的逻辑性和连贯性，要将重点放在职业环境评估。工作世界探索报告只有建立在对自我和职业充分认识的基础上才能体现出它的科学性和可行性。

4. 目标明确，合理适中

撰写工作世界探索报告应围绕论述的中心展开，职业生涯目标不能过于理想化，应"择己所爱""择己所长""择世所需""择己所利"。

5. 格式清晰，图文并茂

做到内容完整、格式清晰、版面美观大方、创意新颖，文如其人，不能有错别字。

二、工作世界探索报告的评价标准

1. 职业目标探索评价

（1）是否有明确的职业目标？

（2）职业目标确定是否符合外部环境和个人特质（兴趣、技能、特质、价值观），是否符合实际、可执行、可实现？

（3）是否进行自身专业就业情况探索？

2. 职业方向（目标）所处职业环境探索评价

（1）是否涉及目标职业所处行业、企业（组织）、岗位？

（2）目标职业所处行业、企业（组织）、岗位探索是否真实？是否分析整理？是否有自己的观点？

（3）是否对目标职业所处行业的现状及前景了解清晰，是否了解行业就业需求？

（4）是否对目标职业所处企业的现状及前景了解清晰，是否了解企业产品（服务）、性质、盈利模式、行业排位等情况？

（5）是否熟悉目标职业岗位的工作内容、工作环境、典型生活方式，了解目标职业的待遇、发展路径、未来前景？

3. 探索主要方法评价

（1）是否进行了生涯人物访谈？

（2）是否进行了工作世界实地调查？

4. 探索结论及行动计划评价

（1）是否总结自身和职业目标的差距？

（2）是否制定了切实可行的行动方案？

第七章

职 业 决 策

> 林中有两条小路，你选择了其中的一条，就会看到不同的风景。
>
> ——弗洛斯特

学习目标

(1) 了解职业生涯决策的意义及挑战。
(2) 学习职业生涯决策的模型及步骤。
(3) 思考如何做自己的职业生涯决策。

困惑与迷思

以下这些数字是作家冰心 80 岁生日那天算的：

$80 \times 365 = 29200$

$29200 \times 24 = 700800$

$700800 \times 60 = 42048000$

$42048000 \times 60 = 2522880000$

冰心说，人的一生如果活到 80 岁，就由这 10 位数的秒组成。而现在你已经提取了许多时日，在你生命库存中也许只剩下 9 位数、8 位数，甚至更少。我不敢断定你是否功成名就，但我敢说，很多人没有像作家这样给自己算过账，没有哪一位能准确无误地把自己过了几位数说出来。很多人在买菜的时候，在消费的时候，在经营店铺的时候，把账算得很细，精确到几元、几角、几分，可人生也是经营，为什么我们不认真地算一算人生这笔账呢？

小李，男，计算机科学与技术专业四年级。专业成绩优异，在校表现良好。毕业前进入某 IT 公司实习。由于他工作表现出色，公司决定正式录用他，但希望他从技术支持岗位转做销售岗位，因为 HR 说他性格比较外向，适合做销售，且公司销售岗正好有需求。这件事让小李困惑不已：他在大学的所有努力都是为了将来从事计算机相关的技术工作，如果转做销售，大学四年辛苦所学的专业知识似乎都浪费了，但不接受这个机会又很可惜。毕竟这家公司无论是培训、薪酬、环境等各方面都很不错，同时也觉得销售工作是个挑战，可以去尝试。经过几天焦虑的思考之后，他还是拿不定主意……

第一节 职业生涯决策的意义及挑战

一、职业生涯决策

职业生涯决策是个人根据各种条件，并经过一系列活动以后进行的目标决定，以及为实现目标而制定优选的个人行动方案。职业决策是一个复杂的认知过程，通过此过程，决策者组织有关自我和职业环境的信息，仔细考虑各种可供选择的职业前景，做出职业行为的公开承诺。

从这个概念可以看出：职业决策是一个过程，而不单单是一种结果。

请与同学分享你在过去的生活、学习中做过哪些重大决策？它们对如今的你有哪些影响？

二、职业生涯决策的意义

在我们每个人的职业发展之路上，总会面对许多的职业选择。面对这些选择，我们又该如何扬长避短，做出明智的抉择呢？职业生涯决策是个人根据自己的个性因素，对目标职业进行比较、挑选、综合考量，最终确定的过程。做出职业生涯决策，意味着将走上自己的职业岗位，开始自己的职业生涯，是一个重大的转折点、关键点。

在现实生活中，有很大一部分人，三四十年甚至是一辈子都在做着自己不喜欢的工作，可以说痛苦不堪。从某种角度上说，这就是浪费时间、浪费生命。由此，只有科学地做好职业生涯决策，做到人与职业相匹配，才能赢得精彩人生。

父 子 骑 驴

父子俩要去很远的地方探亲，家里有只驴子，如果父子俩都外出，就没有人来照顾驴子了，于是，父子俩决定牵着驴子一同前往。

在半路上，有人就笑话他们："真笨，有驴子不骑，偏要走路！"于是，父亲便叫儿子骑在驴背上，走了一会儿，又听到有人说："这儿子真不孝，竟然让父亲走路，而自己骑在驴子上！"于是，父亲赶快叫儿子下来，自己骑到驴背上，过了一会儿又有人说："真是狠心的父亲，不怕把孩子累死吗？"于是，父亲连忙叫儿子也骑上驴背。谁知走了一会儿又有人说："这驴子真可怜，两个人骑在驴背上，不怕把那瘦驴压死？"于是，父子俩赶快溜下驴背，把驴子四只脚绑起来，用棍子扛着走。这时又有人说了："这父子俩是不是有病，不累吗？"最后，儿子建议，把驴子卖了，父亲觉得有道理，于是就到集市把驴子卖了。这之后再没有人笑话他们。

三、职业生涯决策的挑战

好的决策可以加速人们的成功,从而提升幸福值。对于很多人而言,做出有效的生涯决策是困难的,尤其是在一些特殊的情况下。事实上,在做任何一种决策时,都需要面对一些阻碍或者困难,然而,这些阻碍和困难往往是影响我们做出决策的关键因素。那么,是哪些因素会影响我们做出理性、有效、科学的决策呢?这些阻碍和困难就是职业生涯决策的挑战。

(一)职业决策阻碍

职业决策阻碍即为做职业决策的干扰、影响因素等,会是任何让人难以实现某个职业目标的阻碍和挑战,主要分为内部阻碍和外部阻碍,具体详见表7-1。想要做出科学有效的决策,就需要提前了解有可能出现的阻碍因素并做出合理的分析与应对,从而做出合理的职业决策。

表7-1 职业决策阻碍

内 部 阻 碍	外 部 阻 碍
个人自信心缺乏、不愿意接受变化、患得患失、害怕失败等	生存需求、文化要求、家庭成员期望、个人责任等

(二)职业决策困难

通常情况下,影响个人做出决定的困难包括两个方面:一是生涯不确定;二是生涯犹豫。生涯不确定是指不确定自己的兴趣、能力、价值观,不了解工作世界的真实情况等方面的信息,是常见的发展性的问题。生涯犹豫则是由个人的特质不同而引起的,如个人兴趣与能力不匹配,个人偏好与社会期待有冲突,价值观受环境条件限制等。

生涯不确定通过对于自我、工作世界的进一步了解即可解决。生涯犹豫则需要较长时间的个别的生涯辅导、心理咨询与治疗。

请结合实际情况,思考自己在进行生涯决策时可能会遇到哪些挑战并把它们写下来。

第二节 职业生涯决策模型及步骤

在日常生活中,我们随时会面临各种各样的情景需要做决策,决策的后果又会对我们的生活、学习有着不同程度的影响。有的决策需要我们花费大量的时间、精力,多方面、全方位地思考,才能做出最终的决定,可以说是慎之又慎。因为这些决策可能会对我们的一生都有着深远的影响,例如选择什么样的职业。

一、决策类型

按决策的问题的条件分类,可分为确定性决策、风险性决策和不确定性决策。

(一)确定性决策

确定性决策的条件是确定的,所需要的各种信息完全清楚、状态完全确定、决策准则确定,决策后果是可供选择的方案中只有一种自然状态时的决策,便于方案的评估和评优,是比较容易的一种决策。例如:某企业可以分别向三家银行申请贷款,这三家银行的利率是不同的,分别为8%、7.5%和8.5%。那么企业需决定向哪家银行借款是最合理的,很明显,向利率最底的银行借款为最佳方案。

(二) 风险性决策

风险性决策是指面对多种选择时,每种选择存在两种或两种以上的自然状态,每种自然状态所发生的可能性是可估计的,即在一定程度上可以预知各种选择可能会带来何种结果。例如:面对"能源危机",现代汽车工业想要发展使用新能源的汽车,需要投入较多的研究试验费用。如果将来销量好,就可以在短期内收回投资并获得较大利润,这是成功的估计。如果因某些原因,例如造价高、使用不便等,没有市场需求,那就意味着失败了。对这两种可能性如何判断,怎样做出选择,就属于风险性的决策,要冒一定风险,决策不当就会带来巨大损失。但是,这种决策也不完全是盲目的,需要做各种预测,进行反复的技术经济论证、科学决策,成功的概率就会高一些。

(三) 不确定性决策

不确定性决策指决策时所需要的各种信息基本都是预测的结果,对于可以做哪些选择,各种选择会产生什么样的结果,几乎完全不清楚,所以最终决策结果也不确定的。比如,李华想投资炒股,但是他对股票完全不懂,对于股市行情也不能确定,那么,结果很有可能非但没有赚到钱,反而会被"套牢"。由此可见,决策者必须尽可能多掌握其他具体信息,才能做出最优决策,达到既定目标。

综上所述,我们在做出职业决策的时候,不仅要运用各种方式评估个人的性格、兴趣、能力、价值观等因素,还要准确评估外在的社会支持体系、社会经济环境与职业、行业甚至岗位等因素,做到充分掌握信息,降低风险,进行理性职业选择。

二、常见的决策风格

在面对职业决策的时候,每个人受个体的经验、知识、能力、性格和气质等多重因素的影响,都有自身独特的行为方式,有的会听天由命,有的会凭感觉、凭兴趣,有的会随大流,有的会依靠父母或者亲戚朋友等。这种独特的决策方式就是个体的决策风格。

决策风格也可以理解为人们在做决策时表现出来的行为偏好和心理倾向,反映了个体在决策的过程中习惯的反应模式,是个人关于决策行为的个性特征在职业决策过程中的体现。不同的人在决策同一件事情、实现同一目标的习惯偏好不同,从而形成了决策风格的差异。个体决策风格是如何形成的,对这一问题的分析大体可归纳为三类理论:

(1) 个性决策论。这类理论的主张是:决策风格取决于决策者的个性(包括气质、性格等心理特征)。

(2) 情势决定论。持这类主张的学者认为,决策任务与决策环境适合于不同决策风格的人。

(3) 相互作用决定论。坚持这一倾向的理论认为,决策风格既受个性影响,又受决策任务与环境的影响,因此,在研究决策风格的形成原因时,需要同时考虑上述两类因素的相互作用。人们采用何种风格在一定程度上取决于自身一贯的认知风格、行为习惯等特点,也取决于可利用的时间资源,以及所面临的决策问题的复杂程度。

最早研究决策风格的是丁克里奇（Dinklage）。1968 年，他通过访谈研究，将决策者分为八种风格类型：计划型、苦恼型、延迟型、瘫痪型、冲动型、直觉型、宿命型和顺从型。

目前使用较多的是哈瑞恩（Harren）在丁克里奇的基础上所作的划分，提出 4 种决策风格：理智型、直觉型、依赖型和犹豫型。

1995 年，美国职业生涯专家斯科特（Scott）和布鲁斯（Bruce）认为决策风格是在后天的学习经验中逐渐形成的，并将决策风格划分为 5 种类型：理智型、直觉型、依赖型、回避型和自发型。

1. 理智型

以周全的探求，对选择的逻辑性评估为特征。理智型的决策者具备深思熟虑、分析、逻辑的特性。这类决策者会评估决策的长期效用并以事实为基础做出决策。理智型决策风格是比较受推崇的决策方式，强调综合全面地收集信息、理智的思考和冷静的分析判断，是个体需要培养的一种良好的思考习惯。

2. 直觉型

以依赖直觉和感觉为特征，比较关注内心的感受。直觉型的决策风格以自我判断为导向，在信息有限时能够快速做出决策。当发现错误时能迅速改变决策。由于以个人直觉而不是理性分析为基础，这类决策发生错误的可能性较大，因此，易造成决策不确定性。

3. 依赖型

以寻求他人的指导和建议为特征。依赖型的决策者往往不能够承担自己做决策的责任，允许他人参与决策并共同分享决策成果，会受到他人的正面评价，但也可能因为简单地模仿他人的行为导致负面的反应。依赖型的决策者需要理解生活中他人对自己的影响程度。

4. 回避型

以试图回避做出决策为特征。回避型的决策风格是一种拖延、不果断的方式。这类决策者不能够承担做决策的责任，不考虑未来的方向，不去做准备，不知道自己的目标，也不思考，更不寻求帮助。

5. 自发型

以渴望即刻、尽快完成决策为特征。自发型的个体往往不能够容忍决策的不确定性以及由此带来的焦虑情绪，是一种具有强烈即时性，并对快速做决策的过程有兴趣的决策风格。自发型决策者常会由于一时的冲动，在缺乏深思熟虑的情况下做出决策。

> **练习**
>
> 请举出最近生活中 2～3 个你做决策的实例，试着归纳出这些决定的共同特性，思考自己的决策模式。

三、科学的职业生涯决策方法

（一）CASVE 循环法

CASVE 循环包括 5 个阶段，即沟通（communication）、分析（analysis）、综合（synthesis）、评估（value）和执行（execution），CASVE 就是这 5 个英文单词的首字母，见图 7-1。它可以在整个职业生涯问题解决和决策制定过程中提供指导。

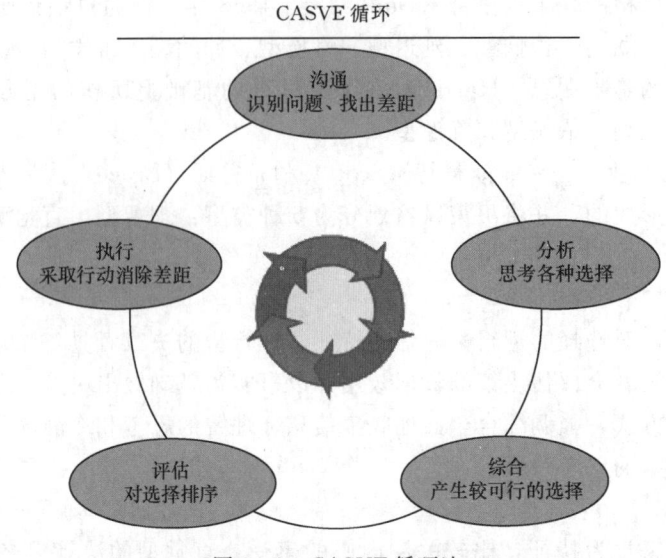

图 7-1 CASVE 循环法

1. 沟通

在这个阶段，可以收到关于职业理想与现实之间存在差距的信息。这些信息可能通过内部或外部交流途径传达给我们。内部沟通包括情绪信号，例如不满、厌烦、焦虑和失望，还有身体信号，如昏昏欲睡、头痛、胃部疾病等。外部沟通包括父母对你的职业规划的询问，同事、朋友对你的职业评价，或者是权威媒体上关于专业正在逐渐过时的文章。

这是意识到自己需要做出选择的阶段。在这个阶段，我们通过各种感官和思考充分接触问题，发觉存在一个差距已不容忽视。

2. 分析

在这个阶段，问题解决者需要花时间去思考、观察、研究，充分了解差距，了解自己做出有效反应的能力。好的生涯决策者阻止用冲动行事来减小在沟通阶段所体验的压力或痛苦，因为这是无效的，甚至可能令问题恶化。通过整合分析，要清晰地知道解决这个问题需要了解自己的哪些方面，了解环境的哪些方面，需要做些什么才能解决问题，为什么会有这样的感受，家庭会怎么看待我的选择等问题。

这是了解我自己和我的各种选择的阶段。在这一阶段，生涯问题解决者通常会改善自我认知，不断了解职业世界和家庭需要。简单地说，在分析阶段，生涯决策者应尽可能了解造成在第一阶段发现的差距的原因。

分析阶段还需要把各种因素和相关知识联系起来，例如，把自我认知和职业选择联系起来；把家庭和个人生活的需要融入到职业选择中。

3. 综合

这个阶段主要是综合和加工上一阶段提供的信息，从而制定消除差距的行动方案。其核心任务是：确定我可以做什么来解决问题。

这是一个扩大并缩小选择清单的过程。首先，尽可能多地找到消除差距的方法，发散地思考每一种办法，甚至采用"头脑风暴"等进行创造性思维；然后，缩小有效方法的数量，通常缩减到 3~5 个选项，因为我们头脑中最有效的记忆和工作容量就是这个数目。

4. 评估

评估阶段将选择一个职业、工作或大学专业。

第一步,评估每一种选择对生涯决策者和他人的影响。例如,如果选择了服兵役,将会给自己、伴侣、父母、孩子等重要的人带来什么影响?每一种选择都要从对自己和对他人的代价和益处两方面进行评价,并综合物质上和精神上的因素。

第二步,对综合阶段得出的选项进行排序。能够最好的消除差距的选项排在第一位,次好的排在第二位,以此类推。此时,职业规划决策者会选出一个最佳选项,并且做出承诺去实施这一选择。

5. 执行

这是实施选择的阶段,把思考转换为行动。很多人都觉得在执行阶段制订行动计划是令人兴奋的和有价值的,因为终于可以开始采取积极行动去解决问题了。

6. 再循环

CASVE 循环是一个不断重复的过程。在执行阶段之后,生涯决策者又回到沟通阶段,以确定已经选取的选择是不是最好的,是否能最有效地消除理想与现实间的差距。

CASVE 决策技术,无论是对解决个人职业规划问题,还是解决团体问题都非常有用。用系统的方法思考这 5 个步骤,能够使你成为一个更有效率的人。

 扩展阅读

(1) 沟通。

上大学以后,李某逐渐开始关注就业形势,不断听到学长、学姐说当今形势如何严峻、工作如何难找。这让一开始认为只要好好学习就可以了的李某感到恐慌,原来找工作不是大四时才考虑的事情。后来一位学姐告诉她,找工作的事要及早考虑、及早准备。周围的不少同学也都纷纷开始打听考研的消息,她才意识到自己需要了解更多这些方面的信息。

(2) 分析。

李某开始觉得这只是找工作的问题,但经过与同学和学姐的谈论,她发现自己的思想观念太单一,原来职业生涯规划不只是找工作那么简单,而是要考虑个人的长远、全面发展。她了解到职业生涯规划需要建立在对自己和工作世界的清晰认识上。她意识到对自己的认识还不太全面、清晰,至于对工作世界的了解就更缺乏了,而且她也不知道该怎样去进行探索。她认识到,在进行职业生涯规划前,自己首先需要很好地掌握职业生涯规划的方法。

(3) 综合。

李某首先想到的是请教自己的父母、师长,还有高年级的学长、学姐。她也想到可以上网去了解相关信息。她知道学校有个就业指导中心,她想那里应该有不少的信息。她还想到书店去看看,或许能找到一些相关的书籍。

(4) 评估。

李某请教了高年级学长学姐和自己的父母、师长,他们都给了李某一些经验和建议。但李某感到他们并没有很系统、有效的方法,毕竟他们也都是凭着自己的个人经验来找工作的。网上倒是有不少这方面的信息,但给人的感觉大多比较零散,缺乏系统性和操作性。李某在书店里寻找了一下,发现这方面的书大部分是讲怎么写简历和面试技巧的,要不就是一些理论,对自己没有什么帮助。李某想要知道,是不是有科学、系统又实用的方法可以指导个人进行职业生涯规划。她想到去学校的就业指导中心询问,那里的老师说他们下学期要开一门新的课程,叫做"大学生职业生涯规划",就是专门针对有像她这样需求的大学生的。老师还给她推荐了几本比较好的职业生涯规划类的书籍。

(5)执行。

李某真是太高兴了,她在网上选课的第一天就立刻报了名。经过大半个学期的学习,李某感到自己掌握了很多进行职业生涯探索和规划的具体方法。更重要的是,她对自己的了解也大大增加了,她越来越明确自己需要的是什么,也更有信心实现自己的目标。

练习

任选现阶段或者曾经你认为重要且难以抉择的事情,试按照CASVE循环做出一个选择。

1. 沟通阶段:
事件:＿＿＿＿＿＿＿＿＿＿＿＿＿＿＿＿＿＿＿＿＿＿＿＿＿＿＿＿＿＿＿＿＿
自己的感受:＿＿＿＿＿＿＿＿＿＿＿＿＿＿＿＿＿＿＿＿＿＿＿＿＿＿＿＿＿＿
朋友、家人等的感受:＿＿＿＿＿＿＿＿＿＿＿＿＿＿＿＿＿＿＿＿＿＿＿＿
2. 分析阶段:
了解自己:＿＿＿＿＿＿＿＿＿＿＿＿＿＿＿＿＿＿＿＿＿＿＿＿＿＿＿＿＿
职业价值观(自己的选择):＿＿＿＿＿＿＿＿＿＿＿＿＿＿＿＿＿＿＿＿
3. 综合阶段:
列出所有可能消除差距的方法:＿＿＿＿＿＿＿＿＿＿＿＿＿＿＿＿＿＿
选择3～5个有效的方法:＿＿＿＿＿＿＿＿＿＿＿＿＿＿＿＿＿＿＿＿＿
4. 评估阶段:
评定选择等级:＿＿＿＿＿＿＿＿＿＿＿＿＿＿＿＿＿＿＿＿＿＿＿＿＿＿
选择可能带来的利弊:＿＿＿＿＿＿＿＿＿＿＿＿＿＿＿＿＿＿＿＿＿＿
选择排序:＿＿＿＿＿＿＿＿＿＿＿＿＿＿＿＿＿＿＿＿＿＿＿＿＿＿＿＿
5. 执行阶段:
计划:＿＿＿＿＿＿＿＿＿＿＿＿＿＿＿＿＿＿＿＿＿＿＿＿＿＿＿＿＿＿＿
尝试:＿＿＿＿＿＿＿＿＿＿＿＿＿＿＿＿＿＿＿＿＿＿＿＿＿＿＿＿＿＿＿

(二)"五W"归零思考法

对于许多大学生来说,职业生涯规划也许是一个比较模糊的概念。职业生涯规划,首先要对自己有一个基本认识,同时掌握科学的方法,每个人都能为自己的职业生涯发展画一个蓝图。"五W"归零思考法共有5个问题:"Who are you?""What do you want?""What can you do?""What can support you?""What can you be in the end?"一个人回答了这5个问题，找到他们的最大共同点就有了自己的职业生涯规划。对于第一个问题"Who are you（你是谁）?"要求我们对自己进行一次深刻的反思，对自我有一个比较清醒的认识，比如优点和缺点。第二个问题"What do you want?"（你想干什么？）是对自己职业发展的一个心理趋向的检查。每个人在不同阶段的兴趣和目标并不完全一致，有时甚至是完全对立的。但随着年龄和经历的增长而逐渐固定，并最终锁定自己的终生理想。第三个问题"What can you do?"（你能干什么？）则是对自己能力与潜力的全面总结，一个人职业的定位最根本的还要归结于他的能力，而他职业发展空间的大小则取决于自己的潜力。对于一个人潜力的了解应该从几个方面着手去认识，例如对事的兴趣、做事的韧力、临事的判断力以及知识结构是否全面、是否及时更新等。第四个问题"What can support you?"（环境支持或允许你干什么？）这种环境支持在客观方面包括所在地的各种状态，比如经济发展、人事政策、企业制度、职业空间等；人为主观方面包括同事关系、领导态度、亲戚关系等，两方面的因素应该综合起来。有时我们在做职业选择时常常忽视主观方面的影响，没有将一切有利于自己发展的因素调动起来，从而影响了自己的职业切入点。在国外，通过同事、熟人的引荐找到工作也是很常见的一种方式，当然，需要明确这和"走后门"有着本质的区别。这种区别在于这里的环境支持是建立在自己的能力之上的。明晰了前面四个问题，就会从各个问题中找到对实现有关职业目标有利的和不利的条件，列出不利条件最少的、自己想做而且又能够做的职业目标，那么第五个问题"What can you be in the end"（最终的职业目标是什么？）自然就有了一个清楚明了的框架。

 扩展阅读

李某，计算机专业本科生，在临近毕业时常常对自己的职业动向难以抉择。目前，计算机专业属于热门，找一份差不多的工作并不难，但由于自己是女生，对教师的职业更感兴趣。在这种存在多种矛盾的情况下，我们不妨和她一起进行一次有关职业规划方面的认真思考，并通过对其职业前途的规划确定其就业方向。

1. Who are you

某重点高校计算机专业毕业生、优秀学生干部、学业成绩优秀、英语过国家六级；辅修过心理学、管理学；参加高校演讲比赛获得三等奖；家庭状况方面，父母工作稳定、身体健康，暂时还不需要有人特别照顾；自己身体健康；性格上不属于内向，但也不是特别活跃，喜欢安静。

2. What do you want

很想成为一名老师，这不仅是儿时的梦想，而且比较喜欢这个职业；其次可以成为公司的一名技术人员；如果出国读管理方面的硕士，回国成为一名企业管理人员也是可以接受的。

3. What can you do

做过家教，虽然不是自己的专业，但与孩子的交流有天生的优势。做家教时，被辅导学生成绩进步时很有成就感。学生干部，与同学们相处比较好，组织过几次有影响的大型活动；实习时在公司做过一些开发，虽然没有大的成就，但感觉还行。

4. What can support you

家里亲戚推荐去一家公司做技术开发；GRE 考得还可以，已经申请了国外几所高校，但能不能有奖学金还很难说,况且现在签证比较困难;去年曾有几家学校来系里招聘,但不是做老师,而是做技术维护,今年不知道会不会还有学校再来招聘教师;有同学开了一家公司,希望自己能够加盟,但自己不了解这个公司的具体业务,也不知道它有多大的发展前途。

5. What can you be in the end

最后的选择可能有四种,分别如下:

(1) 到一所学校当老师,自己有这方面的兴趣和理想,在知识和能力方面并不欠缺,在素质教育大趋势下,与师范类的学生相比,自己有专业方面的优势,讲授知识时可以让学生了解更多的前沿知识,特别是计算机已在中学生中有了相当的普及和基础,并且自己有信心成为学生心目中理想的好老师。不足的就是缺乏作为一名教师的基本训练以及技巧,但这些是可以逐步提高的。

(2) 到公司做技术人员,收入上会好一些,但通过这几年的发展看,这种行业起伏较大,而且由于技术发展较快,需要随时对自己进行知识更新,压力较大,信心不足,兴趣也不是很大。

(3) 去同学的公司,要丢掉专业从最底层做起,风险较大,这与自己求稳的心理性格不符,同时家庭也会有阻力。

(4) 如愿获得奖学金,能够出国读书,回国后还是去做一名企业管理人员。不确定因素较多,且自己可把握性较小,始终处于被动状态。

单纯从职业发展上看,这四种选择都有其合理性。如果从个体而言,第一种选择显然更符合她本人的职业取向。从心理学上看,选择第一种能够使得她得到最大的满足,在工作中也最容易投入,做出一定的成绩后会有很大的成就感。从职业前途看,教师这个职业也日益受到社会的尊重,社会地位呈上升趋势。主要困难是非师范生进入这个职业的门槛比较高,如果她能够确定自己的最终目标后努力去弥补与师范生在职业技巧方面的差距,那么她实现自己的职业理想将为时不远。

练习

根据自己的实际情况,做一份自己的"5W"规划。

Who are you? _____

_____

_____

What do you want? _____

_____

_____

What can you do? _____

_____

_____

> What can support you? _____
> _____
> _____
> _____
>
> What can you be in the end? _____
> _____
> _____
> _____
> _____

（三）SWOT 分析法

SWOT 分析法（也称 TOWS 分析法、道斯矩阵）即态势分析法，20 世纪 80 年代初由美国旧金山大学的管理学教授韦里克提出，经常被用于企业战略制定、竞争对手分析等场合。SWOT 四个英文字母分别代表优势（strengths）、劣势（weaknesses）、机会（opportunities）、威胁（threats）。从整体上看，SWOT 可以分为两部分：第一部分为 SW（优劣势），主要用来分析内部条件；第二部分为 OT（机会和威胁），主要用来分析外部条件。

1. SWOT 分析法的功用

利用这种方法可以从中找出对自己有利的、值得发扬的因素，以及对自己不利的、要避开的东西，发现存在的问题，找出解决办法，并明确以后的发展方向。根据这个分析，可以将问题按轻重缓急分类，明确哪些是目前急需解决的问题，哪些是可以稍微拖后一点儿的事情，哪些属于战略目标上的障碍，哪些属于战术上的问题，并将这些研究对象列举出来，依矩阵形式排列，然后用系统分析的思想，把各种因素相互匹配起来加以分析，从中得出一系列相应的结论。

2. 具体操作

（1）分析环境因素。此处所指"环境因素"，是指外部环境因素和内部环境因素。外部环境因素包括机会因素和威胁因素，它们是外部环境对个体的发展直接有影响的有利和不利因素，属于客观因素；内部环境因素包括优势因素和弱点因素，它们是个体在其发展中自身存在的积极和消极因素，属主动因素。SWOT 方法的优点在于考虑问题全面，是一种系统思维，而且可以把对问题的"诊断"和"开处方"紧密结合在一起，条理清楚，便于检验。

（2）构造 SWOT 矩阵。将调查得出的各种因素根据轻重缓急或影响程度等方式排序，构造 SWOT 矩阵。在此过程中，将那些对个体发展有直接的、重要的、大量的、迫切的、久远的影响因素优先排列出来，而将那些间接的、次要的、少许的、不急的、短暂的影响因素排列在后面。

（3）制订行动计划。在完成环境因素分析和 SWOT 矩阵的构造后，便可以制订出相应的行动计划。制订计划的基本思路是：发挥优势因素，克服弱势因素，利用机会因素，化解威胁因素；考虑过去，立足当前，着眼未来。运用系统分析的综合分析方法，将排列与考虑的各种环境因素相互匹配起来加以组合，得出一系列个体未来发展的可选择对策。

扩展阅读

李某的个人职业生涯决策分析（李某的具体情况详见案例2）

内部能力 外部因素	优势（strengths） • 在校期间专业成绩优秀 • 多次获得奖学金 • 发表过若干论文 • 一直担任学生干部 • 大学期间参加过多项国家级、省级比赛 • 对软件编程有兴趣	劣势（weaknesses） • 个人性格优柔寡断，但遇事急躁 • 不喜欢挑战，喜欢稳定的工作或生活
机会（opportunities） • 社会对IT专业的人才需求量大 • 国家对计算机的发展越来越重视 • 计算机专业就业率高 • 信息化时代对IT人才需求大	SO • 对计算机专业知识进行保鲜，增加自己的就业机会 • 关注国家对IT行业的政策 • 关注IT行业所需人才的能力需要，按要求提高自己的技术水平，争取进入自己感兴趣的行业 • 关注与计算机专业和有关的企业公司	WO • IT行业相对来说都是能独立工作的行业，性格急躁的缺陷影响降低 • 进入IT行业需要不断地学习或阅读，能提高自身能力，提升自我修养，减少急躁与冲突
风险（threats） • 专业与期望就业方向不对口 • 计算机行业竞争激烈 • 大学生整体就业形势严峻	ST • 对计算机的兴趣使自己能持之以恒地关注IT行业，提高自己的技术能力 • 有实习经验，更快地融入职场 • 自身学习成绩优秀，能力较强，综合素质高	WT • 学着忍让，待人宽容 • 加强自身的编程专业性 • 提高自身对IT行业的敏感度 • 对计算机的就业信息都多加关注

 练习

请根据自己的学习、生活及大环境进行研究，制定一份个人SWOT分析报告。

内部能力 外部因素	优势（strengths）	劣势（weaknesses）
机会（opportunities）	SO	WO
风险（threats）	ST	WT

（四）生涯平衡单技术

生涯平衡单技术是一种卓有成效的职业生涯决策法。人们在职业决策时面临着许多困难和干扰，使得原本就很棘手的决策变得更加复杂而难以操作。平衡单技术恰好给人们提供了一面镜子，帮助人们把复杂的情况条理化，模糊的信息清晰化，错误的观念正确化，最终帮助人们做出正确决策。个体可以借此分析每一个可能选项，判断各选项的利弊得失，依据利弊得失上的加权计分排定各选项的优先顺序，然后执行最优先或个人偏好的选项。具体程序如下：

（1）列出可能的职业选项。个体要在平衡单中列出3～5个有待深入评价的职业选项。

（2）判断各职业选项的利弊得失。各职业选项的利弊得失主要集中于四个方面，分别是自我物质方面的得失、他人物质方面的得失、自我赞许（精神）方面的得失、他人赞许（精神）方面的得失。逐个分析各职业选项，依据重要程度，以"+5"至"-5"的分值（+5、+4、+3、+2、+1、0、-1、-2、-3、-4、-5）来衡量各职业选项。

（3）各项考虑因素的加权计分。各方面的利弊得失之间，会因身处于不同情境而有不同的考量。因此，在详细列出各项考虑层面之后，须再进行加权计分。即对当事人个人而言，重要的考虑因素可乘以1～5倍。

（4）计算出各职业选项得分。逐一计算各职业选项"得"（正分）与"失"（负分）的加权计分与累加结果，并计算各个职业选项的总分。

（5）排定各职业选项的优先顺序。依据各职业选项在总分上的高低，排定优先次序。职业选项的优先次序即可作为职业生涯决策的依据。

扩展阅读

李某，大学本科四年级学生，面临毕业，有三种生涯方案可以选择，即报考公务员、在国内上研究生、出国深造。李某性格外向、活泼、能力强、自主性高，对于前途的思考，他心里很矛盾，既希望工作稳定，又希望工作具有挑战性。对此，李某列出了自己的生涯抉择平衡单。

李某的生涯决择平衡单

考虑项目 （加权范围1～5倍）	第一方案 （公务员考试）		第二方案 （国内深造）		第三方案 （出国深造）	
	得（+）	失（-）	得（+）	失（-）	得（+）	失（-）
1.适合自己的能力（×5）		-4（20）	+5（+25）		+6（+30）	
2.适合自己的兴趣（×2）		-3（-6）	+4（+8）		+8（+16）	
3.符合自己的价值观（×4）	+5（+20）		+3（+12）		+7（+28）	
4.满足自己的自尊心（×2）		-2（-4）	+3（+6）		+7（+14）	
5.较高的社会地位（×3）		-5（-15）	+3（+9）		+6（+18）	
6.带给家人声望（×5）	+2（+4）		+1（+2）		+2（+4）	
7.符合自己理想的生活形态（×5）	+3（+15）		+5（+25）			-3（-15）
8.优厚的经济待遇（×3）	+7（+21）			-1（-3）		-8（-24）
9.足够的社会资源（×2）	+2（+4）		+8（+16）			

续表

考虑项目 （加权范围1~5倍）	第一方案 （公务员考试）		第二方案 （国内深造）		第三方案 （出国深造）	
	得（+）	失（-）	得（+）	失（-）	得（+）	失（-）
10. 适合自己的目前处境（×5）	+5（+25）		+2（+10）		+1（+5）	
11. 择偶以建立家庭（×4）	+7（+28）		+5（+20）			-5（-20）
12. 有利于将来的发展（×3）		-5（-15）	+5（+15）		+8（+24）	
合计	117	-60	148	-3	139	-61
总分	57		145		78	
排序	3		1		2	

注意事项：1. 每一项目的得失可根据优点（得分）、缺点（失分）来回答，记分范围为1~10分；
2. 每一项目的重要性因人、因事、因时、因地而不同。加权分数应根据项目的重要性与迫切性来确定，给出正整数，加权范围1~5倍；
3. 将原始分数乘上加权系数，最后把得失分数差计算得出合计分；
4. 总计分数为合计每个方案的优点分（正）和缺点分（负）；
5. 在给出分数时，一定是出于自己的想法。

根据自己的专业和意愿，做一份自己的职业决策平衡单。

职业决策平衡单

考虑项目 （加权范围1~5倍）	第一方案		第二方案		第三方案	
	得（+）	失（-）	得（+）	失（-）	得（+）	失（-）
1. 适合自己的能力						
2. 适合自己的兴趣						
3. 符合自己的价值观						
4. 满足自己的自尊心						
5. 较高的社会地位						
6. 带给家人声望						
7. 符合自己理想的生活形态						
8. 优厚的经济待遇						
9. 足够的社会资源						
10. 适合自己的目前处境						
11. 择偶以建立家庭						
12. 有利于将来的发展						
合计						
总分						
排序						

第八章

目标设定与行动计划

> 现实是此岸,理想是彼岸,中间隔着湍急的河流,行动则是架在河上的桥梁。
>
> ——克雷洛夫

学习目标

(1) 了解目标与行动的基本概念。
(2) 学习设定目标和计划行动的方法。
(3) 认识目标设定与行动计划对未来职业的深远意义。

困惑与迷思

在某大型招聘会上,毕业于国内某名校的李某向国内某IT公司申请一个网络工程师的岗位。他学的是计算机网络专业,在校期间各门功课都是优秀。但是,因没有长远打算,毕业后的四五年时间里,从事过医药、空调、汽车等产品的推销等工作,因此计算机网络方面的工作经验基本没有。前来招聘的公司人力资源经理看了他的简历后认为,如果他毕业后稳定从事过计算机网络方面的工作,则正是公司所急需的人才,但是因为缺乏这方面的工作经验,并久未从事相关行业,公司无法录用他。这名高才生后悔不已。

谭某是一个喜欢拉琴的年轻人,可是他刚到美国时,却不得不到街头拉小提琴卖艺来赚钱。事实上,在街头拉琴卖艺跟摆地摊没两样,都必须争个好地盘才会有人潮、才会赚钱,而地段差的地方,当然生意就较差了!很幸运,谭某和一位黑人琴手一起争到一个最能赚钱的好地盘:在一家银行的门口,那里有很多人潮……过了一段时日,谭某赚到一笔钱之后就和黑人琴手道别,因为他想进入学校进修,在音乐学府里拜师学艺,也和琴技高超的同学们互相切磋。于是,谭某将全部时间和精力,投注在提升音乐素养和琴艺之上。在学校里,虽然谭某不像以前在街头拉琴一样赚很多钱,但他的眼光超越金钱,转而投向那更远大的目标和未来。10年后,谭某有一次路过那家银行,发现昔日老友黑人琴手仍在那"最赚钱的地盘"拉琴,而他的表情一如往昔,脸上露着得意、满足与陶醉。当黑人琴手看见谭某突然出现时,很高兴地停下拉琴的手,热络地说道:"兄弟啊,好久没见了,你现在在哪里拉琴啊?"谭某回答了一个很有名的音乐厅的名字,但黑人琴手反问道:"那家音乐厅的门口也很好赚钱吗?""还好啦,生意还不错啦!"谭某没有明说,只淡淡地说着。那黑人琴手哪里知道,10年后的谭某,已经是一位国际知名的音乐家,他经常应邀在著名的音乐厅中登台献艺,而不是只在门口拉琴卖艺。

职业生涯幻游

让我们一起坐在时光隧道机,来到20年后的世界,请算一算,此时你是多少岁?容貌有变化吗?请你尽量想象20年后的情形,越仔细越好。

好,现在你正躺在家里卧室的床铺上。这时候是清晨,和往常一样,你从睡梦中醒来,先看到的是卧室里的天花板。看到了吗?它是什么颜色?接着,你准备下床。尝试去感觉脚指头接触地面那一刹那的温度,凉凉的?还是暖暖的?经过一番梳洗之后,你来到衣柜前面,准备换衣服上班。今天你要穿什么样的衣服上班?穿好衣服,你看一看镜子。然后你来到了餐厅,早餐吃的是什么?一起用餐的有谁?你跟他们说了什么话?接下来,你关上家里的大门,准备前往工作的地点。你回头看一下你家,它是一栋什么样的房子?然后,你将搭乘什么样的交通工具上班?你快到达工作的地方,首先注意一下,这个地方看起来如何?好,你进入工作的地方,跟同事打了招呼,他们怎么称呼你?你还注意到哪些人出现在这里?他们正在做什么?你在你的办公桌前坐下,安排一下今天的行程,然后开始上午的工作。早上的工作内容是什么?跟哪些人一起工作?工作时用到哪些东西?很快地,上午的工作结束了。中餐如何解决?吃的是什么?跟谁一起吃?中餐还愉快吗?接下来是下午的工作,跟上午的工作内容有什么不同吗?你在忙些什么?快到下班的时间了,或者你没有固定的下班时间,但你即将结束一天的工作,下班后你直接回家吗?或者要先办点什么样的事?或者要做一些什么其他的活动?到家了。家里有哪些人呢?回家后你都做些什么事?晚餐的时间到了,你会在哪里用餐?跟谁一起用餐?吃的是什么?晚餐后,你做了些什么?跟谁在一起?睡觉前,你正在计划明天参加一个典礼的事。那是一个颁奖典礼,你将接受一项颁奖。想想看,那会是一个怎么样的奖项?颁奖给你的是谁?如果你将发表得奖感言,你打算讲什么?该是上床的时候了,你躺在早上起床的那张床铺上。你回忆一下今天的工作与生活,今天过得愉快吗?是不是要许个愿?许什么样的愿望?渐渐地,你很满足地进入梦乡。睡吧!一分钟后,我会叫醒你……(一分钟后)我们渐渐地回到这里,还记得吗?你现在的位置不是在床上,而是在这里。然后,你慢慢地醒过来,静静地坐着。

1. 20年后与今天有何不同
   (1) 人:_____
   (2) 事:_____
   (3) 生活内容:_____
2. 20年后与今天有何关系
   (1) 延续了今天的_____
   (2) 改变了今天的_____
   (3) 最深的感受是_____

第一节　确定职业生涯发展目标

一、认识职业生涯发展目标

概念：指想要达到的境地或标准，是对活动预期结果的主观设想，是在头脑中形成的一种主观意识形态，也是活动的预期目的，为活动指明方向。

分类：职业生涯发展目标包括长远目标和阶段目标。从不同角度分析职业生涯发展目标有不同的构成要素。

从时间顺序的角度看，职业生涯发展目标是按照长远目标、长期目标、中期目标、短期目标的顺序而依次确定的。一般而言，是先确定长远目标，然后再根据个人的实际情况和所处的社会环境，将长远目标分解为几个5~10年的长期目标，再根据长期目标的实现条件，将其分解为若干个2~3年的中期目标，再继续将其分解为若干6个月至1年的短期目标，进而将每一个短期目标分解成月目标，月目标量化分解为若干个周目标，周目标变成若干个日目标。

从性质的角度看，职业生涯发展目标可分为外职业生涯发展目标和内职业生涯发展目标。外职业生涯发展目标包括工作内容目标、职位目标、工作环境目标、经济脉搏目标、工作地点目标等。内职业生涯发展目标侧重于在职业生涯过程中的知识和经验的积累、观念和能力的提升以及内心的感受，主要包括观念目标、工作能力目标、工作成果目标、心理素质目标等。

毛毛虫的故事

有5条毛毛虫，它们都想获得美好的"虫生"，获得它们梦寐以求的某棵苹果树上的苹果。

第1条毛毛虫，有一天爬呀爬呀，终于来到这棵苹果树下。它并不知道这是一棵苹果树，也不知树上长满了红红的苹果。当它看到同伴们往上爬时，不知所以地就跟着往上爬。没有目的，不知终点，更不知生为何求、死为何所。它的最后结局呢？也许找到了一个大苹果，幸福地过了一生；也可能在树叶中迷了路，颠沛流离糊涂一生。不过可以确定的是，大部分的虫都是这样活着的，也不去烦恼什么是生命的意义，倒也轻松许多。

有一天，第2条毛毛虫也爬到了苹果树下。它知道这是一棵苹果树，也确定它的"虫生"目标就是找到一个大苹果。问题是它并不知道大苹果会长在什么地方？但它猜想：大苹果应该长在大枝叶上吧！于是它就慢慢地往上爬，遇到分支的时候，就选择较粗的树枝继续爬。当然，在这个毛毛虫社会中，也存在考试制度，如果有许多虫同时选择同一个分支，可是要举行考试来决定谁才有资格通过大树枝。这条毛毛虫一路过关斩将，每次都能选上最好的树枝,最后它从一枝名为"大学"的树枝上找到了一个大苹果。不过它发现这个苹果并不是树上最大的,顶多只能称得上是局部最大的。因为在它的上面还有一个更大的名为"老板"的苹果,是由另一条毛毛虫爬过一根名为"创业"的树枝才找到的。令它沮丧的是,这个创业分支是它当年不屑于爬的一棵细小的树枝。

接着,第3条毛毛虫也来到了树下。这条毛毛虫相当难得,小小年纪,却自己研制了一副望远镜。在还未开始爬时,就先利用望远镜搜寻一番,找到了一个超大的苹果。同时它发觉当从下往上找路时,会遇到很多分支,有各种不同的爬法。但若从上往下找路时,却只有一种爬法。它很细心地从苹果的位置由上往下反推至目前所处的位置,记下这条确定的路径后开始往上爬,当遇到分支时,一点也不慌张,因为它知道该往哪条路走,不必跟着一大堆虫去挤破头。譬如说,如果它的目标是一个名为"教授"的苹果,那应该爬"升学"这条路;如果目标是"老板"就应该爬"创业"这条分枝;若目标是"政客"也许早就该选"关系"这条路了。最后,这条毛毛虫应该会有一个很好的结局,因为它已具备了先觉的条件。但也许会有一些意外的结局出现,因为毛毛虫的爬行相当缓慢,从预定到抵达,需要一段时间。当它抵达时,也许苹果已被别的虫捷足先登,也许苹果已熟透而烂掉了都有可能。

第4条毛毛虫可不是一条普通的虫,具有先知先觉的能力。它不仅知道自己要何种苹果,更知道未来的苹果将如何成长。因此当它带着那"先觉"的望远镜时,它的目标并不是一个大苹果而是一朵含苞待放的苹果花。它计算着自己的路程,并估计当它抵达时,这朵花正好长成一个成熟的大苹果,而且它将是第一条钻入苹果大快朵颐的虫。果不其然,它如愿以偿,过着幸福快乐的日子。

那么第5条毛毛虫呢?它有没有实现在的愿望,吃到想吃的苹果呢?它什么也没做,就是在树下躺着纳凉,而一个个大苹果从天而降。因为树上某一大片树枝早就被它的家族占领了。它的爷爷、爸爸、哥哥们盘踞在某树干上,禁止其他虫进入。然后苹果成熟时,就一颗颗地丢给树下的子孙们捡食。当然。这只是很小的一部分虫子的命运。

二、生涯目标要符合发展条件

确立职业生涯目标的核心关键点是:生涯目标要符合发展条件。以依据自己的最佳才能、最优性格、最大兴趣、最有利的环境等信息来设立职业生涯发展目标。有效的职业生涯发展目标必须考虑兴趣与职业的匹配、性格与职业的匹配、特长与职业的匹配、价值观与职业的匹配、内外环境与职业相适应等。职业目标的选择正确与否直接关系到人生事业的成败与否。

每个人的条件不同,所确立的职业生涯发展目标也不尽相同。但所要考虑的因素是相同的。那么,我们在确定职业生涯发展目标时,应考虑如下因素。

(一)制定职业生涯发展目标必须符合社会与组织需求

如同生产一种"产品",这种"产品"有市场,才有"生产"的必要。故在确定职业生涯发展目标时,要考虑到内外环境的需要,特别是要考虑到社会与组织的需要。有需求,才有位置。

（二）职业生涯发展目标必须符合自身特点

不同的人有不同的特点。这种特点就是自己的兴趣、性格、特长等。这种特点也是个人的优势。将目标建立在个人优势的基础上，就能处于主动有利的地位。自己的特点与自己的目标方向一致，才能事半功倍。

（三）职业生涯发展目标必须符合个人的职业能力

职业能力是我们制订目标的依据。在制订目标前，要利用一些客观手段对自己的各项能力有清晰、准确的认知和定位，对自己的潜在能力进行挖掘，这样才能更好地达到人职匹配。

（四）职业生涯发展目标必须符合客观规律

有时候，鱼与熊掌不可兼得。目标的设定也是如此。具体来说，就是一个时期或一个阶段设定一个目标，拉开时间差距，实现一个目标后，再实现另一个目标。无论是什么目标都应有"度"的要求。所谓"度"，一是指时间，二是指高度和深度，只有这两个方面完全结合，才能成为明确的目标。这也就是说职业生涯发展目标的确立要符合客观发展规律，不能设立人力不可能做到的职业发展目标，否则，目标只能成为一种妄想。

（五）职业生涯发展目标必须考虑的其他因素

生涯彩虹图告诉我们，人一生的角色不是只有职场人，还可以是子女、父母等。所以，在制订职业生涯发展目标时还要综合考虑多方面的因素。例如：物质基础是必要的，没有一定的物质基础，事业也难以得到发展。在制订人生事业目标时，适当地对个人收入问题进行设计是必要的。婚姻也是人生中的一件大事，处理得好有利于事业的发展，一生幸福；处理得不好，不但影响事业的发展，而且还会终身痛苦。人人都希望健康、长寿，事业发展也离不开健康，所以应注意锻炼身体等。

扩展阅读

下面是某位同学的职业生涯规划方案：

姓名：李某

规划期限：3年

起止时间：2018年9月1日至2021年7月。

年龄跨度：18～21岁

阶段目标：顺利毕业；成为一个有经验的销售人员（职业方向）。

总体目标：创业，成为自己公司的总裁

个人分析：自己是属于那种很外向的人，善于沟通，曾经有过兼职推销人员的经历并取得相当不错的成绩。而且，自己所学的专业也是市场营销专业，这也正是自己的兴趣所在。

社会环境分析：中国现在是一个政治稳定，经济、文化高速发展的国家，而且，这种状况还将持续相当长的一段时间。这种情况为每一个人都提供了一个好的发展机遇。随着市场经济的发展，市场在经济活动中的作用将越来越大。

职业分析：社会的发展将会对市场营销这一职业产生重要影响；对市场营销的依赖性将越来越大。同时，社会对市场营销的需要将越来越大。个人选择的行业还没有最后确定，但比较感兴趣的是制药、保险和食品。这些行业都是社会所不可缺少的行业，而且随着社会的发展，这些行业的发展空间也会相当大。

目标分解与目标组合：

（1）目标分解：目标可分解成两个大的目标，即顺利毕业和成为一个有一定经验的市场营销人员。

对于第一个目标，又可分解为把专业课学好和把选修课学好，以便修完足够的学分，顺利毕业。还可以细分：在专业课程中，如何学好每一门课程；在选修课程中，需要选择哪些课程等。

对于第二个目标，又可分解为接触市场阶段、了解市场的阶段、熟悉市场阶段。还可以细分：在接触市场阶段，要采用什么办法，和哪些公司保持联系等。

（2）目标组合：顺利毕业的前提是学好专业课程，而专业课程的学习则对职业目标（成为一个有一定经验的市场营销人员）有促进作用。

要成为一个有一定经验的市场营销人员，需要缩小自己和有一定经验的市场营销人员之间的差距。这些差距包括：

（1）思想观念上的差距。刚从事销售的人一般会认为销售只是卖出商品，但有一定经验的人则会认为销售是"卖出自己"——客户只有相信销售者，才可能购买商品。为了缩小这种差距，需向有经验的人员请教，并在实践中去体会这一点。

（2）知识上的差距。书本知识的欠缺只是一个方面，更重要的是实践的差距。为了缩小这种差距，需要在学习书本知识的同时，多参与真正的市场销售，在实践中体会书本知识。

（3）心理素质的差距。市场销售需要百折不挠，而作为一个学生，缺少的恰恰是这一点，往往遇到一点挫折和失败就会退缩。这种差距，需要在实践中逐步消除。

（4）能力的差距。这一点可能是最重要的。为了缩小这种差距，除了在实践中逐步学习外，还要和七八名销售高手保持密切的联系，以便随时请教和学习。

检查和反馈：

在向销售高手请教的过程中，发现自己学习的书本知识很不够，特别是外语方面能力需要提高，否则，就无法适应现在的销售要求。所以，决定加强英语的学习，准备报一个英语的口语班，每周一次学习，同时，准备参加学校里的英语角，切实提高英语水平。在销售过程中还发现，销售中很多时候只是一些事务性的活动，所以决定以后减少参加类似活动的次数，把精力用在对自己有锻炼意义的事情上去。

练习

根据上述案例，制订一份自己的职业生涯规划档案。

姓名：_____

规划期限：_____

起止时间：_____

年龄跨度：_____

阶段目标：
总体目标：
个人分析：

社会环境分析：

职业分析：

目标分解与目标组合：

具体实施方案：

检查和反馈：

三、目标设立原则

（一）目标设立的 ABC 原则

ABC 原则是皮特森于 1972 年提出的，主要内容如下。

1. 可行的（achievable）

如果你当前还没有职业生涯目标，没有自己的规划，可能你压根儿就没有这方面的思考，你的专业知识也相对薄弱，或者你在专业课考试中都没有拿到过第一，只是看了这本书之后你欢欣鼓舞地制定出你的职业生涯概念目标：一年后成为富翁。我想这个目标对你来说是不切实际的。如果你有管理方面的才能，有积极创业的决心和勇气，并从现在开始专心学习，积极修炼自己，提升自己，制定出你 10 年的长期目标是拥有自己的企业，存款达到 8 位数，这是完全有可能的。

2. 可信的（believable）

自己都没有信心去实现的目标，只能增加挫败感，没有其他效用可言。职业生涯发展目标的制定不是一时兴起，说说而已。制定出来的目标应是你真的相信自己能够完成，对自己的能力有信心，并相信自己能够在设立的时间之内完成。深思熟虑设定的目标，就算遇到再大的困难也不要放弃，成功有可能只是"再坚持一下"的距离。

3. 可控的（controllable）

"我的目标是在毕业后进入联想集团"和"我的目标是下周一去参加联想集团应聘"哪一个更具有可控性？很显然是后者。现实中，很多不可控的因素会干预到我们预定目标的达成，很多事情的最终完成是存在众多的可能性于其中的。并不是所有的因素都在你的掌控之中。邀请相关人员参加你的计划，与其合作，力求共赢。

4. 可界定的（definable）

长期目标的准确界定是以进一步分解为系列的环节或短期目标为基础的。头脑中的异想天开，连自己的语言都无法去形容，无法向他人说明，又何以去实现？

5. 明确的（explicit）

你说你的目标是学好英语。这很好，但是"学好"到底是什么意思呢？是语音、词汇、语法，是所有的这一切，还是只是其中一项或是别的什么事情呢？如果你不能在特定时间内集中于一点并努力攻克，那期限将至时，你就会发现自己一事无成。

6. 属于你自己的（for yourself）

目标应该是自己真正想去做的事情，是自己的兴趣使然，而不是别人强加给你的。自己真正想去做的事情，才会有动力，才会去坚持。现实是残酷的，总有一些事情是你无论喜欢与否也必须去做的，但是，你也能够从这些事情中寻找属于你自己的东西，去发现其中的乐趣。

7. 促进成长的（growth-facilitating）

损人利己和损人不利己的目标是要不得的。当一个人的目标损害到其他人利益或公众利益时，游戏规则就会惩罚他。当今社会讲求"双赢""共赢"，力求和谐发展，目标的制定既要能够促进自己成长，也要有利于别人，有利于社会，至少是不能够伤害别人，对社会没有破坏性。

8. 可量化的（quantifiable）

例如，你的年薪目标可以量化为10万元；买一座房子的目标费用为35万元左右，面积为100平方米、三室一厅、距海边一公里以内等。时间限制是指你所确定的目标，必须有一个明确的期限，可以具体到某年某月。没有时限的目标，则不是一个有效的目标。

（二）S. M. A. R. T. 目标管理分析方法

1. S——特殊性（specific）

有些目标因素应该在目标制定过程中给予重视，这些因素的排列是有一定顺序的，并且会对目标产生影响。目标应具有一定的特殊性，换句话说，它们应该被描述为希望得到的特殊结果。比如："英语考试过关"这一目标在其特殊性上应该被表述为"四级英语考试一次过关"这样的特殊描述。

2. M——可测量性（measurable）

第二个重要因素是目标的可测量性。目标是过程预测的一部分，它应该能够非常明确地显示目标是否达到，这需要借助于一些较为明确的测量尺度和测量方法来标量处理。如考试的分值、取得资格认证的级别或其他的一些可以比较或量化的指标。这样做的好处在于，首先可以确切地标定自己的位置，清楚自己的现状，其次能够对自己未来的变化做出精细的判断。

3. A——可完成性（achievable）

制定目标的另一重要影响因素是目标必须具有可完成性。比如：把"每天记忆1万个英语单词"作为目标，单从数量上看对于绝大多数人来说都是一种几乎不可能完成的任务，不如合理地调整一下，比如"每天记忆20（进而或者100）个单词"。这样考察目标，是为了保证从预期上分析目标具有可完成的可能，从实际的实施结果上也可以印证目标是可以通过努力达到的。

4. R——现实性（realistic）

作为一个关键因素，目标必须具备现实性。现实的目标应该建立在对不可控因素的充分认识基础上，或者说，现实目标具有一定的挑战性。但是，这种挑战性还不会对成功的机会构成威胁，人们可以通过采取一些手段或者使用一些工具实现目标。比如靠个人的努力不可能得到某个职位时，是否可以考虑调动其他的社会资源；通常条件下的学习同计划中任务的完成效率有着明显的差距时，可否改用新的学习方式。以前或当前不现实的东西并不证明它以后也不现实，想实现它就应付出更多的努力。

5. T——时间基础（time based）

制定一个好目标的最后一个重要因素是时间基础。要为目标限定个时间期限，这是制定一个现实的、可实现的目标的最后一个环节，它经常会暗含于目标管制的过程中。这个隐含的时间条件也是目标的一部分，同时也是制定者完成目标必须承担的责任。时间设定越精确，对目标的控制就会变得越严格，目标的实现就越有保障。

综合运用上述分析方法和分析结果，细致考察自己确立的职业目标，使之受到再次检验，是保证自己先前确立的职业目标对个人职业发展定向更加科学和利于实施完成的重要手段。

练习

根据生涯决策结果，制定你在职业生涯发展过程中的5年目标。在构思你的目标时，运用目标设立S.M.A.R.T原则。

（1）你的长期目标。（可以从这些方便来考虑：工作，生活方式，家庭，居住条件及其他。）

_____
_____
_____
_____

(2) 你的中期目标。将大学期间学习，生活，健康方面分成每个学期进行思考好规划，写出其与长期目标的关系。

_____
_____
_____
_____
_____

(3) 你的短期目标。即将一年或一个学期必须达到的目标。

_____
_____
_____
_____

四、确定发展目标的重要性

有了目标以后，会让你把精力集中到对实现目标最有生产力的方面，很多的决策就变得简单，也就是这个事情对实现你的目标有没有帮助。有的人在职业决策上患得患失，很大程度上也是因为没有明确的职业目标。而没有明确的职业目标，你每一次的决策就等于没有原则，都是根据当时的某种感觉做决定，这种决定会把你带向不同的方向，几次这样的决定以后，你的职业积累就被消失殆尽。

逢证必考是某些缺少职业目标的人的典型症状之一，这种人典型的解释是艺多不压身，考个证，以备不时之需，说不定什么时候就能用上了。这种逻辑不可取。首先"证"能不能代表"艺"实在不好说，很多的证都是某些机构谋利的手段。首先，这些证书往往不一定能加到你所期望的分数；其次，每获得一个证书都要投入一定的时间和金钱，如果所获得的证书本身无助于你职业目标的实现岂不是一种时间和精力的浪费，把这些时间和金钱投入到最有助于你职业发展的领域会产生更高的收益。

 扩展阅读

方文山的职业规划

方文山是周杰伦的最佳拍档。周杰伦说："没有方文山，我的歌不会这么成功"。方文山的歌词充满画面感，文字剪接宛如电影场景般跳跃，在传统歌词创作的领域中独树一帜。

方文山如今已经是继林夕之后华语乐坛最优秀的词作者，但从媒体上看，如果不说话，你会把他当做送外卖的，实际上他曾经就是个送外卖的。

> 方文山是电子专业毕业，为了圆梦而在台北苦苦打拼。他做过防盗器材的推销员，还曾帮别人送过外卖、送过报纸，做过中介、安装管线工。方文山在安装管线工之余，花了大量的时间创作歌词，直到可以选出100多首，集成词册。
>
> 他原来的理想是做一位优秀的电影编剧，进而成为合格的电影导演，但当时台湾地区电影的整体滑坡让他望而却步，只好退而求其次地拼命创作歌词。
>
> 方文山开始了他的求职之路。他翻了半年内所有的CD内页，找最红的歌手和制作人，把集成册子的歌词邮寄给他们，一次寄100份。为什么要寄这么多份？方文山是做了计算的，他估计经过前台小姐、企宣、制作人层层辗转，大概只有五六份被目标人物收到。实际上他估算的太乐观了，这样持续的求职行为持续了一年多，结果都是石沉大海，直到有一天接到吴宗宪的电话，同时吴宗宪还签下了一位会弹钢琴的小伙子，他就是周杰伦。
>
> 方文山被吴宗宪发掘并赏识，进入华语流行音乐界，与周杰伦结成黄金搭档，被广泛接受和认可，真正成为了"华语乐坛回避不掉的人物"。同时在电影领域，方文山已导演过《爱到底》《听见下雨的声音》等多部优秀影视作品。

第二节 构建行动计划

一、行动计划的概念

（一）定义

行动是为达到某种目的而进行的活动。

行动计划是指决定行动步骤的过程或技术。

（二）行动计划的意义

构建行动计划，使计划有目标的进行，使所行的在可控范畴，目标明确。通过行动计划过程，有利于减少工作中的失误，可以预计未来可能的变化，从而制定适应变化的最佳方案，减少工作中的失误；有利于明确工作目标，计划制定的目标为个人或组织指明了发展方向，可以使人们的行动对准既定目标；有利于控制工作计划，为组织活动制定目标、指标、步骤、进度和预期成果，是控制活动的标准和依据，从而弥补不确定和变化带来的问题。

（三）行动计划的七个要素

What?	做什么？
Why?	为什么做？
Who?	谁在做？
When?	在什么时间做？
Where?	在什么地点做？
How?	怎样做、如何做？
How well?	完成的程度？

（四）行动计划的分类

大学生制订的行动计划要和目标一致，目标可以分解为短期目标、中期目标和长期目标，与目标相对应，大学生制订的行动计划也可分为短期计划、中期计划和长期计划。

请与同学们分享一下自己在学习、生活中的曾经制订的行动计划。

二、行动计划的制订

大学生在确定了职业生涯目标后，围绕目标的实现，需要制订具有针对性、明确性与可行性的行动计划。特别是要详尽制订大学期间和毕业后五年内的行动计划。例如：为达到目标，大学生计划采取什么措施来提高自己的学习和工作效率；大学生计划学习哪些知识，掌握哪些技能，提高自己的业务能力；大学生希望采取什么措施开发自己的潜能等。这些都要有具体的计划与明确的措施，注意计划要特别具体，以便于定时检查。

1. 当下大学生在制订和实施计划过程中最容易出现的问题

（1）计划中制订的目标和任务在实际行动中根本无法完成。

（2）一些关键问题计划中没有予以考虑。

（3）遭遇突发性因素计划被迫搁浅。

（4）计划的期限不合理，过长或过短。

（5）计划不够灵活，导致经常被违反。

（6）没有备选计划。

2. 制订行动计划的原则

制订行动计划要遵循 3W1H 原则，即怎样达到（How）？谁负责行动（Who）？要做些什么（What）？什么时候完成（When）？

3. 制订行动计划的方法

制订具体计划的方法有许多种，常用的有效的制订具体计划的方法是 WBS 任务分解法。WBS 是英文 Work Breakdown Structure（工作分解结构）的缩写。将工作范围细分为活动，然后对每项活动分配时间和资源，而活动结果的总和就是工作范围。制订 WBS 计划是制订项目计划最主要的活动。

制订 WBS 计划主要分为以下三个步骤：

（1）分解工作目标。将一个总的目标逐渐细分到合适的程度，以便对任务计划、执行和控制。对于一项任务来说，分解工作目标不是一项单纯的计划活动，而是要根据项目的特点决定工作任务的分解结构。实际工作中会更多地考虑技术因素来确定工作分解结构的形式。

（2）定义目标依赖关系。确定了项目中要完成哪些目标以后，需要对这些目标之间的依赖关系做出定义。目标之间的依赖关系取决于实际工作的要求，不同目标之间的依赖关系决定了目标的优先顺序及其重要性。目标依赖关系是确定项目关键路径和目标浮动时间的必要条件，定义目标间依赖关系的目的是确定每一项目标所需的输入、输出关系。

（3）分配时间和资源。完成工作任务分解并定义了目标的依赖关系后，应该为每项目标分配相应的时间和资源。为目标分配时间可以采用自下而上和自上而下两种不同的方法。自下而上是先估计最低程度的目标所需要的时间，项目所需的时间则取决于所有项目目标的关键路径时间；自上而下则是确定完成项目所需要的总的时间，然后将时间分配给不同的目标。

 扩展阅读

马拉松冠军山田本一

1984年,在东京国际马拉松邀请赛中,名不见经传的日本选手山田本一出人意外地夺得了世界冠军。当记者问他凭什么取得如此惊人的成绩时,他说了这么一句话:凭智慧战胜对手。当时许多人都认为这个偶然跑到前面的矮个子选手是在故弄玄虚。马拉松赛是体力和耐力的运动,只要身体素质好又有耐性就有望夺冠,爆发力和速度都还在其次,说用智慧取胜确实有点勉强。两年后,意大利国际马拉松邀请赛在意大利北部城市米兰举行,山田本一代表日本参加比赛。这一次,他再次获得了世界冠军。记者请他谈经验,山田本一回答的仍是上次那句话:用智慧战胜对手。10年后,这个谜终于被解开了,他在他的自传中是这么说的:每次比赛之前,我都要乘车把比赛的线路仔细地看一遍,并把沿途比较醒目的标志画下来,比如第一个标志是银行;第二个标志是一棵大树;第三个标志是一座红房子……这样一直画到赛程的终点。比赛开始后,我就以百米的速度奋力地向第一个目标冲去,等到达第一个目标后,我又以同样的速度向第二个目标冲去。40多公里的赛程,就被我分解成这么几个小目标轻松地跑完了。

现实中,我们做事之所以会半途而废,其中的原因,往往不是因为难度较大,而是觉得成功离我们较远,确切地说,我们不是因为失败而放弃,而是因为倦怠而失败。在人生旅途中,我们如果能运用山田本一的智慧,将长远目标分解为阶段性目标,在一步步实现阶段性目标中获得成就感和动力,激发和推动我们不断向终极目标靠近,我们成功的可能性会大很多。

 扩展阅读

定义目标依赖关系

李华暑假跟着爷爷去稻田插秧,他发现爷爷秧苗插得非常整齐,而自己却把秧苗插得乱七八糟,于是他问爷爷是什么原因。爷爷说:"孩子,你应该盯住前面的一个目标去插。"李华看到前面有一头水牛,于是盯着水牛开始插秧。可是,他发现自己插得虽然有进步,但是还是不直。于是李华又问爷爷:"为什么我还插不直呢?"爷爷告诉他:"孩子,水牛总在动,如果你盯着它当然会不直了。你应该盯住一个确定的目标。"李华明白了,于是盯着前方的一棵树去插,果然秧苗插得很直了。

4.制订行动计划的过程

(1)观察:现状、流程。

(2)分析:训练、能力、意愿、工具。

(3)决定行动:轻重缓急、具体行动、完成时间、事先所需要的资源。

(4)寻求共识:主管、工作伙伴。

制订行动计划见表8-1。

表 8-1　　　　　　　　　　　制 订 行 动 计 划

计划名称	总目标	分目标	计划内容	行动措施
短期计划（大学期间职业规划）	大学毕业时要达到什么目标	大一要达到什么目标；大二要达到什么目标或在某方面要表达什么目标	专业学习、职业技能培养、职业素质提升、职业实践计划等	大一以适应大学生活为主，大二以专业学习和掌握职业技能为主，或为了实现某某目标，我要提高哪些方面等
中期计划（毕业后三到五年时间职业规划）	毕业后第五年时要达到什么目标	毕业第一年、第二年要达到什么目标；或在某方面要达到什么目标	职场适应、三脉积累（知脉、人脉、钱脉）、岗位转换及升迁等	工作第一年要熟悉工作流程和内容，第二年要做好本职工作等
长期计划（毕业后十年左右或更长时间职业规划）	中年时要达到什么目标	毕业后第十年要达到什么目标；第二十年要达到什么目标	事业发展、工作、生活、健康、心灵成长、子女教育、慈善等	坚持身体自我保健，组织家庭，培养领导能力等

★ **练习**

根据上述表格，制订你未来的就业行动计划。

行动计划单

姓名		性别		专业		规划次数	
职业生涯目标	短期			达到条件		完成时间	
	中期			达到条件		完成时间	
	长期			达到条件		完成时间	
行动计划与措施	完成短期目标的计划与实施					完成时间	
						考核结果	
	完成中期目标的计划与实施					完成时间	
						考核结果	
	完成长期目标的计划与实施					完成时间	
						考核结果	
大学生生涯规划方案评估结论							
老师建议							

三、执行

目标设好了，行动计划也制订好了，是不是就完成了？其实不然，设目标也好，制订行动计划也好，那是件非常容易的事情，花点时间，认真点，掌握好方法，马上就可以做好。难在哪里？难就难在执行。

针对执行要遵循 PDCA 原则，即 P——Plan（计划），就是制订目标和行动计划；

D——Do（做），按计划实施；C——Check（检查），一定要定期检讨、检查实际情况是否偏离方向；A——Action（实施），根据检讨情形，实行纠正措施。

 扩展阅读

张艺谋的职业生涯规划

经过奥运开闭幕式的洗礼，张艺谋已经成为中国电影的一面旗帜，电影拍摄得好，他的职业发展历程也值得同学们借鉴。

1. 解剖：张艺谋的发展历程

（1）"前半生"——从农民到摄影师和演员：1968年初中毕业后，张艺谋在陕西乾县农村插队劳动，后在陕西咸阳国棉八厂当工人。1978年入北京电影学院摄影系学习。1982年毕业后任广西电影制片厂摄影师。1984年作为摄影师拍摄了影片《黄土地》，崭露头角。1987年主演影片《老井》，颇受好评。

（2）"后半生"——从《红高粱》到奥运会开闭幕式总导演：1987年，张艺谋导演的一部《红高粱》，以浓烈的色彩、豪放的风格，颂扬中华民族激扬昂奋的民族精神，融叙事与抒情、写实与写意于一炉，发挥了电影语言的独特魅力，广获赞誉。正是这部电影，让张艺谋成功地实现了从演员到导演的转型，并以一个成功导演的角色进入公众视野，奠定了张艺谋成功导演的地位。

从此，张艺谋导演便一发不可收拾。在经过一段艺术片的成功后，他又转向了商业大片生涯，《英雄》《十面埋伏》《满城尽带黄金甲》等一部部商业大片的红火为他来了巨大的声誉，并最终带他走到了中国电影旗帜的位置。

2008年北京奥运会，张艺谋又以其独特的大手笔，面向全世界展示了一部绝对中国的完美"大片"，也使得张艺谋站上了生涯的巅峰。

2. 揭秘：张艺谋导演成功轨迹

插队劳动的农民—工人—学生—摄影师—导演，一次次巨大的职业跳跃和转型才最终造就了一个成功的导演。让我们共同来分析张艺谋导演的职业生涯。

（1）职业准备期：特殊的历史环境，使得年轻时的张艺谋未能上高中就插队成了农民和工人。很多人像他一样没有选择，但能像他一样坚持自己梦想的却不多。终于。在1978年，张艺谋以27岁的高龄去学习自己钟爱的摄影，为自己未来的转型进行积累。

（2）职业转型期：重新进入课堂学习后，张艺谋老实实地做起了摄影，虽然他的志向是导演，但他显然十分清楚自己要做什么。这个时候的他仍在学习，不是在课堂上，而是在实践中学习。

（3）职业冲刺期：在《黄土地》获奖后，张艺谋有两个选择：继续作为一个已经很成功的摄影师或者转型开始做导演。然而，意料之外，他却做了另外的选择——演员，并且也获得了一定的成功。可以说，这是最明智的选择。要做导演，特别是要想成为较有建树的导演的话，当然最好能亲身体验做演员的感受，才能在拍片的时候和演员们契合。

（4）职业发展期：《红高粱》成功以后，张艺谋拍了一段时间的文艺片，在全国大众都熟悉了他的名字后，张艺谋敏锐地捕捉到了商业片的市场价值，并与中国电影市场的需求相契合，开始转向了商业大片，开始了自己的大片之旅，并一直延续到现在。尤其是借助 2008 年北京奥运会开幕式的无形宣传，使得张艺谋导演蜚声海内外。

3. 思考：如何进行自我职业规划？

张艺谋导演的成长历程告诉我们，清晰的职业规划是成功的保障。同学们有更好的学习环境，也有更好的成才条件，应该抓住机遇，合理规划职业发展，从而获得职业生涯的成功。

第九章 求职心理准备

学习目标

(1) 了解大学生生涯规划的心理误区，正确认识职业生涯规划。
(2) 了解大学生就业观念误区，做好就业心理准备。
(3) 了解大学生常见就业心理障碍，掌握心理调适方法。

困惑与迷思

某大学毕业生李某，在班里是比较优秀的学生，成绩名列前茅，还担任了班干部，因此对自己去求职这件事自信满满，觉得用人单位肯定会录用自己，可第一次求职就败下阵来，这样的挫折让他难以承受，自信心一落千丈，于是他把自己关在宿舍里，闷声不响，后悔自己面试时表现不佳，后悔自己当初为何不准备充分一些，甚至开始怀疑自己是不是真的优秀？

某大学女生小陈，平时成绩不佳。她每次参加就业招聘会，不是到了门口打退堂鼓，就是进去也不和应聘单位做较深的交流，只要应聘单位对她有一些不太肯定的表示，她就马上撤离。问其原因，小陈说她很自卑，总认为自己不行，因为，比她优秀的同学很多还没找到工作，所以，不可能先轮到她，她想等优秀的毕业生都确定工作之后，才会轮到她。

1996年7月，苏州大学商学院营销专业高材生小程做出了出人意料的决定，放弃考研保送指标和苏州工业园区一外资企业的高薪聘用，毅然决然地回到他的家乡——徐州沛县张庄村，并任村长一职。不到两年的时间，他深入农户田头，走南闯北，调研市场，充分利用徽山湖的水资源条件，发挥自己的聪明才智，一心决定要发展适合当地实际的水产养殖业。1999年年底，该村农民实现户均年收入8000元，成为远近闻名的富裕村。

与此形成对比的是，小刘也是武汉某高校工商学院财务管理专业的高材生，但他的命运却截然不同。从1998—2000年，小刘一直在考公务员，但每次不是初试没考好，就是复试被刷掉。两年来，小刘去了很多地方参加考试，花费了大几万块钱，而且弄得自己身心俱疲。说起自己当初的打算，小刘有点后悔，但一想到考上公务员就有了稳定的工作，所以他还想坚持下去；再说，如果现在放弃的话，他也觉得不甘心。

当前，我国社会高速发展，且正处于改革开放的关键期和转型期，因此，就业问题日趋复杂化，就业竞争也随着大学生数量的增多而日趋激烈，刚刚走向社会的大学生面对就业不可避免地遇到了各种困难、挫折和冲突。但大学生就业难，并不意味着我国大学生过剩。据统计，我国大学毕业生占从业人员的比例仅有发达国家的1/8，从总体上看，我国经济快速发展，对高素质人才的需求日益增加。但是，很多大学生找工作时存在着很多观念的误区和心态的误区，不能正确认识自己，认识社会环境，从而导致从上大学开始直到就业都迷茫不已，屡屡失败。面对竞争日益激烈的就业市场，大学生需审视自己的实际情况，及时树立与时俱进的就业观念，培养良好的就业心态。只有这样，我们的职业目标才能逐步实现。

 理论知识窗

第一节　大学生生涯规划中的问题及其心理机制

国内学者在调查中发现，约有三分之一以上的大学生并没有形成明确的职业理想或职业目标；而在"是否了解大学生职业生涯规划"的问题中，20％左右的学生认为自己了解大学生职业生涯规划，大部分同学表示只是听说过这个名词，具体是什么意思，内涵是什么，并不是很明确，另外还有一小部分的同学表示完全不了解职业生涯规划。因此，我们经常能听到大学生谈起自己的大学生活，总认为课本上的知识很空洞，有用的知识没有学到，也不知道自己将来能做什么。上述这些都是源于缺乏职业规划所致，对自己的生活没有目标，对自己的时间随意挥霍，对自己的人生没有预计，没有设想，没有理想，又何谈前进和发展的动力呢？

一、大学生生涯规划存在的问题及其心理机制

大学生处于从依赖向独立、从学生向社会角色过渡的时期，有不少大学生对于自己的生涯缺少理性思考与规划，存在着不少误区。

误区一：计划不如变化，没有必要做生涯规划。有同学认为，世界变化快，人们无法预料未来，故不需要做规划，认为生涯规划没有什么具体意义，不屑于去做生涯规划。反过来想一下，如果世界不存在变化，什么都是一成不变的，都知道自己未来几十年是什么样的，那还需要什么生涯规划呢？不正是因为当今世界和工作环境变化迅速，才需要我们尽早做好准备吗？

误区二：职业规划等到即将毕业时再做也不迟。许多大学生在大一大二的时候并不重视职业生涯规划，感觉自己离就业还远着呢，认为等到即将毕业时再做职业规划也不迟。这些同学是将职业生涯规划等同于就业前的短期培训。其实，在当前的就业形势下，部分大学生根本就没有太大的选择空间，只能被动地适应岗位需求，甚至失去了职业规划应有的主动。

误区三：职业规划等同于职业目标或学习计划。职业规划的核心是达到职业目标的步骤、方法、时间安排。从小学到大学，我们立了不少目标，但大多都以失败告终，其中一个关键的原因就是缺乏达成目标的计划。因此职业规划不光要有职业目标，还得将目标分解、细化到每年、每月，甚至每周，不光有长期计划，还得有阶段计划、短期计划。同时，需要注意的是，职业规划也不是学习计划，达成职业目标往往不仅需要知识，更重要的是能力，所以职业规划的重点是工作能力提升的规划，从长期的角度出发来寻找真正适合自己的岗位，这是今后的一种趋势。

误区四：制订职业规划急功近利，规划盲目，短视行为倾向明显。首先，大学生缺乏统筹规划的思想，多数大学生在进行职业生涯规划时过于注重个人的自我感觉，很少考虑社会的实际需求和人生发展的规律，在知识能力结构的构建上，不注意整体性和协调性；其次是功利性目标过强。不少大学生制订的职业生涯规划盲目从众，急于求成，不考虑自己的实际情况，比如当前大学校园里盲目出现的外语热、考证热、考研热、出国热等。职业生涯是一

个动态的发展过程,起点定位是否准确,规划是否科学合理,将在很大程度上决定着职业生涯的失败。

误区五:专业就是职业。事实上,80%的专业决定不了职业。专业是学习阶段的任务,在某种程度上是一种被动地接受知识,而职业则是毕业后的任务,是一种主动的谋生手段,为理想、为事业或者为生存去从事一项工作时,你会主动去学习充电,培养职业要求所需要的专业精神。二者唯一的关联只是一些知识背景。谁都希望自己选择的专业就是今后的职业,但真正发现要转行时,其实所付出的代价也仅止于"知识背景"而已。

二、大学生对自身的认识问题及其心理机制

随着就业形势的日益严峻,大学生要找专业对口、收入高且留在大城市的工作机会越来越少。在这样的背景下,大学生们对待工作的态度越来越现实,哪里出的价高就去哪里,找工作很少与自己的理想、兴趣、特长、优势、潜力等结合在一起,更不用说深入的去探索自身,这导致了很多人在找到工作后,频繁地跳槽。

据北森测评网、新浪网与《中国大学生就业》杂志在网上调查问卷表明,目前部分大学生对于自己的定位还不够准确,缺乏对自身的正确认识,例如,问到"是否了解自己的兴趣爱好"时,40.9%的学生表示了解,38.6%的学生不太了解,还有20.5%的学生完全不了解;对于"是否知道自己最喜欢和最不喜欢的职业"问题,能够作出肯定回答的大学生不超过20%;而问到"职业目标选择依据"一项时,29%的学生是源于兴趣和个性,48%的学生源于所学专业,13%的学生把父母期望作为主要依据,另有5%的学生出于相关工作经验的考虑。这反映了大学生在职业生涯规划问题上存在着感觉和认知之间的矛盾,学生自我认识分析较为缺乏,未能全面地对自我进行客观、准确地评价。

大学阶段正是大学生人生观、价值观、职业观形成的关键时期,也是大学生进行自我认知的最佳时期。可是,由于很多学生进行大学专业选择时都是基于高考成绩、高考录取制度和家长期望等,所以进入专业学习之后,更多的是茫然的填鸭式学习,而对于自己的兴趣爱好、能力素质并没有一个深入的思考,无法形成正确的职业理想。另外,大学生由于思想还不够成熟,对自己往往很难做到正确的评价,要么将目标定得过高,脱离自身实际能力素质和社会需求,遭受挫折后又会出现不自信甚至自卑心理;要么将理想设定过低,无法形成奋斗的动力,使自己的真实能力受到限制,无法发挥最佳的效能。

自我评估是职业生涯规划过程中的起始环节,是进行科学职业生涯规划的前提和基础。它对职业环境分析、职业目标确立、生涯策略、生涯评估等环节及其连续过程的进行具有非常重要的意义。缺乏对自身的正确认识,就会造成大学生在进行职业目标确定时,产生盲目自信或者妄自菲薄的心态。大学生在自我分析这一环节中,必须清楚自己是否真正了解自己,自己喜欢的工作是什么?自己的技能专长是什么?自身的优势弱点有哪些?机会、威胁有哪些?准确客观的分析和自我评价,使本人对自己的个人基本素质、智能和资源特点有一个客观、全面、深入的了解和认识,避免在对自己认识不清的情况下做出错误的选择,能够知己之长、知己之短、知己所能、知己之所不能,这也是正确进行职业生涯规划的前提。

三、大学生对社会环境认识存在的问题及其心理机制

对于社会和工作环境的不充分认知,也是导致学生无法做出正确的职业生涯规划的重要

原因。相关调查表明：关于"对社会现状和未来需求的认知"，29.4%的大学生表示"密切关注"，39.5%的大学生"有所了解"，还有19.6%"不关注"，甚至还有少部分"不在乎"。社会是更大的教育平台，学生从社会舞台上可以学到很多书本上没有的知识，对于自身能力的提高也有着不可估量的作用。可是很多学生只将自己的眼光定格在专业学习上，缺乏对社会环境的关注与了解，具体表现在两个方面：

（1）实践环节薄弱。与国外大学生的实践活动相比，我国大学生参加社会实践还不太普遍，包括学生个人或组织自发的社会实践以及学校有针对性的毕业实习等都显得不足，其风气与氛围都尚未形成规模。另外大学生社会实践的质量不高，限于各种主客观条件，大学生的实践大多停留在较浅的层次上，且基本停留在挣钱补贴学费、生活费等目的上，真正意义上的职业实践少之又少。这些情况都将大学生与外部的职业环境隔离开来，使其对职业环境不熟悉，对将来从事职业的了解不够。

（2）大学生群体整体缺乏对外部职业环境的关注与了解。职业环境分析是职业生涯规划特别重要的一个方面，因为职业环境因素对个人职业生涯发展的影响是巨大的。这里的环境分析主要是就业环境的分析，包括职业发展状况、职业要求变化、职场环境等。而毕业生对这些职业信息与环境的了解与把握情况并不乐观：在校生中有近半数的同学不清楚"自己喜欢的职业的从业要求"，接近三分之二的同学"没有关注过职业的变化趋势"。毕业班的同学由于要准备找工作，对于职业要求和变化趋势的了解相对多一些，但仍然有许多毕业生没有关注。不少大学生对自己向往的职业缺乏客观的认识，过高估计自己的能力水平，因而职业发展期望值过高，就业取向上只瞄准"三大"（大城市、大企业、大机关）、"三高"（高收入、高福利、高地位）单位，对于欠发达地区没有兴趣。对于外界职业环境认识的缺乏，导致学生缺乏学习的针对性，不利于学生的快速成才，毕业后找到的职业不能充分实现人职的最佳匹配。作为社会生活中的个体，我们只有顺应职业环境的需要，趋利避害，最大可能地发挥个人的优势，才能实现个人目标。大学生职业生涯规划的顺利进行，应当建立在对自我和环境的充分认识基础之上。对职业环境的分析，可以帮助我们抓住机遇，不断调整自己的劣势，实现人与职业的匹配。

就业市场变化万千，社会需求不断发展，大学生在进行职业生涯规划时，要根据社会需要，不断调整自己的计划，使自己更有职业竞争力，使自己的职场发展道路更加清晰明确。

第二节 大学生求职择业的认知误区及心理准备

大学生在校期间，虽然学习并掌握了一定的专业知识，有一定的动手能力，在求职前也精心准备了相关材料，掌握了一定的求职技巧，但对于即将踏入的职场，无论在认知上还是在心理上，还存在着许多偏差和扭曲。这些认知错误和心理问题是许多大学毕业生求职过程中遇到的瓶颈，同时也会影响大学毕业生的职业生涯发展，如不及时调适，就可能导致大学生职业生涯发生扭曲并产生重大的就业心理问题。

一、求职择业过程中的认知观念误区

（一）期望值与自身不符合

有一个青年人和一位老人出海钓鱼。鱼竿抛出以后，老人每钓起一条鱼，就用尺子量一

下。如果鱼大于七寸，就放回海中。青年人越看越不懂，就问："为什么不要大鱼要小鱼？"老人说："因为我们家的锅只有七寸大，鱼太大没法煮，所以只要七寸以下的。"

其实，就像故事中说的一样，我们自身的能力和素质，便是我们手中的锅。而那些我们希冀获得的职位，便是我们渴望钓到的大鱼。如果我们只有七寸的锅，却要去收获八寸、九寸的鱼，显然是有些勉强的。但若我们有十寸甚至更大的锅，再去收获一条八寸、九寸的鱼，就有机会。量体裁衣，论锅捕鱼，你的底气就会更足。

很多大学生找工作的时候，常常缺乏定位，见到只要有公司招聘，不管自己适合不适合，都往里投简历。对自身的实力认识不清，也没有认真了解用人单位的需求，抱着"全面撒网"的心态，先投出一大堆千篇一律的简历。事实上，很多简历根本就是浪费，那些公司可能从来不看这些简历，原因在于大学生的自我定位和职业意向与用人单位并不一定吻合。

有的同学认为自己在择业中具备种种优势：学习成绩优秀、政治条件好、学校牌子亮、专业需求旺、求职门路广，因而盲目自信，择业定位太高，挑来挑去挑花眼，而且事前缺乏对单位的了解，自己的优势用人单位并不需要，用人单位需要的如工作经验等要求自己又不具备，到头来会因为对自己的优势估计过高，劣势估计不足而在择业中屡屡受挫。还有一些同学认为热门行业才是好职业，殊不知热门意味着激烈的竞争，今天最热门的职业也许就是明天淘汰率最高的职业。

（二）价值取向观念偏差

大学生就业理念受社会各种价值取向的影响，存在着各种各样的误区，举例说明比较常见的几种：

（1）"宁愿出国带光环，不在国内做职员"。据不完全统计，我国部分重点院校三分之二的毕业生首选出国，他们不考虑家庭的承受力和自己所学专业是否适合出国等因素，结果"海归"变成"海待"。

（2）"宁到大企做职员，不到中小企业做骨干"。我国就业市场反映，承受力最大、需求量最大的是中小企业，中小企业的发展空间、实现创造能力的平台、提供个人职业的发展机会，以及产生的成就感等都大于大型企业。

（3）"创业不如就业"。多数大学生感到创业艰难，多方面准备不够，缺少充足的勇气和决心。只有少数大学生认为"大树底下长不出大树"，就业找饭碗不如创业谋发展。

（4）"就业难不如再考研"。在校大学生在就业难的压力下，选择了继续读书，虽不情愿，但别无选择，在大学里流传"大四不考研，天天都过年"，学习已不是兴趣，但还是选择了再学习之路。

（5）"宁要都市一张床，不要西部一套房"。在许多大学生的意识中，北上广深这样的大都市，总是意味着机会、高薪和前途。师兄、师姐们的就业经验和日常信息，影响着在校毕业生产生了一颗颗"都市心"。这无疑加剧了职业供给的不平衡，最需要大学生的地方少人问津，而大都市的大学生求职者则人满为患。北京林业大学招生就业处调研发现，80%的毕业生选择留在北京，"学校很多涉及林业技术的专业在基层林场用得上"，但去基层林场的毕业生几乎没有。

（6）"宁抢公务员一碗饭，不吃私企大把粮"。当下考公务员的风气依旧异常盛行，很多大学生都心怀期待奔走在省考、国考的路上。很多同学认为公务员收入稳定，工作环境优越，工作压力相对较小，"铁饭碗"无负担。因此不愿意离开家乡，更不愿意去私企就业，根深蒂固的谋求着公务员的"稳定"。

(7)"一切向钱看"。在招聘会上，有些同学谈不到三句话就问"能给多少钱，工资多少，奖金多少，能不能分配住房"。这是一种严重的功利主义思想。要知道用人单位选才首先要看你能为单位做什么，而不是你想得到什么，只讲索取，不讲奉献，往往会适得其反。

（三）互相攀比，不切实际

择业过程中常常存在一种攀比心理，毕业生往往以"谁去了知名度高、效益好的单位""谁去了大城市或高层次部门"来作为自己的价值评价标准。尤其是学习成绩稍好一点的毕业生更是在心理上有"我不能比别人差""我不能不如人""过去我一切顺利，现在我依然会顺利"的想法。不从实际出发，不考虑择业时的各种综合因素，结果延误了时机，影响了就业。

（四）不正当竞争心理

有些毕业生认为求职的竞争不是自身素质的竞争，而是关系的竞争。不将立足点放在自身努力上，而是找关系，也有的毕业生遇到挫折就认为是"不正当竞争"所致。不从自身找原因，只是一味地找理由逃避现实。实际上，人们愿望中的"绝对公平"在现实世界是不存在的。抱怨现实无益，只是一种消极对待的方法。我们应该相信一时的"不公平"不代表一世的不公正，只要我们做了充分的准备，就不害怕没有机会。

二、求职择业应有的心理准备

就业的心理准备是指求职者在就业前对求职择业目标的自我定位，对择业过程中可能出现的各种情况所做的估计与评价，以及为了解决这些问题而建立的思想观念和心理品质等心理活动。良好的心理准备是一种平衡器，它可以使求职者坦然面对各种择业机会并能充分发挥自己的智慧和能力，达到猝然临之而不惧，无故加之而不惊的境界，可以说，良好的心理准备是走向成功的基石。良好的心理素质不仅可以使大学生在择业期间保持良好的心态，适时调整自己的行为，促进顺利就业，而且可以使大学生在择业后顺利适应职业及环境，尽快成才。

（一）树立正确的择业观念

随着国家经济的高速发展，社会环境也是日新月异，作为大学生，首先要关注环境变化，根据经济社会的发展和构建和谐社会的需要选择自己的岗位，以高等教育大众化为背景，通过分析高等教育大众化的特点和就业所面临的形势，并根据不断变化的社会现实及时调整自己的就业理想，找准自己在社会上的位置。要确定合理的理想期望值，处理好理想和现实的关系。岗位目标虽不能一蹴而就，但可以分阶段、有步骤地进行努力，先就业再择业。此外，大学生不应把工作仅仅看成是谋生计，过分关注薪水和短期效应，不能只考虑其稳定性和城市的优越性，而应把工作看成实现自身价值、展现自身才能，符合市场要求和促进个人、企业和社会共同进步的事业。同时，大学生也不能太过功利主义，应将个人价值的实现与为国家、为社会做出贡献的思想结合起来。

（二）做好竞争的心理准备

现代商品经济社会，竞争是其内在的强大推动力，人们往往是在竞争的过程中获得了自我成就感，也在竞争中获得了自己的位置。竞争的实质在于促进变化和进取，而竞争的基础则是有意识的准备和良好的心理素质。就大学生而言，并没有一个规定的求职模式，每个人都有自己所长，如何在激烈的竞争中脱颖而出，主要靠的就是不畏强手，发挥潜能，顽强竞争。为了适应社会竞争的需要，从大学一年级开始就应该培养自己的竞争意识，提高自己的竞争能力，以便成为社会竞争中的优胜者。

（三）合作与宽容的心理准备

人可以自主地活着，但不能自己活着。社会需要合作，社会是在人们之间的合作中发展向前。美国科学家、史学家朱克曾做过统计，1901—1975年，全世界获诺贝尔奖获得者共286人，其中185人是通过与别人合作共同进行的研究。这说明，人与人之间的合作研究已成为科研的重要方式。但是，合作必须是在宽容的基础上进行，没有宽容就没有合作。一个人人宽容的集体是不可能不团结的，一个有矛盾的集体缺少的肯定是宽容。要宽容他人的错误、宽容他人的缺点、宽容他人的不足。在目前的工作环境中，用人单位均提出需要应聘者具备合作意识和团队协作意识。

（四）接受挫折的心理准备

大学生在择业准备及择业过程中也会面临受挫的考验。因此，从入学开始，大学生应着力培养自己的耐挫能力，以便在遭遇挫折困难时，能够正确地对待，理智地分析原因，冷静地思考对策，变挫折为激励，变压力为动力，克服并战胜困难，最后走出困境，步入成功。

曾经在芝加哥大学任教的心理学家苏珊和萨互托尔调查过数百名商业行政人员，发现那些能够承受精神高压的人都有一些共同的特点，即能够掌握自己的生活，把意外不幸的事件当做挑战，无论做什么事情都全力以赴，遇到困难能予正视，并设法解决。面对挫折，特别是面对突如其来的打击或屡次打击之后仍能自信、乐观地对待生活、工作，这无疑是众多成功者身上必不可少的素质。

 扩展阅读

不懈努力终获成功

张某是一名普通大学计算机专业的女学生。实习时恰逢某电脑公司招一名文案，女性优先，但要求"985""211"高校计算机本科及以上学历。她觉得自己专业对口，再加上平常在报刊发表过文章，便决定去试一试。应聘者很多，张某好不容易将简历递上，可是公司拒绝收她的简历，理由很简单：不要普通大学毕业生。张某赶紧补充，她虽不是"985""211"高校毕业，但颇有文字功底，已发表了不少文章，可以胜任这份工作。但还是很快遭到了回绝，理由还是我们只考虑重点大学的学生。张某只好离开。

当张某经过经理办公室时，她看见门是开着的，里面坐着一名中年男子，她咬牙鼓起勇气，打算再次尝试一下，于是就走了进去，径直说起自己在学校里组织策划的工作经历，发表文章的情况等。最后，经理说了一句话："把你的材料留下，明天再来看一下吧。"

经理的话给了张某一线希望。第二天她赶到公司，前台小姐却告诉她，公司昨天在近百名应聘者中已挑定了一位重点大学的学生。张某很沮丧，她又来到经理办公室，说了几句致谢的话后，怀着一丝希望问："请问您这边新招的那位大学生开始上班了吗？"经理告诉张某，因为那个大学生还有一些事情没处理完，所以过一周才能来。张某鼓起勇气对经理说："既然她还没有来，让我先试试吧，她来了我就走。"经理同意张某先做一周，等那个本科生来了再做交接。

这一周里，张某兢兢业业做事，公司上下对她的印象颇佳。一周后，她正打算向经理辞行，却意外接到人事部的聘用通知。原来，公司别的部门也有用人需求，经过经理提议，他们决定把张某留下。至此，张某的求职画上了一个圆满的句号。

（五）长远发展的心理准备

长远发展的心理表现为对社会形势的理性认识，只有了解社会才能放眼未来，也只有了解形势，才能不骄不躁。没有人可以一步登天，问题是选择的哪条路更接近自己的理想，更符合社会发展的规律。大学毕业生求职择业要有未来意识，把握未来职业的发展方向。随着人事制度改革的深入进行、各种社会保障体制的建立和健全，人才合理有序流动将是一种普遍现象和必然趋势。社会将通过公开、公平的竞争，不断优化人力资源的配置。同时，在经济运行过程中，企业兼并、联合、重组、破产、裁员、分流等会时有发生，所以大多数人祈求的"一次就业定终身"变得不现实。即使已经就业，但由于部分大学生有学历没能力、动手实践操作能力不强、缺少工作经验等原因，也不能保证不被淘汰。这就要求每个毕业生要转变"一次就业定终身"的观念，在工作中不断提高自己、不断学习发展，树立终身就业，长远发展的就业观念。

扩展阅读

十句话看大学生求职心理误区：

第一句是："我一定要在某地找一家单位！"这些学生，把择业目标定在一个地方，期望值非常高。如果这些地方没有用人单位录用他，他就会感到沮丧，感到受挫。

第二句是："我一定要进像某家单位这样的单位！"具体而言，就是"我一定要进世界500强企业！我一定要进入这样一个好的单位！"否则，其他单位他都不考虑。这就是"圈子就业""面子就业"的具体表现。这些学生往往非常自负，择业时会遭遇非常大的挑战。

第三句是："我一定要比某某找到更好的单位！"这是一种攀比情绪。"他的学习成绩比我差，我怎么会输给他？我不比他差，我一定要找到一个比他更好的单位，要么工资高，要么环境好，总之，我不会输给他。"这是这些学生的典型想法，因此他们在求职过程中，一旦晚于某人找到工作，或者说找到的工作不如某人的工作好，就会悲观，在这种盲目的攀比之中失去自我，甚至会对别人采取不友善的行为。

第四句是："凭什么他就进了这家单位！"这是一种妒忌。不少学生会有这样的心理，他会说："你看，都是因为他父母的原因，他父母有地位、有关系""他肯定是采取了不正当的方式，才进入这家单位的"……这是不能直面周围的同学，不能直面就业形势的具体表现。

第五句是："我才不去干这种工作呢！"很多同学有这种想法——这种工作有什么好干的，地位这么低，我才不去干呢！这其实也是自我认识不清，对周围的环境没有正确判断的结果。

第六句是："怎么还没有消息呢？E-mail 没有，短信也没有……"当参加完一次面试，或者说参加完笔试之后，一些求职学生就会进入等待消息的过程，陷入焦虑、彷徨状态，像热锅上的蚂蚁，每天都寝食难安。有的学生会不断去查收 E-mail，不断检查手机短信。实际上，这种焦虑状态，不但影响择业，还会影响身体健康。

第七句是："哎，我又被拒绝了，烦死了。"有不少同学在得到被拒绝的消息之后，先是觉得痛苦，接着是觉得自己无用，他们希望能够早一点得到自己被用人单位录用的消息，这种心情可以理解。但是，如果这种沮丧的心情不断延续，可能会影响到接下来的求职。

第八句是："我真没用……全搞砸了！"很多同学在被拒绝后，在感叹求职难的情况下，会说"我真没用，全搞砸了"。这些同学，他们会进行自我反省，反省的结果是：发现自己在求职中没有表现好，有很多地方存在失误，于是把失误不断放大，然后自责、自伤。这种情绪问题，如果偶尔发生，或者短暂发生，也可以理解。但是如果一直走不出失败的阴影，就有可能在下一次求职中丧失自信，在用人单位面前表现得缩手缩脚，反而会影响自己真实水平的发挥。

第九句是："想也不用想，他们不可能要我们普通学校学生的。"这是一些同学在遇到一个新的机会，面临一些单位来学校举行招聘会的时候，作出的一种评估。这是主动放弃，主动缴械，未战先败的表现。

第十句是："等爸爸、妈妈想办法吧，自己折腾不出什么名堂的。"这是不少同学消极对待就业，把自己就业的能力看得太低、把求职环境看得太恶劣的具体表现。他们认为，现在的就业竞争这么厉害，自己的能力又不是很强，自己如何努力去找工作，也都没办法，只能靠自己的父母解决了。他们甚至把自己的求职，当成了父母的事情，似乎跟自己无关一样，不愿意承担责任。

第三节 大学生常见心理障碍及调试方法

学生在求职择业时，不可避免地会遇到困难、挫折和冲突。这些挫折和冲突常常会引起各种心理问题，既不利于择业，也不利于身心健康，严重的甚至还会影响整个人生。解决这些心理问题的根本对策是学会心理调适，在遇到挫折和冲突时，能够客观地分析自我与现实，有效地排除心理问题，从而使自己保持一种稳定而积极的心态，达到如愿择业的目的。

一、大学生常见的求职心理障碍

（一）焦虑心理

就业焦虑是指大学生在落实工作单位之前表现出来的焦虑不安，是人们在求职心理压力下所产生的一种不踏实感、失落感、危机感和迷惘感，表现为经常处于烦躁不安和心急如焚的情绪状态中。大学生在求职期间普遍存在着不同程度的心理焦虑。面对求职择业过程中的诸多因素和选择，一些大学生常常会感到无所适从，有的人期望值过高，不切合实际；有的人患得患失，优柔寡断；有的人急于求成，盲目浮躁；有的人不善推介自己，畏于面试。这些都会造成大学生的焦虑心理。

（二）迷茫矛盾心理

许多大学生在毕业季的时候，就如同站在了人生的十字路口，停滞不前，不停地再问"我该去哪里，我该怎么办？"他们的身上充满了种种矛盾：希望自主择业，但又不愿意承担风险；渴望竞争，又缺乏竞争的勇气；胸怀远大理想，却不愿正视眼前现实；重事业、重才智的发展，但又在实际价值取向上重物质、重利益；对自我抱有较充足的信心，但在遇到挫折之后，又容易自卑；崇尚个人奋斗、自我价值实现，又有较强的依赖感。由此心理非常迷茫，不知道前路在何方。

（三）嫉妒心理

一些毕业生在求职过程中对他人的特长或优越条件既羡慕又敌视，这种情感的内化就是嫉妒心理，如在求职过程中把别人的优越之处视为对自己的威胁，因而感到心理不平衡，甚至是恐惧和愤怒，于是借助说风凉话、讽刺挖苦、造谣中伤等，来求得心理安慰。结果由于嫉妒，疏远了自己与他人的关系，人际关系冷淡，从而使自己处于孤立的境地，精力分散，内心痛苦，自己也无法顺利求职和择业。

（四）自负心理和自卑心理

自负是过高估计自身实力而产生的一种优越感，这种心理在一些毕业生身上反映比较突出。他们在求职时好高骛远，自命不凡，挑三拣四，怕吃苦，讲实惠，给用人单位留下浮躁、不踏实的印象，不受用人单位的欢迎。自负心理使毕业生严重脱离实际，以幻想代替现实，使自己的求职目标和现实产生极大的反差。自卑心理则表现为对自身的能力和素质评价过低。一些毕业生对自己缺乏信心，觉得自己事事不如他人，在求职过程中，不敢充分展示自我，缺乏大胆尝试、积极参与竞争的勇气，从而错失就业良机。过度的自卑，还会产生精神不振、心理扭曲、沮丧、孤寂、脆弱等心理现象。

（五）从众心理

从众心理是指个人由于受到来自某个团体的心理压力，而在知觉、判断、行为方面做出与众人趋于一致的行为。当一个人的行为动机是"别人都这么做，所以我也得这么做"的时候，他的行为就是从众行为。在求职过程中，大学生的从众心理主要表现在不能客观分析就业形势和就业需求，将多数人的意见当成评价选择的依据，忽略了人与人之间的差异以及自己的兴趣与特长，缺乏积极进取的精神和独立意识。因此，在没有明确的自我定位，尚未衡量自身条件的前提下，就将所谓的热门单位、热门职业作为自己的求职首选目标，或者大家都去考研、出国，自己也赶快考研、出国，根本没有考虑自己是否适合。

（六）依赖心理

许多大学生不能主动地参与就业市场的竞争，向用人单位展示自我，推销自我，而是寄希望于学校的安排和家长的奔波，有的甚至依赖家长与人洽谈，自己站在一旁若无其事。这样的依赖心理，使毕业生丧失了把握机会、创造机会的主动性，使自己在求职竞争中处于劣势。

二、大学生就业心理调适的方法

每个人都有情绪，都会不同程度地受到情绪的困扰。问题在于，是让情绪驾驭自己，把自己变成它的奴隶，任由其摆布，无法自拔；还是自己驾驭情绪，成为情绪的主人，控制、管理自己的情绪。情绪管理是否得当往往决定了一个人是成功还是失败。下面介绍一些常用的心理调适方法，供大学生在就业过程中，根据自己的实际情况有选择地加以使用。

（一）注意力转移法

注意力转移法就是把注意力从引起不良情绪反应的刺激情境转移到其他事物上去，或者通过从事其他活动来自我调节。当出现情绪不佳时，要把注意力转移到自己感兴趣的事情上去，如：外出散步，观看电影、电视，阅读书刊，打打球，下盘棋，找朋友聊聊天等，让情绪平静下来，在活动中寻找到快乐。这种方法，一方面中止了不良刺激源的作用，防止不良情绪的泛化、蔓延；另一方面，通过参与新的活动，特别是自己感兴趣的活动，而达到增进积极情绪体验的目的。

（二）自我激励法

自我激励法主要指用生活中的哲理、榜样的事迹或明智的思想观念来激励自己，同各种不良情绪进行斗争，要坚信未来是美好的，因为失败、挫折已经成为过去，要勇敢地面对下一次，尽可能地把不可以预料的事当成预料之中的，即使遇到意外事件，让就业受挫，也要鼓励自己不要惊慌失措，不要冲动，急躁，而是开动脑筋，冷静思考，寻找对策。大学生在就业过程中，要相信自己的实力，通过自我激励，增强自信心，消除自卑感，保持良好的情绪和心态。

（三）合理宣泄法

研究表明，过分克制压抑只会使情绪困扰加重，而合理宣泄则可以最大限度地释放不良情绪，从而缓解现实的紧张与焦虑。合理宣泄即强调在采取宣泄法来调节自己的不良情绪时，必须提升自制力，要采取正确的方式，选择适当的场合和对象，常用的宣泄方法有：运动调节、音乐释放、大声喊叫、日记书信、亲近自然等。

（四）自我安慰法

自我安慰也称合理化，指当一个人遇到不顺心、不如意的事情，特别是遭受了不幸或挫折时，为了维护自尊，减少焦虑，而找出种种理由为自己辩解，增加自己行为的合理性和可接受性，从而安慰自己，以此来冲淡内心的不安与痛苦。比如，比赛失败了，可以安慰自己"胜败乃兵家常事""塞翁失马，焉知非福"等。这种方法，可以帮助人们在大的挫折面前接受现实，保护自己，避免精神崩溃。

（五）合理情绪疗法

合理情绪疗法（RET）是由美国临床心理学家阿尔伯特·艾利斯（Albert Ellis）在20世纪50年代创立的，其核心是去掉非理性的、不合理的信念，建立正确的信念。艾利斯的RET理论认为：情绪并不是由某一诱发事件本身直接引起的，而是由经历这一事件的个体，对这一事件的解释和评价所引起的。这一理论也称为情绪困扰的ABC理论，A指诱发性事件；B指个体所遇到的诱发性事件之后产生的相应信念，即他对这一事件的想法、解释和评价；C指在特定的情境下，个体的情绪及行为的结果。

当一名大学生因考试成绩平平（A）而焦虑甚至产生抑郁时（C），这是因为他有这样的信念（B）：大学生应当在各方面都是优秀的、出类拔萃的，否则情况就非常糟糕。而合理的解释是大学生未必各方面都优秀，做最好的自己才是最重要的。

合理情绪理论的应用步骤一般为：先将引发不良情绪的事件和认识一一列出；然后找出引发不良情绪的非理性观念；再通过对非理性观念的认识和纠正，找出合理的观念；最后通过建立合理的信念，达到情绪感受的改变。

(六) 自主训练法

自主训练法也称为适应训练法，是德国著名的精神病学家舒尔兹教授经过20多年研究提出的。他认为："每个人都可以控制自己！"并据此创立了自主训练法。具体做法为：第一步，坐在凳子上，背部轻轻靠在后面的桌子上，头挺直，稍稍前倾，两脚与肩同宽，脚底紧贴地面，两手平放在大腿上，眼睛平视前方；第二步，轻轻闭上双眼，深呼吸三次，排除杂念，把注意力放在两手和大腿的边缘部位，然后转移到手心，心里反复默念："静下心来，静下心来，两手就会暖和起来。"这个过程你会感到注意力指向的部位会慢慢地产生温暖的感觉；第三步，根据这个要领把注意力放在脚上，你的脚也会感到温暖。当两只手、两只脚都产生温暖感觉后，你的身心便会感到轻松，头部会感到清爽。这是一种很简单的情绪调控方法，但功效却不小。它可以帮助我们缓解压力，解除紧张心理。

自我调适的方法还有很多，如自我暗示法、芳香疗法、绘画疗法等。这些都是应变的一些方法，但最主要的是大学生要树立正确的就业观，对就业要充满信心，要注意磨炼自己的意志，培养乐观豁达的态度，不要惧怕困难、挫折，要始终保持积极向上的精神状态和健康的心理。

 扩展阅读

一个人曾与欧阳修同行（他不知道同行者是欧阳修），见路边有一枯树，便吟出两句："远看一枯树，两个干树桠"，此诗句显然反映了诗人低落的心理状态，诗句中的树既无生命，也无色彩。欧阳修听了笑眯眯地说："如若再加两句想必会更好！"此人听罢冥思苦想也想不出什么好句子，此时欧阳修妙加两句，"春来苔为叶，冬至雪作花"。此人听罢感慨万千，猛然醒悟，那棵干枯的树多么富有生机呀，春天长着青苔，那绿色的青苔就是它的生命；冬天落满雪花，那皑皑的白雪就是它的色彩！

还有一个故事。一个老太太有两个儿子，大儿子是染布的，二儿子是卖伞的。天下雨，她焦虑，大儿子的布怎么晾得干啊？天晴了，她也焦虑，二儿子的伞怎么卖得出去？有一个智者对她说："你换一种思维吧，天下雨你高兴，因为二儿子的伞卖得出去。天晴也要高兴，因为大儿子的布晾得干。"果然，从此以后，老太太变得快乐起来了。

一个现象，一种人生境遇，两种心态。其实质就人们对待人生境遇是否运用反向思维，从现象中看出希望。若始终以灰色的心态看世界，世界就变成了灰色。美国成人教育家卡耐基说："如果我们有着快乐的思想，我们就会快乐。如果我们有着凄惨的思想，我们就会凄惨。如果我们有害怕的思想，我们就会恐惧。如果我们有不健康的思想，我们还可能会生病。"对这个问题，英国文学家萧伯纳讲得更为明确。曾有一名记者问萧伯纳："请问乐观主义者与悲观主义者的区别何在？"萧伯纳的回答很简单，假如桌子上有一瓶酒只剩下半瓶，看见这瓶酒的人如果高喊"太好了，还有一半"，这就是乐观主义者；如果对着这瓶酒叹息"糟糕！只剩下一半了"，那他就是悲观主义者。

人生之路不可能永远一帆风顺，总会有困难、有挫折、有烦恼、有痛苦，这些都是客观存在的，无法躲避，你叹息也好，忧虑也罢，都无助于问题的解决。

在这种情况下，与其在那里唉声叹气、惶惶不安，不如拿起心理调节的武器，从相反方向思考问题，使情绪由"阴"转"晴"，摆脱烦恼，使自己从困难中奋起，从逆境中解脱。

活动：我是一个独特的人

活动目的：认识自己的长处和限制，欣赏自己的长处，接纳自己的局限，扬长避短，并找到优化自我的方向。

活动步骤：每个人发一张白纸，请按表9-1各自填写内容。然后，在小组内进行交流，其他同学可以对他进行评议。

表9-1　　　　　　　　　　我是一个独特的人

我的长处	我的不足
当我再一次看清楚自己的长处和不足之后，我感到：	

分享与感受：

每组派一名代表在班级内展示自己的长处和不足，谈谈自己在这个活动中的感受。

第三部分

求职过程
管理篇

朱自清全集
散文篇

第十章

求职信息获取与分析

> 视野所及，心之所止。
>
> ——佚名

学习目标

（1）学会将自己的特点与用人需求相结合来寻找就业目标。
（2）学会以开放的态度做好自我评估，适时调整自己的就业方案。
（3）打破"就业难"的刻板印象，为就业计划的顺利实施找到更多方法。

困惑与迷思

我们该怎样认识高质量就业？什么是高质量的就业？
高质量就业有两个要素：一是找到适合自己的工作；二是职业稳定性强。
在就业时，整合所学的知识，进行自我分析和求职信息分析，才是问题解决之道。

理论知识窗

第一节 职业理论认知

在我们大学毕业的阶段，正处于从学生到职业人的关键节点，角色的转换和过渡，通过求职过程，让每个人悄然发生着变化。我们需要认识两个理论：一个是舒伯的生涯成熟度，一个是萨维科斯的生涯适应力理论。

一、职业成熟度（vocational maturity）

职业成熟度最早由舒伯提出，他认为人的职业发展是一个终生的过程，并呈现出阶段性特点，在不同的发展阶段存在不同的发展目标和任务，只有完成了该阶段的目标才是职业成熟的表现。所以他将职业成熟度定义为个体完成与其职业发展阶段相应的发展任务的程度。职业成熟度是指一个人能够做出合理的职业选择，并且有能力匹配个人能力、职业兴趣以及职业的特性，是一个人职业发展的长期指标。

为什么有些人找的工作满意度特别高，而有些人则总不满意，不停地在转换工作？

为什么有些人几年内平步青云，而有些人却步履维艰？

为什么有些人很早就找到自己终生奋斗的事业，而大多数却一辈子碌碌无为？

为什么有些人工作时间不长，却相当老练，而有些人干了很久，却总显得不那么"成熟"呢？

这些现象都是职业成熟度的外在表现。职业成熟度是指个体在完成与其年龄相应的职业生涯发展任务上的心理准备程度。职业成熟度愈高，代表对职业的规划与执行能力越强，能够做出最适当的职业选择，进而获得最成功的职业发展。反之，职业成熟度越低，则表示对职业的规划与执行能力越欠缺，越有可能做出不正确的职业选择，进而迟滞个人职业生涯的发展。

二、生涯适应力

生涯适应力理论是萨维科斯（Savickas）提出的一个较为完整的生涯发展建构模式。他认为个体生涯适应力的发展是沿着四个维度发展的。这四个维度分别为生涯关注（career concern）、生涯控制（career control）、生涯好奇（career curiosity）和生涯自信（career confidence）。

生涯关注是指个体对他自己未来生涯能够有所关注并持乐观态度。关于生涯关注在个体生涯发展中的作用，一项关于面临学校学习向工作过渡的大学生的追踪研究发现，关注未来主要发展任务，如职业和婚姻/家庭的大学生具有更高的主观幸福感、毕业后更可能顺利就业。

生涯控制是指个体相信他们对于建构自己的生涯是可以自我决定和负起责任的。当个体具有责任感并保持着自我肯定的态度时，将促使个体更愿意投入到生涯活动中，进而促使个体生涯任务或生涯转换的完成。

生涯好奇反映的是个体的好奇态度，是指个体愿意对自我和工作世界进行积极的尝试和探索。当个体具有好奇心，能对新经验、新事物保持开放的态度和冒险的精神，并愿意去尝试和体验各种不同的角色，去了解工作世界的运作，这将会增进个体对自己兴趣、人格以及价值观有更多的认识，并了解不同职业所需具备的条件以及薪酬等职业信息，而这些信息的获取，能够让个体了解自己与环境的适配程度，进而协助个体做出适当的生涯决定。

生涯自信是指个体对自己生涯问题解决能力的信心及其自我效能信念。当个体的生涯自信较强时，个体就能摆脱困难以建构自己的未来。在社会认知生涯理论中，生涯自我效能掌管和监控着生涯认知与生涯行为的发展历程，并被视为达成生涯目标的关键因素。

综观国内近年有关大学生生涯发展的实证研究发现，我国大学生的生涯发展状况确实不尽如人意。当前我国大学生普遍出现职业定向不稳定，对职业期望普遍偏高，择业观功利色彩日益浓厚，受物质利益影响严重，怕吃苦，社会责任感淡薄，自我评价不准确，对职业了解存在局限性和片面性，择业技巧、临场心理调解能力欠缺等情况，当前我国大学生的职业适应性表现一般。实际上，当代大学生生涯发展现状的不理想也为社会所诟病，被冠以"草莓族""啃老族"等称谓，借以讽刺大学生如同温室的花朵，外观漂亮但不堪风雨，面对压力极易受挫或放弃。

提升大学生的生涯适应力，在充满变化和困难的生涯道路上更有效地发展，这是所有高校培养学生的共同期待，更是每个大学生成长和增强生涯控制感的必修课。

第二节 求职准备评估

(1) 要养成求职准备评估的习惯，建议依据表 10-1 的内容，1~10 分进行打分，进行自我完善和补充。

表 10-1　　　　　　　　　求职准备评估清单

序号	内　　容	分　数
1	是否清楚自己的职业兴趣	
2	是否清楚自己能够胜任的工作类型	
3	是否明确自己将要申请的职位、企业、行业	
4	是否盘点过自己的优势资源并有效应用	
5	是否清楚获得用人信息招聘信息的各种渠道	
6	是否了解用人单位的招聘流程、渠道和用人条件	
7	是否掌握简历撰写的技巧并准备好简历	
8	是否知道一般用人单位面试的流程、面试的常用方式，并知道如何应对	
9	是否知道目标用人单位的笔试方式和重点内容	
10	是否知道求职过程会有挫折和风险，并掌握了调整心态的方式方法	

(2) 把握好求职的时间，避免错过就业机会。一般情况下，各高校就业高峰期分秋季和春季。图 10-1 以兰州交通大学为例。

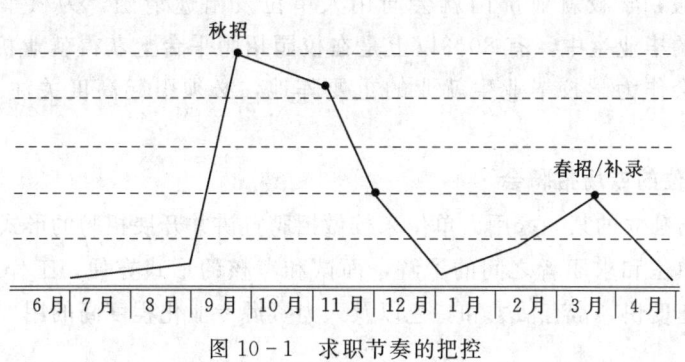

图 10-1　求职节奏的把控

(3) 求职准备的过程是不断澄清和思考自己职业目标的过程，综合了机会、资源、能力、环境等各种因素。只有在不断地思考和行动下，才能慢慢呈现，逐渐清晰。在你的工作确定之前，这种不确定和变化的状态会伴随你的学习和生活。

求职进度评估清单见表 10-2。

表 10-2　　　　　　　　　求职进度评估清单

一般程序	包　括　内　容
自我总结	兴趣、能力、经历、教育、其他_____
建立支持体系	老师、家长、亲戚、朋友、求职团体、其他_____

续表

一般程序	包 括 内 容
建立求职档案	学历证书、专业证书、身份证、学生证、成绩单、纸笔证明材料、其他_____
确定意向职业	往届生毕业去向、职业信息搜集、渠道、其他_____
岗位分析	就业能力分析、自我评估、提供证据、其他_____
简历制作	简历、求职信
面试准备	雇主信息、面经、技巧、礼仪、时间地点、心理建设

第三节 求职信息获取

求职信息的获取是毕业生求职的第一个环节。在当今的信息时代，一定要重视信息的搜集和筛选，为求职做好准备。搜集信息的过程，是学习行业知识的过程，是扩大职业视野的过程，同时，也是澄清职业目标的过程。着手越早越好，思考越早越好，行动越早越好，为自己的求职赢得先机。

一、校园招聘会

校园招聘会是用人单位根据招聘计划，自主选择时间，选定学校，到学校进行宣讲及相应招聘活动的形式。

毕业生就业率高、就业质量好、社会声誉好，是学校办学实力、就业服务的一个综合体现。每年暑假，学校就业部门就会向用人单位发出邀请函，为秋季招聘做好准备。在兰州交通大学的毕业生中，有80%以上是在校园招聘平台上获得就业机会成功就业的，所以，校园招聘会作为学校毕业生就业的重要阵地，必须引起高度关注。校园招聘会有以下三种类型：

（一）用人单位的专场招聘会

专场招聘会指独立的某一家用人单位来校做招聘宣讲并开展招聘的形式。专场招聘会针对性强，有利于单位和求职者之间的了解，面试和考核的形式方便，工作效率高，时间灵活，是很多发展速度快、富有活力和特色以及人力资源专业化程度高的用人单位喜欢选择的招聘形式。

（二）行业特色的中型招聘会

中型招聘会指某一行业相关单位集中来校开展招聘的形式，如铁路行业、中国中车、中国中铁、中国交建、IT行业、艺术设计类企业、新兴战略企业、某省市工业园企业等，参会规模一般是几十家。此类招聘形式有利于学生进行同行业类比选择，如工作地点、工作形式、福利待遇、发展空间等。学校行业特色比较鲜明的专业如土木建筑类、铁路行业相关专业招聘高峰期集中在9—10月。

（三）大型招聘会

大型招聘会是指100家以上用人单位参加的招聘会，集合了与学校建立长期关系的具有不同企业性质、不同行业特点、不同地理位置、不同专业需求各种类型的用人单位。

二、外校校园招聘会

如果个别专业的学生在本校的招聘平台上被关注的频次较少，为了给自己争取更多的就业机会，一定要主动出击，关注兄弟院校或邻省高校的校园招聘平台，可以参加某家单位的专场招聘会，也可以参加大型的招聘会，许多高校都会在 3—4 月（春季）、9—11 月（秋季）举办大型的招聘会。

三、人社部门举办的招聘会

近年来，各省市都在大力推进就业工作，各级人力资源和社会保障局都在为就业创造平台，推进本省企业与人才的积极互动，吸引人才参与建设和发展。大学生是就业的主力军，各级部门都十分重视。关注各级人社部门的招聘会，尤其是将就业地域作为主要条件的毕业生，这也许蕴藏着就业的机会。

四、网上招聘信息

登录大型、正规、专业的招聘网站寻找招聘信息，或进行网络招聘。常用的招聘网站有中华英才网、智联招聘、前程无忧、58同城、大街网等。

五、用好新媒体平台

随着微信、微博等新媒体工具的普及，企业和高校都建立并运营了自己的招聘宣传平台，一般会及时发布岗位需求信息和宣讲会信息，并对企业和岗位做出较为详细的描述，以供应聘者选择。

六、就业实习

目前，很多优秀企业、专业性较强的公司和职位越来越重视实习生的选拔，并倾向从实习生中选拔人才加入企业，这样的工作方式更有利于全面了解一个人，节约企业的时间成本和人力成本。对于学生而言，也有利于他们了解行业。熟悉职业环境、积累工作经验、进行专业实践、积累人脉等，为自己最后的职业选择打下基础。

七、人脉资源管理

在当今时代，每个人都不可能独立于社会关系之外，合作与互助是人际交往的重要形式，有利于互通有无、资源共享、成己达人。在毕业求职的关键时刻，若能够梳理自己的关系网，或求信息、或求知识、或求帮助、或求点拨，积极主动，坦诚相见，可能会获得意想不到的收获。在求职过程中，熟人推荐依然是一个常用而且成功率很高的方式。人脉梳理时，不要局限于自己的父母或亲人，也可以是老师、同学、校友、熟人、朋友、邻居……

八、一切源于主动的求职方式

除了上述 7 种搜集求职信息的渠道，还有很多求职成功的事例。例如：主动给用人单位人力部门打电话，询问是否缺人，联系登门拜访；主动上门询问，有无用人需求；参加外省高校的招聘会，增加成功就业机会，例如兰州交通大学的学生可以参加西安高校的招聘会，陕西省高校比甘肃省多，就业机会也会多一些……关注一些企业或知名人力专家的微博，也有可能得到好工作；寒暑假主动联系岗位实习等。

在求职这件事上，做一个"有心人"：对自己正确的评估、求职时的信心、求职视野丰富而有规划，求职自然会快人一步！优人一招！

第四节 求职信息分析

我们在搜集到招聘信息后，会发现这些信息并不是统一格式，表述方式也是各具特色，并不像我们想象中那么明确并且条理清晰，这就需要我们自己来提取信息加以整理，以便更好地为自己的求职服务。

一、提取招聘简章中的重要信息

（1）招聘职位或职位类型。这是招聘简章最重要的目标，就是要找到能够胜任这个岗位或岗位类型的人才。

（2）岗位描述。对于某一个或一类岗位的描述千差万别，有些比较细致，有些则比较笼统，有些具体到一句话讲一个要求，有些却一句话隐含了好几个要求。我们需要很好的文字理解能力，并对职业有基本的常识，才能将它与自身的特点联结起来。

（3）招聘信息的时效与联系方式。

（4）整合定位。结合我们学习过的生涯规划知识梳理自己的技能，看看自己能不能达到要求？自己是不是适合？自己是不是喜欢？

案例

中交二公局2019春季校园招聘

一、企业简介

中交第二公路工程局有限公司于1964年成立于古城西安，是世界500强——中国交通建设股份有限公司的全资子公司。企业注册资本40.69亿元，经营范围涵盖工程施工、工程设计、工程咨询、工程监理、工程投资等交通基础设施建设领域，工程遍布全国30个省、市、自治区及亚、非、拉美等地区的26个国家。拥有国家级技术中心、综合甲级试验室、专业工程研究中心，拥有公路工程施工总承包特级资质、7项公路工程施工总承包一级、4项市政一级、60余项专业、专项承包资质。现有管理和技术骨干约一万人，年市场开发能力逾千亿元，施工能力达500亿元。

二、招聘专业

（1）硕士研究生：土木工程（路、桥、隧、岩土）、城市地下空间（管廊）、城市规划、市政工程（装配式建筑、智慧城市）、水域资源治理、大数据技术（互联网＋云计算、BIM）、金融学、产业经济学（投资方向）。

（2）本科生：土木工程（路、桥、隧、岩土、工民建）、城市与地下空间、地质工程、城市地下管廊、城市轨道工程、市政工程、盾构、铁路工程、交通运输（铁道）、安全工程、测量工程、工程造价、工程机械、物流管理、铁道信号、试验检测（无机非金属材料）、电气工程及自动化、自动化（信号）、通信工程、人力资源管理、文秘（汉语言文学）、投资学、金融学、财务管理、法律、工程英语、法语。

三、发展空间与福利待遇

（1）发展空间：为员工提供项目、子（分）公司、局层面的三级事业发展平台，涵盖行政职务，专家、业务经理、项目职业经理人，专业技术职务和技能等级等职业发展通道，确保各类人才在适合的平台畅通发展。

（2）福利待遇：提供基本工资、绩效工资、专项奖励、五险二金、补充医疗、商业保险、执（职）业资格津贴、职称津贴、工龄津贴、学历津贴、高原津贴、海外津贴、节日津贴、专家津贴、业务经理津贴、各项施工专项津贴、带薪休假、标准食宿、健康体检、培训等。

四、招聘要求

（1）吃苦耐劳。具有较强的团队协作精神，善于沟通，思想开拓，爱岗敬业。

（2）学习成绩良好。具有较强的专业基础知识，能够独立并创造性地开展工作。

（3）身体健康。能够适应施工企业环境及工作特点要求。

（4）专业对口。所学专业是招聘计划专业，不考虑相近专业。

（5）本科毕业生要求英语四级以上，研究生英语六级，外语专业要求专业八级。

（6）国家统招毕业生，能正常毕业，能取得毕业证、学位证及派遣证。

五、招聘时间、地点

时间：3月18日14：30—16：00

地点：五教萃英厅

六、应聘方式

（1）宣讲会现场投递纸质简历。

（2）线上申请：招聘信息发布后、未进驻校园之前，可先将个人简历（含本人成绩单、有关证书扫描件等）发送至 zjegjzp@126.com 邮箱，邮件主题请按学校＋专业＋姓名＋性别＋毕业年份填写。（若在进驻校园前没有接到通知面试的学生，可带纸质简历到宣讲会现场投递。）

七、联系方式

2019年3月

二、信息归类对比

把手中的用人单位信息按工作性质相近的归类，如管理类职位为一类，技术性职位为一类，便于有针对性地制作简历或准备面试。表10-3是一位大四本科生做的信息类比表。

三、培养搜集和记录信息的好习惯

养成记录分析的习惯，有利于快速提取重点，保持思路清晰。表10-4是一位研三的英语专业硕士研究生参加招考的时间记录表。

表 10-3　　　　　　　　　　　　　　目 标 单 位 类 比 表

专业	就业类别	目标单位	需求描述
环境工程	环境咨询	北控水务集团有限公司 北京桑德环保集团有限公司 甘肃创新环境科技公司	专业的环评环监知识、熟悉环境影响评价的流程、各项测量技术
	工程局	中铁十局 中交天航局 中交一航局	专业知识、沟通交流与组织协调能力、良好的心理素质和履行岗位职责的身体条件
	设计院	华东院 铁三院 上海市政工程设计院	专业的设计知识系统、熟练掌握 CAD、BIM 等软件
	私营企业	京东 腾讯	互联网系统、运营体制与项目的推进、熟练掌握办公软件、较强的执行力与团队协作能力

表 10-4　　　　　　　　　　搜集的热点岗位的招考信息渠

热点岗位	招考信息来源	具 体 时 间
公务员/选调生	人事招聘网/中公教育公众号	报名时间：10月中旬 公务员考试时间：12月中旬 选调生考试时间：4月中旬
事业单位	人事人才网/各省人事考试招聘网公众号/硕博招聘网公众号	报名时间：次年3月初到5月 考试时间：报名后一个月左右
大学生村官	学校就业信息网站 各地人力资源和社会保障局网站 中公教育公众号	报名时间：次年3月初 考试时间：次年5—6月
三支一扶	中公教育公众号 山西人事考试网及各级单位的人事考试网	报名时间：次年4—6月 考试时间：7月

注　本表时间的计算是从进入毕业年度开始计算的，即大四或研三第一学期的当年。

表 10-5 是一位大四的交通工程专业的本科生求职记录表。

表 10-5　　　　　　　　　　　　　　求 职 记 录 表

序号	公司名称	职位名称	申请时间	申请方式	申请地址	笔试
1	大秦铁路集团有限公司	工务段职工	2018年9月10日	校园招聘	兰州交通大学	9月13日
2	中建二局第二建筑工程有限公司	研发岗	2018年10月15日	校园招聘	兰州交通大学	10月16日
3	陕西君翰教育科技集团有限公司	管理岗	2018年11月6日	校园招聘	兰州交通大学	11月7日
4	中铁一局集团有限公司	工程技术人员	2018年11月26日	校园招聘	兰州交通大学	11月27日
5	海信网络科技有限公司	信号调优工程师	2019年3月15日	社会招聘	兰州交警支队	无
6	中铁第一勘测设计院	公路选线	2019年4月12日	社会招聘	兰州市和政路86号	4月20日
7	南昌市交通规划设计院	道路规划设计	2019年5月15日	网申	经驿网	未收到
8	中铁第二勘测设计院土建三院	公路选线	2019年5月28日	社会招聘	成都市金牛区通锦路3号	未收到

四、记录网上求职账号

很多求职网站在登录时都需要注册账户，一定要熟记账户信息，以免在关键时刻无法登陆，功亏一篑。

登录兰州交通大学就业信息网，在上一年 8 月 25 日至目前的校园招聘信息中为自己虚拟地找一个目标单位，说说为什么这个单位适合你？你将为争取这个职位做哪些努力？

第十一章

求职简历撰写与制作

> 纸上得来终觉浅,绝知此事要躬行。
>
> ——陆游

学习目标

(1) 掌握制作简历的核心思想。
(2) 掌握制作简历的要点。

困惑与迷思

(1) 简历过于普通,用人单位发现不了怎么办?
(2) 网上的简历制作要求看得人眼花缭乱,简历到底要具备哪些要素?

理论知识窗

第一节 简历制作的思维

一、何为简历

简历是获得面试机会的敲门砖。

简历是自己设计的有关个人的信息表——简要说明你胜任工作的特征。

制作简历的专家就是你自己。试图花钱借助网上的简历制作公司来制作简历,这样的方式是不可取的,因为没有人比你更了解自己。简历,作为求职最核心的材料,需要你作出精彩的展现,你无疑是这场展现的导演,所以简历需要你自己倾力打造。

二、制作简历的过程也是不断思考的过程

简历的主要目的在于给潜在雇主留下印象,使你获得一次工作面试的机会,而不是一份工作。简历本身不会使你得到工作。

我们要将一件事"讲明白"的前提是"想明白"。要在雇主的需要和自身的特点之间找到契合点,也就是"人职匹配"。做简历的过程也是一个不断思考和澄清个人性格、兴趣、

技能、价值观的过程。所谓吸引眼球的简历，不是表面有多么惊艳花哨，而是重要的信息正好是招聘者想看的，并且能够让招聘者快速捕捉到的。

三、运用你的写作技巧撰写一份优质简历

在简历中，你要简明扼要的陈述"你可以为雇主做什么"。简历的内容要有针对性、文字要准确、文风要正向、积极而且态度真诚。

四、简历的类型

传统的或格式化的简历：这是求职过程中要准备的基本材料，用途最为广泛。在校园招聘中，基本都是要求投递纸质简历的。

电子简历：每位毕业生都应当准备好电子简历，很多用人单位是通过投递电子简历来进行网申的，这种方式更便捷、更高效，通常是为组织后期的校园招聘做准备，有时也会要求求职者到公司进行面试。

创意型简历：如视频、音频、光盘、网页：有个别专业如艺术设计、文创、软件开发制作等相关专业，需要作品展示的时候，可以用此类方式充实简历。

第二节　简历撰写的准备工作

在撰写简历之前，我们有必要进行自我分析和企业分析，对自己所具备的能够胜任岗位的能力加以梳理，进而构思简历的设计和表达方式。

一、自我分析

（一）素材的整理
（1）目前已具备的……
（2）相关学历证明……
（3）相关工作经验……
（4）社会实践/服务对我而言……
（5）未来职业的期待……

（二）"实力"可通过这四大领域来展现
1. 学业相关事物
拿手科目、科研经历、留（游）学经验、证书……
2. 学生干部与社团管理经历
校级、院级、班级、体育类、文化类、校外团体……
3. 实习与社会实践经历
专业实习经验、服务业、经营、行销、家教、补习班、秘书……
4. 兴趣或休闲活动
爱好、旅行、义工、专长……

二、企业分析

（1）公司地位。

（2）组织结构。
（3）经营理念和经营政策。
（4）地理范围。
（5）管理发展状况。
（6）薪酬和福利。
（7）应聘岗位分析。

以上信息一般都可以通过上网查询得到，如果想有更深的了解，可以通过生涯人物访谈或者通过在职的校友、学长来获得。

第三节 简历撰写的流程

简历的撰写可以通过以下8类问题进行详细的梳理。

一、标题应该包括哪些个人资料

标题应包括姓名、性别、年龄（出生年月）、专业、电话号码、E-mail……
常见的问题如下：
问：封皮要不要？
答：不要（为了提高工作效率，简历通常一页纸为好，如果内容较多，也不要超过两页纸）。
问：自荐信要不要？
答：可要可不要。如果求职的岗位是做文字工作，或你个人的文字功底较好，需要展示的话，可以写自荐信，但是请附在简历的后面作为补充材料（HR通常面对的简历较多，"快速"和"有效"是他们追求的工作目标，内容太繁复，没有时间看）。
问：民族要写吗？
答：要视情况而定。如果你是少数民族学生，要写；如果是汉族就不必写；如果是去少数民族地区求职，那就要写，一般会比较关注这个问题。
问：政治面貌要写吗？
答：可写可不写。如果你是党员或预备党员，就要写；如果是团员或群众，可以不写（我们要在简历中展示能为自己加分的项目）。
问：通信地址要写吗？
答：要视情况而定。如果是毕业之前在校参加校园招聘，用人单位一般会与校方联系邮寄材料，不会针对个人；如果是离校之后签约或自己联系的单位，就需要写清楚通信地址。

二、简历需要贴照片吗？简历照片有什么要求

简历必须贴照片。如果你是HR，你也想看看求职者的样子，不是吗？
简历照片的要求：要与本人形象相符，能反映你精气神的正式正面免冠照。

三、我需要写求职意向吗

每一份简历都应该是专为一个目标工作设计的。如果你在简历中写明职业目标,也就等于向雇主表明了你的职业发展方向。因此,你必须向雇主清晰表达你想申请的职位类型。

填写求职意向对于应届毕业生来说有一些难度,主要原因是毕业生没有工作经验,对自己在现实的职业场景比较陌生,想做什么还比较迷茫、不确定,因此求职意向往往会填很多,如专业技术类或行政管理类,这样的方式是我们要极力避免的,要尽量缩小范围,这样才会显得目标感强,对自己的职业规划有所准备,如求职意向:机械制造技术研发类。

四、学历在前还是经历在前

一个简历要留给雇主深刻印象,最好把你最大的卖点放在第一位。

如果是应届毕业生,那一定是学历在前,因为你还没有工作经验;如果是你毕业离校后二次就业或跳槽,那毕业之后你的经历就显得非常重要,HR凭借自己的工作经验和专业素养,在一定程度上就会判断你是否能够胜任工作,会带来怎样的价值。

在评估个人经验的过程,要基于你的简历,判断最具代表性的经验。根据其重要性在条目左侧□内标注1/2/3,其中,1代表你所获得的最主要的经验,2代表你所获得的一些经验,3代表你获得了很少或几乎没有经验。

□教育/学术成就　　□国际性经验　　□社会实践(学生干部、社区服务/志愿者工作)
□实习/工作经验　　□其他(如兵役等)

五、教育类型简历中包括的内容

(1) 教育背景。从你最高的学历开始或按照逆/顺时间序列的方式,列举你所受的专业训练以及毕业院校,以及短期的学习培训。

(2) 所学课程(可选)。列举的课程数量不超过六门,且只列举与你所申请职位相关的课程。

(3) 科研/项目经验(可选)。按照逆/顺时间序列的方式列示你的在某个专业领域内的技能水平,项目经验可以是论文,也可以是参与导师或院系的科研项目。

六、受雇部分的内容

(1) 实习/工作经历。按照逆/顺时间序列的方式列示你的兼职、全职和假期工作,同时列示你的实习、专业见习以及参加合作教育计划的经历及从业时间。

(2) 社会实践。按照逆/顺时间序列的方式列示你的校内实践(参加的组织以及职责、担任学生干部情况、勤工俭学情况等)和校外实践(家教、社区服务/志愿者工作等)的经历及时间。

七、简历包含的其他内容

(1) 兴趣爱好(可选)。列示与你所要申请的职位相关的兴趣爱好。

(2) 专业技能(可选)。该部分将列示与你想从事的工作相关的专业技能和证书或资格证。

（3）特殊荣誉（可选）。列示你所获得的各项荣誉与奖项、赢得的竞赛、已出版发行的作品以及媒体上刊登的稿件等。

（4）自我评价（可选）。自我评价应满足：实事求是；具备亮点；语言凝练。

八、简历的外观

简历有一个整洁的、专业的外表，必须是打印清晰，行距间隔合适并且在视觉上吸引人的；没有消极信息；资料必须百分之百准确，没有错字；书写简明扼要，便于阅读；要求所有的信息都是真实的。

简历的外观如图 11-1 所示。

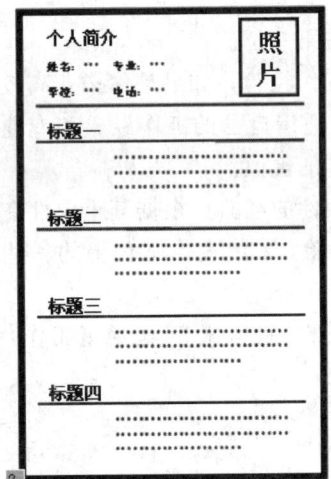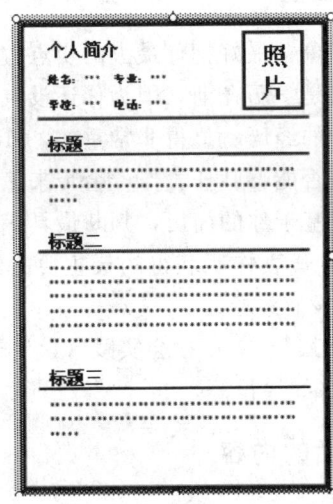

图 11-1 简历的外观

简历撰写小结：

(1) 紧扣你的求职目标来描述你的技能和责任。

(2) 通过你的教育背景、有意义的工作、成就、能力来引起读简历的人的兴趣。

(3) 展示你的积极性，真诚与信心。

(4) 使用一个引人注目的布局，规范的外表，用质量最好的纸。

(5) 在最终打印前，一定要预读一下。

课后练习

登录兰州交通大学就业信息网，在上一年 8 月 25 日至目前的校园招聘信息中为自己找一些虚拟的目标单位，按照求职目标职位的类型（两类），撰写侧重点不同的求职简历（两份）。

第十二章 面试与考核

> 世界上最快乐的事,莫过于为理想而奋斗。
> ——苏格拉底

学习目标

(1) 了解面试的各种形式。
(2) 了解面试、笔试所要考核的目标。
(3) 帮助你做好准备,面试成功。

困惑与迷思

我比他优秀,为什么他收到了面试通知,而我却没有?

理论知识窗

第一节 面试机会的获得与准备

一、校园招聘的情况

校园招聘是应届大学生就业的重要阵地,熟悉校园招聘的特点和流程,是面对毕业求职这一特殊时刻的必修课。

校园招聘中,用人单位通常会与学校就业管理部门联系,经过资质审核,通过学校就业信息网、微信公众号等方式发布招聘信息。用人单位会根据与校方约定的时间和地点进行校园宣讲,宣讲会后收取简历进行筛选,公布面试名单,进入面试的学生按用人单位的要求参加后续的面试和考核。在这种情景下,使用的简历就是传统的纸质简历。

个别情况下,招聘者将电子简历投放到用人单位的网申系统中进行网申,通过后才有可能进入到面试环节。网申方式除填写网申系统要求的字段外,还有可能要求提交电子简历和求职信。

二、电子简历投递的技巧

做好了招聘信息收集工作之后,我们就要将简历发送给招聘单位了。一般来说,有网申、网投和邮寄三个途径,而这三种途径在求职过程中都会被用到。

通过网络申请职位是一种非常便捷的简历投递方式。现在,几乎所有的招聘网站都在使用网络申请系统,此外,有些用人单位也开发了自己的网上招聘系统。其实,申请的过程大同小异,即按照招聘公司所提供的模板,将求职者的信息录入相应的板块,形成一份便于招聘公司筛选的电子简历。网络申请的内容包括个人信息、求职意向、学习经历、工作实习经历、家庭情况、获奖情况、兴趣爱好和一定数量的开放性问题。

对于电子简历的填写,有一些需要注意的地方:

(1) 多用关键词。它们是招聘公司和用人单位用来筛选简历的主要标准。对于收集的成千上万份简历,企业不可能进行人工选择,而是利用电子系统进行筛选,比如三好学生、学生会主席、奖学金、优秀学生干部、四六级证书等都是关键词。

(2) 尽早申请。公司一发布消息,尽量在头一两天内把电子简历提交上来,这样被查看的可能性更大。

(3) 内容填写要详尽。部分系统会对处理的学生简历进行计分,比如参与一项课题加5分,参加一次3个月以上的实习加5分,得过奖学金加3分等。因此,填写时绝不能漏填,尽量把自己参加的项目、课题、实习都写上,增加自己求职的砝码。

(4) 要保持心态平和,因为网申是一件概率很小的事件,由于网申系统的方便性,也导致了网申系统数据库信息量巨大,所以有些同学被招聘网站长期雪藏。对于网申的不可靠性,大家一定要有心理准备。

网投就是从网上直接向用人单位投电子简历,这是发送求职信息的主要方式。绝大多数的用人单位都会在求职网上留下电子邮箱,便于我们将自己的简历发给公司,供其筛选。网投的内容主要有两个,一是求职信,二是简历。一般来说,建议大家将求职信作为邮件正文,而简历存附件,除非用人单位明确提出邮件不要带附件,那么我们就要把简历粘贴为邮件正文。有很多人容易忽视求职信,认为用人单位不会去看。其实,如果邮件里没有求职信,而只有孤零零的附件,那么这份简历通过筛选的可能性就会降低。因为撰写求职信是应聘者对用人单位重视和尊重的一个表现。虽然要有求职信,但是不要写得过长可以以"尊敬的某某公司招聘负责人"开头,介绍一下自己的基本情况和求职意向,在最后祝愿"贵公司事业蒸蒸日上",这样一封简约的求职信往往能够给用人单位留下更好的印象。

关于网投的最佳时间。根据以往的经验,建议大家在两个时间段进行投递,一个是上午9点之前,另一个是下午2点之前。因为上午9点和下午2点是用人单位人力资源部开始工作的时间。在投完一份简历后,如果一个星期内没有回应,我们可以重新投一次。之所以这样做,一方面,是为了避免由于公司接收邮件过多,邮件被淹没在茫茫邮海而没有被及时处理;另一方面,可以增加用人单位对我们的好感,认为你对进入这个单位非常地执着。我们身边有很多朋友就是通过反复网投而感动用人单位。但是,也不建议没过几天就重投,那样反而会适得其反,让用人单位产生厌烦。

邮件的标题是用人单位筛选简历的一个重要手段。如果只有"应聘"两字的标题,那这样的简历都很难被处理,因为用人单位往往是很多职位一起招聘,而邮箱却只有一个,许多招聘人员都是通过邮件标题搜索来寻找相应的简历。比如当招聘人员要看所有人力资源管理职位的邮件时,就会在标题搜索中搜索"人力资源",也只有那些标题中出现"人力资源"四个字的邮件才能被搜到,标题有"财务"或者"市场营销"的,就会被过滤掉,如果邮件标题为空,那就更搜索不到了。此外,邮件处理系统会定期刷未处理过的邮件,这样你的简历就会直接进入"垃圾箱"。我们建议大家用以下模式来填写邮件标题(如公司有特别要求的,一定要按照公司要求来写):应聘某个职位-姓名-院校-专业,如果招聘信息对性别或工作经验有明确要求,也可以写出性别及工作经验。

一般来说,简历可以作为附件发送给用人单位。发送前首先要确认邮件已有附件,有时候可能只顾发送求职信,没有附上简历,那样后果是可想而知的;其次,给简历文档命名不妨用邮件标题的模式;再次,不建议将简历转成 PDF 文件。虽然有些人认为 PDF 文件美观大方,但是 PDF 文件的缺点在于它不能修改,有时候,招聘人员是需要再简历上打字和标注的。客观地讲,投寄简历是一种比较古老的简历发送方式,因为现在基本上都是网络化办公,用传统方法的比较少了。但是,依然有很多人通过用精美的简历和信封,避开寻常的网投途径,最终出奇制胜谋得了工作。但是,这样的情况还是很小概率的,我们最好还是按照用人单位的要求去发送简历。如果希望通过邮寄提交简历,首先需要注意的是保证邮寄项目齐全,简历、求职信、获奖证书、成绩单等用人单位要求的资料不能漏项。

三、电话的特殊功效

"会打电话"已经成为了求职者和职场人士都该学习的一门功课。

见到心仪的职位后我们如何与公司方进行电话联系?

在面试后如何通过打电话询问结果?

突然接到公司打来的面试电话应该怎样从容应对?

如果未来你工作出色,接到猎头电话之后我们如何巧妙对答?

带着以上这些问题,我们通过一些实际案例来寻找答案。

案例

下午 5 点多,小李在路边买了一份招聘类报纸,发现了一个心仪的职位。为了在第一时间与招聘方取得联系,就立即拨通了对方的招聘电话:"您好,请问是×××公司吗?我刚刚在报纸上发现了贵公司的招聘信息,想过来应聘……"还没等他说完,对方就打断了他,表示人力资源部负责人正在开会,而且下班时间快到,没时间细聊了,只能先记下他的手机号码,在第二天会联系他。

事实上,小李没有在合适的时间找到合适的人,将主动联系变为了被动等待,是一次非常失败的电话应聘。在电话应聘过程中,有以下几个方面需要我们注意:第一是选择恰当的通话时间。一般来说,应该在公司的工作时间打电话,比如上午 9:30—11:00 以及下午 1:30—4:30 之间比较合适。此外,在刚上班的时间,对方往往会比较繁忙,而临近下班时又归心似箭,无心工作,所以应当避开这些敏感的时段。第二是要找到合适的接洽人,我们要注意广告上联络人的姓名,尽量避免转接或误接,这样会给人留下不好的印象。第三是找一个安静的环境,千万不要在喧嚣的马路或吵闹的环境下打电话,避免漏听以及不断重复叙述等情况的发生。第四是要提前准备通话要点,虽然是简单的应聘,但我们仍然需要准备好问题,以免遗漏信息(如职位要求、招聘人数等),要提前简单地概括出自己符合某一职位的特长和所擅长的技能,简明扼要地介绍自己的相关经验,询问招聘流程、面试时间和上岗时间等。

案例

小王在逛街的时候，突然接到某公司的电话面试。因为此时周围有商场的背景音乐和人群的嘈杂声，对面试非常不利。于是小王非常礼貌地告诉对方："您好，实在抱歉，我正在商场里采购，周围环境比较吵闹，让我尽快找一个安静的地方，10分钟之后给您打回去？"对方应允，并留下了联系电话。

许多企业为节约时间，会先通过电话面试做初步的筛选。电话面试一般会准备几个目的性很强的问题，用来帮助企业核实求职者的背景，考察求职者的语言表达能力，其通话时间一般会控制在15~20分钟。无论我们应聘的企业是否有电话面试环节，为了提高应聘机会，我们最好还是提前做好充分的准备以备不时之需。这样，即使突然接到面试来电也能够顺利应对。但是，如果接电话时正好有其他事情，不妨借鉴一下上面这位求职者的做法，同时我们也可利用"时间差"来理清思路。

此外，应对电话面试还应做好以下几个方面以确保效果：一是尽可能地拿着简历回答问题。如果接电话时正好手边有简历，就一定要将它拿出来对照着回答问题。有些时候，面试企业会进行常规的简历信息核实工作。对于一些多次跳槽、工作经历复杂的求职者，对照着简历可以避免错报跳槽的次数以及时间等内容，免得给对方留下"不诚实"的坏印象。二是在手边准备好纸和笔，因为有时候公司会出一些小的技术题或者逻辑题请我们回答，手边有纸和笔可以方便记录和计算。三是要注意我们的语速，因为人的语速有很大的差别，我们应当注意尽量配合面试官的语速。如果面试官语速相对较慢，那么我们就该放弃语速快的说话方式，转变为和对方同步的语速，同时要注意不能抢话，要等对方提问完毕才可以回答。另外，回答问题时绝不能滔滔不绝，更不能只答"是"或"好"等单个字眼。最后，要注意控制语气语调。在通话时要保持态度谦逊、语调温和，让自己语言简洁、口齿清晰，并且在语气、态度上也应该配合对方，这样促使双方愉快地进行交流。

第二节　HR思维的人才选拔

一、了解HR筛选简历的标准

正所谓"萝卜青菜，各有所爱"，不同的用人企业对于简历的筛选标准也各有不同。内容的真实性是用人单位一致认定的重要标准之一，而内容翔实又不长篇累牍的简历会比较让人认可，那些经过精心设计、贴着艺术照和写真照的简历，却往往得不到用人单位的青睐。一般来讲，用人部门衡量简历是有一定的标准和规律的，比如先看专业再挑学校背景，从简历判断求职者的思维特点，通过数字体现个人业绩，要外表美也要内在美等。

知名的通信公司往往会采取多种方式招聘，如招聘会、报纸杂志、猎头等，但用得最多的还是网络招聘，同时还会针对招聘需求进行校园招聘、社会招聘和内部竞聘。由于公司已经将很多工作外包给专业的人才网站，因此在简历筛选、笔试和面试时都遵循着既定的程序和标准。任何一个优秀人才应聘该公司，都需要经过以下几个程序：软件筛选→人工筛选→第一轮面试→笔试→第二轮面试。软件系统一般会通过五个指标来挑选简历：学校和专业、学习成绩、班级排名、英语能力和项目经验。相比之下，公司更加青睐来自重点院校的专业对口的大学生，而名校背景、突出的英语能力、担任过班长、学生会干部、社团组织者的经历，都会成为应聘过程中的加分点。还有的大公司会根据每个职位的岗位描述和招聘需求来筛选简历，之后人力资源经理会把选中的简历发到对应的业务部门进行第二轮筛选，在业务部门经理和人力资源经理沟通、协商好之后，产生面试名单。

针对不同岗位的需求，企业对简历筛选会有不同的考察侧重点。比如招聘技术型人才时，看应届毕业生的简历会比较注重其专业成绩，在校是否有过相关作品；如果招聘的是管理型人才，除了关注所学专业和学习成绩外，还会注重其在校时担任的学生会工作、参加的社会活动等。看社会人员的简历时，除了硬件必须符合招聘岗位需求之外，主要看他的工作经历。

简历里透露出来的潜在信息其实是很重要的。简历表述的语言、行文方式、简历撰写的层次性、逻辑性、流畅性、重点性，都能体现出作者的思维特征。有些大公司非常在意应聘者的职业道德和职业诚信，通常会注意查看简历内容的完整性和真实性以及应聘者工作的连续性和稳定性。他们并不在意应聘者有其他方面的工作经历、不够良好的教育背景和中断的工作时间，但隐瞒和欺骗就会使公司对你个人的诚信和职业道德有所怀疑。为此，HR会关注简历细节的描述是否存在冲突。很多人会因为没有受到很好的大学教育而感到遗憾，所以会在简历中把教育背景模糊掉，其实如果我们不写反而令招聘方猜想更多。此外很多应聘者也知道企业非常关注职业的连续性，有些人可能有段时间没有工作，但在简历中却会把这段时间归到某段工作中，这些都会在后来做背景调查时被查出来。

二、领会面试过程中的玄机

很多优秀企业在招聘人才时均有其"选才价值观"，有的会看重应聘者的专业技能，有的则更青睐于其待人接物的能力，还有的会将性格视为重中之重。虽然各企业选才标准千差万别，但在其各具特色的招聘标准中又存在共性。其实专业并非选才的唯一标准，作为一名应聘者，在应聘前要做足的功课就是"知己知彼"，即了解各行业的选才价值观和面试官的选才基本标准。

在校园招聘中，用人单位会根据应届毕业生的年龄阶段特点，看重学习的能力和发展的潜力，除知识技能之外，可迁移技能和自我管理技能就会显得格外重要，大多喜欢可塑性强的毕业生。新入职的员工通常会有系统的培训和学习，经过试用期，会慢慢呈现出自己的特点。当然，在大多数情况下，专业对口还是很重要的，经过本科阶段或者硕士生阶段的专业学习，在没有工作经验的情况下，你现有的学历教育会成为很强硬的竞争资本。但有些行业会淡化专业，重视综合能力的展现。

在社会招聘当中，由于会对工作经验有一定的要求，对求职者的期待会更加结合招聘岗位，在工作的综合能力上有更高的要求。以金融行业为例，尽管专业知识常被视为此行业的从业必备条件，但纵观该行业各公司的招聘方式，人际交往和社交礼仪似乎占据了很重要的地位。花旗银行的面试过程就具有一定的代表性，有次银行通知应聘者前来终面，正值午饭时间，应聘者便被请到"银行家俱乐部"与花旗高管们共进午餐。用花旗HR的话说，通过这样一个平台，不仅可以直接考察应聘者的社交礼仪、交流表达能力，更能间接了解其社会资源情况和对金融行业的了解程度。我们可以试想下，若对银行业缺乏了解，应聘者该如何与共餐的银行管理层人士找到共同话题？而应聘者即使对银行业很了解，如果缺乏起码的就餐礼仪，甚至没见过多少"世面"，遇这种场合便紧张过度，又怎能入银行高管的"法眼"？可见，一个看似平常甚至有些"优待"式的面试场合，其实暗藏"玄机"，不经意间已将银行业的各种基本招聘条件都囊括其中。如果我们不了解该银行的选才价值观，即便手执各种从业资格证书，也很难在餐桌上与银行家顺畅交流，最终只能惨遭淘汰。不仅在花旗，国内某著名金融集团HR部门也侧重于对应届生进行人际交往和沟通表达力的考察；而且民生银行和泰达荷银基金公司均明确表示最看重应聘者的基本素质（包括责任心、沟通表达力、人际交往力、反应判断力、团队合作精神等）。总之，与人们平常想象的不同，各金融企业对专业技能的考察并非重点，反而更看重求职者的内在素质和外在礼仪。

很多行业与金融业的选才标准都有相似之处，其重点考核的是应聘者的人际沟通、团队合作、逻辑思维及吃苦精神。吃苦精神对于咨询业从业人员尤其重要，众所周知，无论是麦肯锡还是四大会计师事务所，这些国际著名咨询机构的工作量是常人难以想象的，因此这些企业会对应聘者提出特别的招聘要求。而在面试现场，他们也会有意考察此方面。比如，一家著名咨询公司在面试时，直到午饭时间仍不结束面试，而是告知应聘者，公司老板将与其谈话，以考验应聘者的反应。应聘者若出现反感情绪，便会暴露出耐性不足的缺点。当即被淘汰。而到了二面阶段，公司首先会请应聘者针对某一话题准备相应的PPT，并就PPT内容与公司副总裁进行一对交流。

上午的面试结束后，公司又"临时"提出下午还要用同样的内容再以英文与VP进行交流。这两轮面试明显是要考验应聘者的耐性与应变力，更能对其是否接受繁重劳动作出判断，应聘者若表现出些许不满，即使讲得再好也会失去这一工作机会。

三、企业招聘的 VIP＋ACE

现在有许多企业引入标准化测评工具，比如目前被广泛应用的"VIP＋ACE"系统。VIP指的是value（价值观）、interest（兴趣）、personality（人格），即从基本的人格特征与生涯发展倾向来定位一个人的发展状况。对于求职动机比较强的受聘者，会进入下一轮ACE评估，即ability（能力）、competency（岗位胜任素质）以及equipment（企业附加专业评估）。一些大公司的校园招聘流程就是要完成VIP生活特征探询评估和AC甄选评估测试，可以统一时间在机房完成，也可以是手机作答提交评审，题目为一些逻辑推理、数理统计、材料分析、文学常识、生活常识等，不同岗位类型会根据人才选拔的不同要素设计不同的题型。

以下是一个企业在招聘销售时，要求求职者在手机上进行网上测验，共有500多题。根据答题的情况可以在意志品质、性格特点、数字逻辑等方面得出评价，看看是否适合销售岗位（图12-1）。

作为一个求职者就需要知道企业招人的游戏规则，这样才可以"知彼知己，百战不殆"。

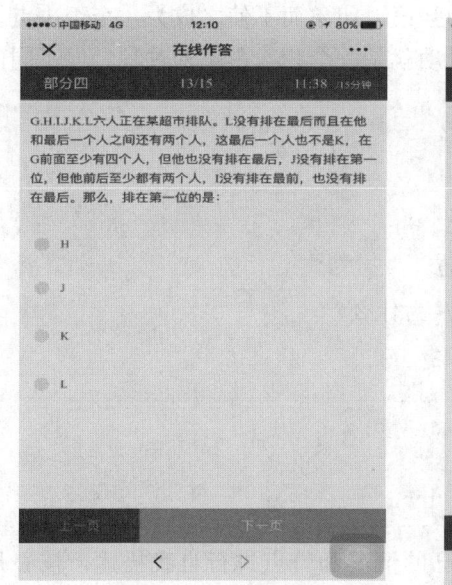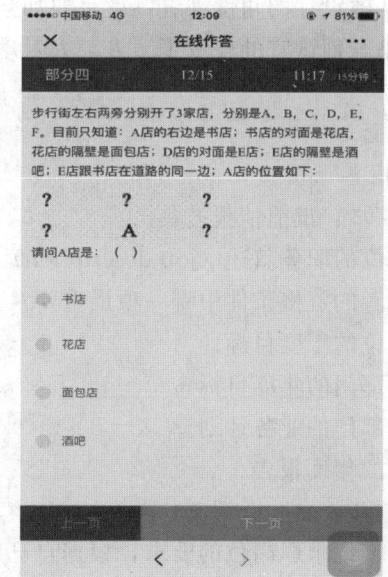

图 12-1 考题（手机截屏图）

第三节 面试与笔试准备

一、面试

（一）面试的基本知识

面试是一种口头测试，是向面试官证明你能胜任这份工作，它是筛选求职者和招聘新员工所使用最广泛的程序。

面试就是一条双向通道——信息互相交换的通道。

面试的形式与类型：

(1) 单人面试（单面）：一位面试官和一位求职者的会面面试。

(2) 多对一面试：多位面试官对一位求职者。

(3) 群组面试（群面）：将求职者分组，设定面试的内容进行比较、筛选的方式。

(4) 情境面试：提前设计好一种情境，比如会议、接飞机或宴会等。

(5) 压力面试：给出复杂问题，考核求职者解决问题的能力。

(6) 电话面试：通过打电话面试，有具体的内容或开放的问答方式。

(7) 视频面试：通过网络进行的面试，便捷、高效，节约招聘成本。

（二）面试的定位

面试是简历的直接目标。能面试说明简历被认可了，即在简历中"实在挑不出"可以淘汰你的理由了。所以接下来，通过面试来找找"淘汰你的理由"。注意，这正是标准人力资源招聘的理念：寻（询）劣以汰。因此，面试过程其实就是你避免被"劣汰"，而与面试官想"劣汰"你的博弈过程。所以，面试过程首要的任务就是回避否决点。其实大量的面试研究表明，许多被招聘的人并不是因为优秀，而是因为面试官没有找到淘汰的理由。

同时，从建设性的角度来看，就是要加强第一印象而不使之成为一个否决点。第一印象过关后，就是与面试官的较量了。人与人互动就是一个相互影响的过程，但不同的人有不同的影响倾向。

（三）单面

1. 面试准备

(1) 第一步：试前情报搜集。

1) 该职位的职务叙述（job description）。

2) 应聘者的资格条件中哪一项最重要？为什么？

3) 该职位的年度目标。

4) 隶属部门的年度目标。

5) 隶属部门的业务计划。

6) 公司的年度报告。

(2) 第二步：自我介绍。

1) 紧紧围绕求职岗位的要求，根据自己的情况和特点进行自我描述，核心是证明自己能够胜任这份工作。

2) 研究对策：职位模拟分析。

3) 该职位的任务或责任是什么？

4) 在这个职位上有什么需要解决的挑战性课题或关键性难题？

5) 解决上述挑战性课题或关键性难题需要具备哪些技术及专业知识？

6) 眼前这个职位的特定目标是什么？

7) 达成这个特定目标的挑战或关键性难题是什么？

8) 解决眼前的挑战性课题或关键性难题需要具备哪些技术及专业知识？

9) 候选人资格条件模拟。

10) 针对招聘信息的要求，评估自己是不是能够胜任工作？

(3) 第三步：后勤准备。

具体准备材料为：推荐表、协议书、简历、成绩单、四六级证书、荣誉证书、简历中提到的支撑材料等。

2. 通常情况下的面试流程

面试流程如图 12-2 所示。

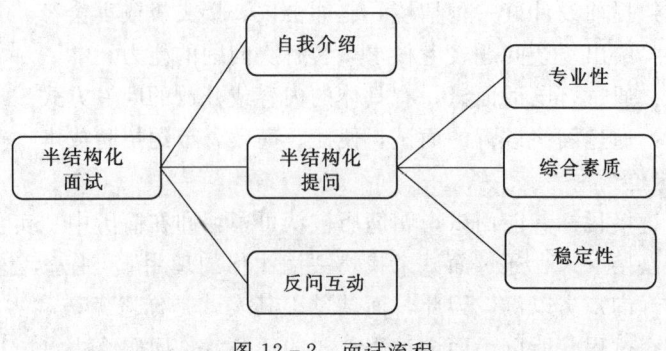

图 12-2 面试流程

3. 面试问题准备

(1) 面试官经常会通过以下几个话题对你做出评价。

1) 为什么你想获得这种类型的工作？

2) 你的职业规划是什么？

3) 你平时除了上课，还参加什么样的社会活动或文娱活动？

4) 想来这家公司工作的理由。

5) 能够展现专业培训的质量的问题（如培训的级别、参加培训的学员水平等）。

6) 你认为你有什么优势和不足。

7) 你是怎样知道这家公司的？

(2) STAR 行为面试法。

1) Situation（背景）。

2) Task（目标）。

3) Action（行动）。

4) Result（结果）。

5) 面试提问的主要方式：问过去，以预测未来。

6) 问情景案例。

7) 提问的关键点：考查评估关键行为。

(3) 反向互动：

1) 应聘者想知道的问题。

2) 确切的工作信息。

3) 你将来的学习机会是什么？

4) 这个职位的工资/福利将是什么？

5) 什么时候才能知道是否被录用？

4. 面试后的跟进

(1) 发感谢电邮（当天内）。

(2) 以电话跟进面试结果（两个工作日后）。

 扩展阅读

宝洁公司面试的 8 个核心问题：

(1) 请你举 1 个具体的例子，说明你是如何设定 1 个目标然后达到它。

(2) 请举例说明你在 1 项团队活动中如何采取主动性，并且起到领导作用，最终获得你所希望的结果。

(3) 请你描述 1 种情形，在这种情形中你必须去寻找相关的信息，发现关键的问题并且自己决定依照一些步骤来获得期望的结果。

(4) 请你举 1 个例子说明你是怎样通过事实来履行你对他人的承诺的。

(5) 请你举 1 个例子，说明在完成 1 项重要任务时，你是怎样和他人进行有效合作的。

(6) 请你举 1 个例子，说明你的 1 个有创意的建议曾经对 1 项计划的成功起到了重要的作用。

（7）请你举1个具体的例子，说明你是怎样对你所处的环境进行1个评估，并且能将注意力集中于最重要的事情上以便获得你所期望的结果。

（8）请你举1个具体的例子，说明你是怎样学习1门技术并且怎样将它运用于实际工作中。

（四）群面——无领导小组面试

1. 认识无领导小组面试

无领导小组面试是近年来被越来越多外企、名企采用的面试方式，而且公务员招考中也引用这种面试方式。小组面试的好处：一是节约时间，二是可以让应聘者在相对放松的环境中较为自如地发挥，从而全面考察应聘者的语言能力和思维能力，观察应聘者在团队中适合扮演的角色。

无领导小组面试的方式，一般是若干应聘者组成一个小组，共同面对一个需要解决的问题，小组成员以讨论的方式，经过汇集各种观点，共同找出一个最合适的答案。小组面试的步骤一般如下：

（1）接受问题，成员各自分别准备发言提纲。

（2）小组成员轮流发言，阐述自己的观点。

（3）成员交叉讨论，逐渐得出最佳方案。

（4）解决方案总结并汇报讨论结果。

无领导小组讨论的试题从形式上而言，可以分为以下5种：

（1）开放式问题。其答案的范围可以很广、很宽，主要考查应聘者思考问题是否全面、是否有针对性，思路是否清晰，是否有新的观点和见解。例如：你认为什么样的领导是好领导？关于此问题，应聘者可以从很多方面，如领导的人格魅力、领导的才能、领导的亲和取向、领导的管理取向等来回答。对考官来讲，这种题容易出，但不容易对应聘者进行评价，因为此类问题不太容易引起应聘者之间的争辩，所考查应聘者的能力范围较为有限。

（2）两难问题。是让应聘者在两种互有利弊的答案中选择其中的一种。主要考查应聘者的分析能力、语言表达能力以及说服力等。例如，你认为以工作为取向的领导是好领导还是以人为取向的领导是好领导？此类问题对应聘者而言，既通俗易懂，又能够引起充分的辩论；对考官而言，不但在编制题目方面比较方便，而且在评价应聘者方面也比较有效。但是，此种类型的题目需要注意的是两种备选答案都具有同等程度的利弊，不存在其中一个答案比另一个答案有明显的选择性优势。

（3）多项选择问题。是让应聘者在多种备选答案中选择其中有效的几种或对备选答案的重要性进行排序。主要考查应聘者分析问题、抓住问题本质等各方面的能力。例如：2018年1月14日，你被调到某旅游饭店当总经理，上任后发现2017年第四季度没有完成上级下达的利润指标，其原因是该饭店存在许多影响利润指标完成的问题，它们是：

1）食堂伙食差、职工意见大，餐饮部饮食缺乏特色，服务又不好，对外宾缺乏吸引力，造成外宾到其他饭店就餐。

2）分管组织人事工作的党委副书记调离1月余，人事安排无专人负责，不能调动职工积极性。

3）客房、餐厅服务人员不懂外语，接待国外旅游者靠翻译。
4）服务效率低，客房挂出"尽快打扫"门牌后，仍不能及时把房间整理干净，旅游外宾意见很大，纷纷投宿其他饭店。
5）商品进货不当，造成有的商品脱销，有的商品积压。
6）总服务台不能把市场信息、客房销售信息、财务收支信息、客人需求和意见等及时地传给总经理及客房部等有关部门。
7）旅游旺季不敢超额订房，生怕发生纠纷而影响饭店声誉。
8）饭店对上级的报告中有弄虚作假、夸大成绩、掩盖缺点的现象，而实际上确定的利润指标根本不符合本饭店实际情况。
9）仓库管理混乱，物资堆放不规则，失窃严重。
10）任人唯亲，有些局、公司干部的无能子女被安排到重要的工作岗位上。
请问：上述10项因素中，哪三项是造成去年第四季度利润指标不能完成的主要原因（只准列举三项），请陈述你的理由。
此种类型的题目对于评价者来说，出题难度较大，但有利于揭示应聘者各个方面的能力和人格特点。

（4）操作性问题。这是给材料、工具或道具，让应聘者利用所给的材料制造出一个或一些考官指定的物体来。主要考查应聘者的能动性、合作能力以及在一项实际操作任务中所充当的角色特点。

此类问题，考查应聘者的操作行为比其他类型的问题要多些，情景模拟的程度要大一些，但考查语言方面的能力则较少，必须充分地准备需要用到的一切材料，对考官和题目的要求都比较高。

（5）资源争夺问题。此类问题适用于指定角色的无领导小组讨论，是让处于同等地位的应聘者就有限的资源进行分配，从而考查应聘者的语言表达能力、概括或总结能力、发言的积极性和反应的灵敏性等。如让应聘者担当各个分部门的经理并就一定数量的资金进行分配。因为要想获得更多的资源，自己必须要有理有据，必须能说服他人，所以此类问题能引起应聘者的充分辩论，也有利于考官对应聘者的评价，只是对试题的要求较高。

无领导小组讨论考察要点：
1）语言表达、合作性、沟通能力、思维能力、领导力。
2）组织者、时间控制者、方案提出者。
3）有效发言次数、主动性。
4）谁能调动大家、消除紧张情绪。
5）谁最容易说服别人（被说服）、调解争议。
6）谁能调解气氛、创造大家开口发表意见的氛围。
7）谁能推动大家达成一致意见。
8）谁能倾听、包容、鼓励别人。
9）压力下会不会失态。

（五）面试中的职场礼仪
1. 基本的面试礼仪
在现代生活中，礼仪问题非常重要，服饰打扮、举止言谈、气质风度、文明礼貌，无一不在影响着你的形象，决定着你的前程和命运。由于举止得体，面试获得了机会，这个机会是工作机会也是学习机会，你将在工作中不断提高自己的能力。反之，如果职场上不注重礼仪，本来很好的机会，可能由于举止言行的某一个失误使面试失败，导致机会终生机不再来。

守时是职业道德的一个基本要求，提前10～15分钟到达面试地点效果最佳，可熟悉一下环境，稳定一下心神。提前半小时以上到达会被视为没有时间观念，但在面试时迟到或是匆匆忙忙赶到则是致命的，会显得你缺乏自我管理的能力。在校园招聘中，尚且如此，如果是去公司应聘，对路况和公司环境都不熟悉，就要更加注意。

（1）等候面试需要注意的问题。

1）提前15分钟到达。

2）观察企业（外部、内部）。

3）熟悉面试资料。

4）别人能看到的细节（等候面试也许已经是面试的开始，很多时候，第一印象都是在无意间形成的）。

（2）面试礼仪。

1）得体的妆容。

2）合体的职业装。

3）入面试室要敲门。

（3）面试中的着装问题。从心理学上讲，给人的第一印象是最初的20秒，而最初的20秒印象就是由外在形象决定的。第一印象十分重要，大学生在求职面试时，你的仪容打扮决定了最初的20秒会给面试官留下怎样的第一印象。用得体的衣着、巧妙的搭配及彬彬有礼的仪态让自己看起来更自信些，对于职位的录取有着举足轻重的影响。

求职面试是正式场合，一般情况下要穿正装，不仅表示了你对面试官的尊重，还能够给面试官留下一个良好的印象。具体的着装，可以根据面试时不同机构、不同职位、不同季节而定。

许多男生平时都喜欢穿T恤衫配牛仔裤或穿便捷的运动装，但是在面试的时候，这样的装扮容易给人孩子气的感觉。衬衫、西裤、皮鞋、领带是男生面试时的基本配备。男生应该选择裁剪良好、款式经典的西服套装。颜色以黑色、灰色、深蓝色为宜，并且最好是纯色的。男生求职面试场合穿西装要遵守三个三原则：

1）三色原则：全身颜色不超过三种色系，包括上衣、衬衫、领带、袜子。

2）三一定律：三个部位保持一个颜色，三个部位指鞋子、腰带、公文包，通常用黑色。

3）三大禁忌：

a. 左手商标不要保留一定要拆除。

b. 袜子：正式场合不要穿尼龙丝袜，不穿白色袜子，袜子一般和皮鞋一个颜色。

c. 领带：①领带质地：选择真丝、纯毛；②带拉锁的领带一般不用；③领带和西装、衬衫不能一个色，多考虑用深色，图案用几何图案；④正规场合，用长袖搭配领带，不能用短袖，除非是公司制服；⑤不能用夹克配领带，因为夹克是休闲装。

头发要保持合适的长度，如果你不是去面试广告创意、艺术工作等强调创意性的工作的话，长发不是一个好的选择。注意仔细地打理发型，不要忘记刮胡子，保持面容整洁。衬衫的着装原则很简单，一是穿长袖衬衫，二是要穿白色或淡蓝色衬衫。衬衫要选用面料好一点的，白色的长袖衬衫是上上之选，永远都不会错。别的颜色的衬衫当然也可以，但是不如白色那么正式，蓝色衬衫是 IT 行业男士的最佳选择，能体现出智慧、沉稳的气质，并且要注意和西装的颜色搭配是否合适。一条纯真丝领带产生的职业效果最佳，其体现出来的优雅给人的感觉最好，也最容易打好。领带宜选用保守一些的，传统的条纹、几何图案和螺旋花纹都很不错，最好在风格上与已有的西装、衬衫是协调的。领带的长度至皮带扣处为宜，最好不要使用领带夹。

在面试前把鞋子擦干净并且上些鞋油，确定鞋子是完好的。光亮的鞋子能够表现出你专业的做事风格以及良好的职业素养。要注意鞋子的颜色和套装相配，黑色是很好的选择。袜子是很容易被忽视的一个环节，很多求职的大学生往往只注意准备西装和鞋子，却在袜子上功亏一篑，与整体不协调。一般来说，袜子应该和衣服相匹配，因此，颜色多为蓝色、黑色、灰色或棕色，白袜子、黑鞋子的搭配是很不专业的，一定要避免。此外，袜子也不宜过短，以免坐下来的时候把小腿露出来。

女生面试着装以整洁美观，稳重大方、协调高雅为总原则，服饰色彩、款式、大小应与自身的气质、肤色、体态、发型和拟聘职业相协调、相一致。女生求职面试服装一般以套装、套裙为宜，这是最通用、最稳妥的着装，会使你看起来显得优雅而自信，会给对方留下良好的印象。选择套装的时候也要注意颜色，黑色、深蓝、灰色等稳重的颜色是比较理想的选择。款式不要太过新颖前卫，宜保守传统。如果是裙装，就一定要注意裙子的长度不要在膝盖以上，裙子太短是不专业的表现，会使面试官对你的印象大打折扣。如果上衣是 V 领的，也要注意开口不能太低，如果很低的话，可以通过丝巾或者内衬上衣来弥补。切忌穿太紧、太透和太露的衣服。不要穿超短裙（裤），不要穿领口过低的衣服。夏天，内衣（裤）颜色应与外套协调一致，避免透出颜色和轮廓，否则，会让人感到不庄重、不雅致，也给人轻佻之感，这是求职面试之大忌。

求职面试女生服装的颜色可有多种选择，有些女生认为面试时一定要穿黑色套装，这种穿法虽然十分稳重，但是现在社会已能接受些较鲜艳的颜色，比如，谋求公关、秘书职位的女生穿黄色服装就容易被面试官接受，因为黄色通常表现出丰富的幻想力和追求自我满足的心理。红色显示人的个性好动而外向，主观意识较为强烈而且有较强的表现欲望，这种颜色感染力强，容易打动面试官，使其印象深刻。不过，女生应该避开粉红色，这种颜色往往给人以轻浮、圆滑、虚荣的印象。

在挑选衬衣的时候，无论是颜色还是款式都以保守为宜。白衬衣让人看上去聪明，且能提升一个人的气质。选一件与你的西装领吻合的白衬衣，即便脱去西装，仍然能显示出你的干练、自信、高效率的形象。不要挑选那些透明材质的上衣，也不要选择蕾丝花边或者雪纺薄纱。在衬衣里面可以再穿一件小背心，以防走光。

穿鞋总的原则是应和整体相协调，在颜色和款式上与服装相配。面试时，鞋跟不要太高，因为走起路来容易扭脚，而且走路时小心翼翼也会显出你不自信。中跟鞋是最佳选择，既结实又能体现职业女性的尊严。鞋跟也不宜太低，平底皮鞋通常是休闲时穿的，求职面试的场合不适合。设计新颖的靴子也会使你显得自信、得体。但穿靴子时，应该注意裙子的下摆要长于靴端。丝袜不能脱丝，颜色也最好是传统常见的，比如黑色、肉色、深灰等颜色，但必须和套装鞋子和谐。袜子不要穿明黄、玫红等鲜艳的颜色，这会给人一种不成熟、不稳重的感觉。

头发在整个仪容中也是十分重要的组成部分,以前钟爱的时尚发型可不要随便拿到这里来,因为虽然它很有冲击力,但对于面试官来说却毫无吸引力,反而会让他认为你是个我行我素的人。仔细梳理,要保证头发是干净清洁的。如果是长发,就把它盘扎起来,不要让自己的头发披在肩上。面试时最好的发型当属干净整齐的直发,不管在什么场合,修剪得当的直发都会给人亲切、端庄的感觉,不太夸张的卷发也是一个好的选择,给人成熟活泼的感觉,但是一定要事先打理好。

女生面试前,应该稍稍化一下妆,这样不仅使自己看起来更有朝气,还表达了对考官的尊重。但不要化浓妆,浓妆会给人不真实的感觉,也会影响面试官对你的品位和专业能力的判断。要选择自然清淡的颜色稍作修饰,清新自然,保持整个妆容的干净,会使你看起来朝气蓬勃,显得更有亲和力。面试属于正式交往场合,不应戴手链或一只手只戴一个戒指,且不要戴形状奇特的戒指,不然不方便握手,也会留下不好的印象。为了使你感到舒适,注意力集中,耳环应当小巧且不引人注目,戴的耳环不要过长,以免发出叮当的声响或者触及脖颈,甚至挂到衣服上,耳环也不要多戴,一对足够了,其实简洁的耳钉就可以带来不错的效果。令人喜爱的手镯是完全可以接受的,但镯子上的小饰物应当避免,其他刻有名字或名字首字母的首饰也应避免。面试时一定不要戴脚镯。总之,戴首饰的重要原则是以少而精为美。

除了以上着装的基本要求外,大学生面试着装还应视不同的机构和职位,做出不同的选择。在去应聘之前还要考虑到你应聘的这家单位、企业或者公司是什么性质的,面试着装要根据企业的性质有所变化,另外还要考虑你应聘的是什么样的职位,不要"以一当十",事实上,不同性质的机构和职位对你的角色期待是不同的。而相应的,你的着装也应该相时而动,与所应聘的职业岗位相协调一致。例如,应聘销售经理、银行业、保险业、企业法律顾问等职位,应穿上比较考究的合时合身的西装,系上色彩和谐的领带,以显示出你的档次和风度。但对于一些做时尚产品的公司来说,只要穿着整洁、得体、富于个性即可。而应聘模具工程师或是车间技术工程师等职位,就更没有必要西装革履,穿上清洗过的夹克衫或牛仔裤去参加面试,做到整洁、得体就可以了,如果一味追求时尚,反而会给用人单位留下不能吃苦、华而不实的印象。不少求职大学生因为着装与应聘岗位产生错位,频频错失就业机会。因此求职应聘时着装还是应全盘考虑自己从事工作的性质,选择适合自己的服装,否则打扮得再好也得不偿失。聘不同的企业、不同的职位应选择的服饰如下:

1) 政府、金融、外企等单位比较青睐稳重端庄、简约大方的形象。所以在面试一些有权威、注重资历和经验的机构时,应当选择稳重端庄的装扮,不仅要求男着西装女穿套装,对颜色也有相应的要求:尽量不要穿浅色,最好选择藏青色或黑色。同时,面试时最好带个公文包,要给人留下干练的感觉;穿带垫肩的服装,可以增强威严感。再配合精致自然的妆容,体现成熟干练的气质,这样可以给对方留下可信赖的感觉。

2) 传媒、广告、艺术等单位比较青睐自由时尚的风格。体现个性的工作对创造性的要求很高,如果你的装扮仍然循规蹈矩,就难以给对方留下深刻的印象,也会使面试官质疑你的性情是否适合这一工作。因此你的着装应该在避免随意的同时适当选择休闲、时尚的服装,突出自己的青春和朝气。这个时候,富于特色的设计和剪裁可以让你马上生动起来,精致而有特色的饰物也可以起到画龙点睛的作用。但注意不要穿太异类的衣服(如乞丐装、露脐装、露背装、透视装、滑板装、运动装等)。

3) 公关咨询职位应在稳重干练中体现时尚。虽然公关行业看上去是个不太拘于外表的行业,但还是建议以穿套装为好。因为公关咨询行业的从业人员需要随时与客户打交道,既要给人留下可信赖的印象,也要有亲和力。因此要选择端庄精致的打扮,给人稳重干练的感觉。同时整体的感觉不宜太过庄重,而应当适当体现出热情和亲切。在面试时这一行业的公司时,在着装上不仅要正式,而且还要体现出自己对时尚的一种敏感度,可以在一些小细节上花一点心思,如女生戴一个比较有品位的丝巾,或者比较别致的项链、耳环、手表等,这些都是比较明智的选择。男生可以选择颜色让人感觉比较轻松的衬衣,挑一些款式比较休闲的袖扣,这都是可以体现出个人时尚品位的。

4) 秘书、前台、服务人员等职位突出甜美谦和的气质。因为这类职业随时和客人打交道,因此要给人甜美谦和的印象,稍有装饰的白衬衣是职业女性必备的服装基本款,长及膝部的裙子活泼但过分稚气,适合应聘比较初级的职位或者服务类行业。

5) 时尚行业设计师、杂志编辑等职位要突出自由、随意、时尚,同时又不夸张的风格。如果有把握去面试的单位不要求穿职业装,而你应聘的又是需要有创意、有自由空间的职位的话,不妨穿相对自由而有风格的服装,套头毛衫和条绒长裤就可以,但是为了保险,颜色还是淡雅一些为好。

6) 专业人员、行政人员等要突出严谨端庄的气质。应色彩清新淡雅,衣服剪裁合体,具有职业感的上衣、米色长裤和黑皮鞋也是办公室中穿用率极高的单品,这样的搭配具有成熟和端庄的气质,同时又不沉闷,适合应聘专业化较强或者比较严谨的公司和职位。

7) 应聘着装除了需注意以上的基本要求外,还应该考虑应聘的季节。应聘着装不是一成不变的,季节不同,着装也要应季而变。一般情况下最适合穿正装的季节是春秋季,大多数公司确实要求面试者身穿正装,由此能看出应聘者的精神面貌和工作态度,不过没必要"全身包裹",大热天仍然西装革履,反而让人感觉你不善变通。女生可以穿端庄的裙装,男生也可以选择干净的短袖衬衫。在冬季面试时,如果还像春秋天穿西装衬衣或者套装套裙,肯定把人冻坏,外套是必不可少的。若是有呢子大衣,肯定是首选,最好不要太长,中长(膝盖以上15厘米左右)是最适合的长度,质地不要太差,不然会显得寒酸。若没有呢子大衣,也可以穿其他的外套,对大学生来说,只要看起来比较正式、干练就可以了。

合理的着装搭配可以提升你应聘时的自信度,也可以给面试官在见到你的最初20秒内留下良好的第一印象,有利于你在求职中占到先机。但是,好的形象不仅是外表美,更为重要的是内在美,就是语言、气质的美,谈吐、举止的优雅、洒脱和文明。只有把外在的美和内在的美综合起来塑造个人良好的形象,才能让面试官信任你,把职位留给你。

二、笔试的基本知识

求职笔试一般安排在面试之前。

笔试根据内容来分,主要有技术性笔试和非技术性笔试两类。技术性笔试主要针对研发型和技术类职位的应聘,这类职位的特点是对相关专业知识的掌握要求比较高,题目特点是主要涉及工作需要的技术性问题,专业性比较强。这类考试的内容,和大学四年的学习成绩密不可分。所以想要成功应对这类考试,我们需要具备扎实的专业基础。

在一般情况下,一些大型的技术性公司在招聘时都会进行笔试,企业根据应聘者笔试淘汰部分应聘者。对本科生而言，专业笔试主要考查基础知识、基本技能，而不是很高深的学问，一般都是专业基础课。对于技术性岗位，大公司和小公司的笔试内容的侧重点有很大区别。一般小公司注重实用性，考得比较细，目的是拿来就用。大公司则强调基础和潜力，所以考得比较广泛，多数都是智力测验、情感测验，还有性格倾向测验等等。

非技术性笔试般来说更常见，对应试者的专业背景的要求也相对宽松。非技术性笔试的考查内容相当广泛，除了常见的英文阅读和写作能力、逻辑思维能力、数理分析能力外，有些时候还会涉及时事政治、生活常识、情景演绎，甚至智商测试等。

第四部分

就业形势与政策篇

第十三章

我国现行的就业政策

> 故天将降大任于斯人也，必先苦其心志，劳其筋骨，饿其体肤，空乏其身，行拂乱其所为也，所以动心忍性，增益其所不能。人恒过，然后能改。困于心，衡于虑，而后作。征于色，发于声，而后喻。入则无法家拂士，出则无敌国外患者，国恒亡。然后知生于忧患，而死于安乐也。
>
> ——孟子·告子下

  学习目标

（1）了解当前就业形势及国家主要就业政策。
（2）了解当前大学生主要择业观念和就业形态。

理论知识窗

一、国家就业制度与形势政策

大学生就业不仅仅与学生个人、家庭密切相关，更是社会变迁和时代发展的晴雨表，是一个特定环境下的社会问题。不同时代下国家政治、经济、环境存在着巨大的差异，与之相对应，社会对教育和人才的需求以及教育制度本身都经历着翻天覆地的变化。

（一）中国大学生就业制度的历史改革

与我国经济体制从计划经济到市场经济转变的过程相对应，大学生就业制度也基本上划分为三个阶段：计划经济下的统招统分阶段、过渡过程中的双向选择阶段和市场经济下的自主择业阶段（图13-1）。

从1977年恢复高考到20世纪80年代，大学教育体制还完全处于国家计划阶段，毕业生分配制度也处于国家统招统分阶段，那时大学生就业的状况是"由国家分配工作，负责到底"。在那个年代，虽然大学生在社会上供不应求，学生个人无需为就业和分配工作操心，但是用人单位和毕业生都没有自主选择的权利，所谓"一个萝卜一个坑"，正是当时毕业分配的真实写照。

客观地说，计划经济体制下的大学生分配制度与我国当时的计划经济体制确实是相适应的，"国家包分配"在很长一段历史时期内确实保证了国家建设的人才供给，在一定程度上缓解了我国地区之间人才需求不平衡的状况，一定程度上保障了国家的宏观调控，为国家快

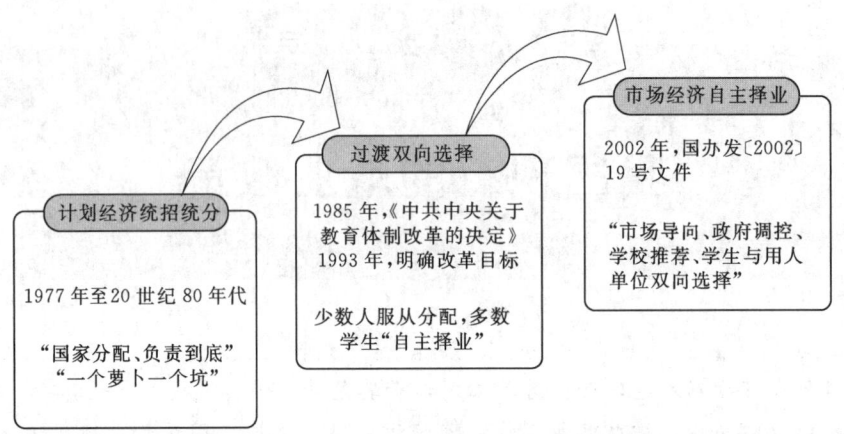

图 13-1 我国大学生就业制度改革过程

速均衡的发展和社会治安的稳定起到了非常大的作用。

1985年,随着中共中央颁布《关于教育体制改革的决定》,国家做出了改革大学生分配制度的重大决策,迈开了毕业生分配制度改革的第一步。在随后的几年间,国家在毕业生分配制度上进行了多次探索和调适,直到1993年,国家才明确了毕业生就业制度的改革目标,即改革高等学校毕业生"统包统分"和"包当干部"的就业制度,实行少数毕业生由国家安排就业,多数学生"自主择业"的就业制度。因此,1985—1998年是我国大学生就业制度经历的第二阶段,即过渡过程中的双向选择阶段。

以"双向选择"为主要特征的毕业生就业制度,随着改革开放的深入和社会主义市场经济体制的建立和完善,逐步迈进到以"自主择业"为特征、市场调节为主导的第三阶段。特别是在2002年,国办发〔2002〕19号文件明确提出了建立"市场导向、政府调控、学校推荐、学生与用人单位双向选择"的就业机制,近年来,按照这个方向,我国建立起了基本适应社会主义市场经济体制和高等教育大众化需要的高校毕业生就业制度。

(二)当前国内大学生就业环境与前景

就业是最大的民生问题,也是经济发展的重中之重。当前,我国就业局势保持总体稳定,但经济运行稳中有变,经济下行压力有所加大,对就业的影响应高度重视。必须把稳定就业放在更加突出位置,深入贯彻习近平新时代中国特色社会主义思想和党的十九大精神,全面落实党中央、国务院关于稳就业工作的决策部署,坚持实施就业优先战略和更加积极的就业政策,支持企业稳定岗位,促进就业创业,强化培训服务,确保当前和今后一个时期就业目标任务完成和就业局势持续稳定。

党中央、国务院高度重视大学生就业工作。各地区、各高校、各部门密切配合、共同努力,在经济增速放缓、岗位有效需求不足的形势下,高校毕业生初次就业率连续12年都超过70%,稳中有升,实现就业创业比例"双提高"。从中长期看,我国经济将长期保持中高速增长,拉动就业的能力依然强劲。随着产业结构调整和转型升级的深入推进,高校毕业生基层成长计划的实施,高校毕业生"下得去、留得住、干得好、流得动"长效机制的建立,创造了更多更加适合高校毕业生就业的新职业新岗位。"一带一路"、自贸区、"走出去"等重大战略的加快实施,提供了更多的就业机会;各项改革全面深化,改革红利不断释放,各类市场主体活力进一步迸发,就业空间不断拓展,良好的发展环境为促进高校毕业生就业提供了难得的机遇。

但同时也要看到,高校毕业生就业仍然面临严峻形势。从总量上来看,高校毕业生总量将维持在高位状态。从结构来看,适合毕业生的岗位相对不足,煤炭、钢铁、纺织、酒店等传统行业用人需求下降较大,进校招聘的单位数量和岗位数量明显减少。从地域来看,东部经济总体形势较稳,签约率同比基本持平;中部经济总体呈下行趋势,签约率同比有所下降。从群体看,部分专业如艺术类、法学类、语言类、师范类和医学类等就业压力突出,此外由于城乡、区域、行业间收入分配和社会保障水平存在差异,部分大学生就业观念存在偏颇等现象,也导致高校毕业生就业难度在加大。(整理自《国务院关于做好当前和今后一个时期促进就业工作的若干意见》国发〔2018〕39号。)

(三)国家就业政策分类

国家就业政策是贯彻落实就业制度的有力保障,与大学生就业息息相关的政策主要可以归纳为以下几类。

1. 市场相关政策

市场经济下的大学生就业制度,其核心是运用市场规律调节高校毕业生与市场的人才供需,最终实现人职匹配。因此,实现充分就业的首要前提就是市场的健康发展。国家对市场的规范首要手段是立法,《中华人民共和国劳动合同法》《中华人民共和国劳动法》以及《中华人民共和国公司法》等相关法律均是大学毕业生或求职者就业过程中需要了解的基础法条,其次还有国家或各地纷纷出台的一系列辅助就业和规范市场的相关规定,如《普通高等学校毕业生就业工作暂行规定》《高等学校毕业生就业后调整办法》《职业介绍暂行规定》《人事争议处理暂行规定》《人才市场管理暂行规定》《甘肃省深化高等学校创新创业教育改革实施方案(试行)》《甘肃省大学生创业引领计划实施方案》。

2. 就业准入政策

就业准入政策是指大学生获准进入某些地区、专业、职业等的相关就业政策。一般就业准入又分为地区性的准入政策和职业方面的就业准入制度。地区准入政策是指某些地区或省份都会有进入本地方的用人指标,尤其以户籍方面的限制最多,相应的地区政府会出台一些具体的进入政策,如北京、上海、天津、苏州、杭州、深圳等,这些地区每年都会出台接收普通高等学校非本地生源毕业生有关问题的通知和政策。从发展趋势来说,该类政策会随着户籍制度的改革而逐步淡化直至消失,但在一个特殊的历史时期,在一定的地区和一定的时间段,该类政策的存在具有一定的合理性。所谓职业方面的就业准入是指根据《中华人民共和国劳动法》和《中华人民共和国职业教育法》的有关规定,对从事技术复杂、通用性广、涉及国家财产、人民生命安全和消费者利益的职业(工种)的劳动者,必须经过培训,并取得职业资格证书后,方可就业上岗。实行就业准入的职业范围由人力资源和社会保障部确定并向社会发布。

3. 招考录用政策

从2003年起,各级党政机关录用国家公务员和国有企业、事业单位新增专业技术和管理人员,应主要面向高校毕业生。从2006年起,甘肃省、市(州)两级党政机关考录公务员,对具有乡镇、村、社区、非公有制单位两年以上工作经历的高校毕业生(包括报考特种专业岗位),录用的比例不得低于1/3,以后逐年提高;全省财政拨款的各级事业单位(不包括各级各类学校)招考工作人员,对具有农村、社区、非公有单位两年以上工作经历的高校毕业生（包括报考特种专业岗位），录用比例不得低于40%。选拔到乡镇服务的毕业生、参加大学生志愿服务西部计划的志愿者和省内进村（社区）工作的高校毕业生，报考公务员或财政拨款的各级事业单位工作人员的，报名时，实际服务时间满两年，且在同等条件下优先录用；报考研究生的，应适当给予优惠并在同等条件下优先录取。对已被录取为研究生的应届高校毕业生到基层服务的，为其保留学籍两年。在今后晋升中、评高级职称时，同等条件下优先评定。

4. 权利维护政策

权利维护政策是指在就业过程中对就业者本人和就业单位权利维护的一系列原则、规范。对于就业者本人，主要是维护其平等的就业权，对于用人单位主要是保护用人单位的一系列利益，权利维护政策有利于就业过程的规范化和秩序化，最主要的是实现对毕业生的保护。

5. 宏观调控政策

宏观调控政策最主要的是指各级政府为了促进国家和地区的人才结构的平衡而出台的一系列关于鼓励大学生到基层、到中小城市企业、到农村、到西部等地区去就业的相关措施。比如国家出台的志愿服务西部计划和大学生"村官"等都成为有力引导毕业生到西部和基层就业的重要渠道。

6. 就业扶持政策

就业是最大的民生，高校毕业生就业是就业工作的首要任务。国家为促进大学生就业出台了一系列政策及方针，确保就业数量最大化，就业质量最优化。

 扩展阅读

甘肃省高校毕业生就业创业扶持政策简编

（1）就业失业登记：高校毕业生可在常住地公共就业服务机构进行就业失业登记，申领就业创业证，享受政策咨询、职业介绍、职业指导、创业服务等公共就业服务，符合条件的享受相关就业扶持政策。

办理渠道：毕业年度内高校毕业生按规定到创业地公共就业服务机构申领就业创业证，或委托所在高校就业指导中心按规定代为其申领；毕业年度内高校毕业生离校后直接向创业地公共就业服务机构按规定申领就业创业证。

（2）创业培训补贴：毕业年度高校毕业生参加创业培训的，根据其获得创业培训合格证书或就业创业情况给予每人不超过1300元的创业培训补贴。

办理渠道：毕业生向当地人社部门申请参加培训。

（3）创业指导服务：有创业意愿的高校毕业生，可免费获得公共就业和人才服务机构提供的创业指导服务，包括政策咨询、信息服务、项目开发、风险评估、开业指导、融资服务、跟踪扶持等"一条龙"创业服务。

办理渠道：毕业生到县级以上公共就业和人才服务机构申办。

（4）创业担保贴息贷款：对符合条件的高校毕业生自主创业的，可在创业地按规定申请创业担保贷款，贷款额度为10万元。对符合条件的借款人合伙创业或组织起来共同创业的，可给予不超过50万元的贷款。

办理渠道：毕业生到县级以上公共就业和人才服务机构申办。

> （5）高校毕业生初始创业补助（不包含教育部门已扶持在校大学生就业创业项目）：毕业5年内的高校毕业生初始创业，符合连续经营1年以上、带动就业5人以上并签订劳动合同、足额缴纳社会保险费等条件的，可给予每户5万元的一次性补助。
> 办理渠道：项目单位向县市区人社部门申报。
> （6）创业典型补助（不包含教育部门已扶持在校大学生就业创业项目）：对经省级人社部门评选认定的创业明星或创业典型，符合吸纳就业30人以上并签订劳动合同、足额缴纳社会保险费等条件的，可给予每户10万元的一次性补助。
> 办理渠道：项目单位向县市区人社部门申报。
> （7）创业项目补助：对专家评审认定的市场前景好、发展潜力大、吸纳就业多的优秀创业项目或参加国家、省级有关部门组织的创业大赛且获奖的优秀创业项目，给予5万元的一次性补助。
> 办理渠道：项目单位向县市区人社部门申报。
> （8）税费减免优惠：对持有就业创业证（就业失业登记证）的高校毕业生创办个体工商户、个人独资企业，符合相关条件的，可依法享受税收减免政策，按每户9600元为限额一次扣减其当年实际应缴纳的营业税、城市维护建设税、教育费附加、地方教育费附加、价格调节基金和个人所得税。
> 办理渠道：毕业生到创办企业所在地税务部门申办。

7. 社会保障政策

人力资源和社会保障部门关于大学生社会保障的相关政策主要有以下的内容：将高校毕业生就业工作纳入当地就业工作整体规划，在宏观调控和增加就业岗位等方面进行统筹安排；积极组织实施"毕业生职业资格培训工程"和多种形式的创业培训，为毕业生自主就业创造条件；发挥公共职业介绍机构的作用，加强职业指导和就业信息服务，为高校毕业生择业提供更多帮助；加强失业登记和组织管理，对未就业和生活困难的高校毕业生，在失业、求职期间给予生活和就业方面的帮助；加强劳动力市场的管理，为高校毕业生就业创造良好的环境。

8. 派遣接收政策

派遣与接收政策指在大学毕业生离开学校到就业单位报到过程中国家所制定的一系列政策。派遣和接收政策的完善有利于大学毕业生就业的最终实现，并进一步明确了相关责任的主体和落实各项工作。派遣毕业生统一使用全国普通高等学校毕业生就业派遣报到证和全国毕业研究生派遣报到证（以下简称报到证），报到证由教育部授权地方主管毕业生就业调配部门审核签发。

9. 财政补助政策

纳入招聘范围的企业通过市州、县市区人社部门统一组织的公开招聘会与毕业生双向选择，依法订立劳动合同、缴纳各项社会保险并按时足额发放不低于当地最低工资标准的工资报酬的，甘肃省财政给予招聘毕业生每人每月1500元的生活补贴，补贴期限为3年。对招聘毕业年度高校毕业生的，企业可按规定申请社会保险补贴和职业培训补贴。招聘到企业就业的高校毕业生，由企业所属市州或县市区公共就业和人才服务机构免费提供人事档案管理服务，企业依照劳动合同管理，并尽可能安排毕业生到管理类、技术类等重要岗位锻炼培养。省财政补贴期间，企业应允许毕业生按规定参加公务员、事业单位、基层服务项目、脱产研究生等招录（聘）考试，企业工作经历计算工龄。

10. 人事代理政策

人事代理就是把自己的人事档案、人事关系委托给政府人事部门设立的人才流动服务中心管理。人才流动服务中心就相当于一个单位，保障您的合法权益并提供各种相关的人事代理服务。实行人事代理是我国人事管理制度改革的大趋势，对毕业生而言是其就业、工作的好帮手。毕业生可通过单位集体委托或个人委托，办理档案委托管理、落户及户籍管理、社会保险代缴、职称评定等相关人事代理业务。高校应届毕业生找到的用人单位是无人事主管单位，或暂无编制单位的，都可以到政府人事部门所属人才服务机构办理人事代理手续。

扩展阅读

甘肃省人力资源市场
2019届高校毕业生人事代理方案

普通高校应届毕业生，如到民营、股份制、私有、三资等非国有企事业单位就业的，可以根据本人意愿，将其档案转入甘肃省人力资源市场进行托管，并享受我市场为其提供的相关人事服务。具体事宜如下：

1. 毕业生人事代理的办理对象

（1）甘肃省内普通高校应届大中专毕业生。

（2）甘肃省外普通高校甘肃籍应届毕业生。

（3）甘肃省内民营、股份制、私有、三资等非国有单位引进的应届本专科毕业生。

2. 毕业生人事代理的服务内容

（1）毕业生档案免费托管。

（2）流动党员党组织关系管理。

（3）出具以档案为依据的相关证明。

（4）代缴社会保险。

（5）职称认定。

3. 毕业生人事代理的办理时限

2019年1月1日至12月31日。

4. 毕业生人事代理的办理流程

自2019年1月起接受毕业生的申请，办理毕业生个人人事代理的接收手续，具体申办流程如下：

（1）选择民营、股份制、私有、三资等非国有企事业单位就业，签订三方就业协议。

（2）携带就业报到证原件、身份证复印件到省人力资源市场签订《流动人员档案托管协议书》，办理报到手续。毕业生档案由学校直接寄送到甘肃省人力资源市场。

（3）享受甘肃省人力资源市场提供的相关人事服务，具体项目及办事流程可电话咨询。

5. 请各高校就业指导中心督促毕业生在领取就业报到证后，应仔细核对两证上的信息，避免毕业生来回奔波，保证档案的顺利接转。具体核对内容为：

（1）就业报到证上的报到单位应为"甘肃省人力资源市场"。

（2）就业报到证上的姓名必须与档案一致。如果就业报到证上姓名有误，请和学校联系，申请进行更正。

6. 请各高校党委认真按照《中共甘肃省委组织部关于加强流动党员组织关系管理若干问题的暂行规定》的要求，加强流动党员的教育管理，做好党组织关系的接转工作。具体如下：

（1）各高校请加强学生党员的基本党务知识和组织观念的教育，要求党员严格按照有关规定，由本人在组织关系介绍信有效期内到组织关系转入地接转关系；教育党员切实履行党员义务，按期交纳党费，主动保持与党组织的联系，杜绝"口袋党员"和不履行党员义务的现象发生。

（2）各高校凡有毕业生党员组织关系转入甘肃省人力资源市场流动党员党总支部，请提前以书面形式报送党员基本信息，书面材料应加盖校组织部印章，以确保信息的真实、准确。

（3）省内高校毕业生党员组织关系由所在院校将其组织关系直接转至中共甘肃省人社厅流动党员党委；省外高校毕业生党员组织关系由所在院校党委组织部将其组织关系转至甘肃省直属机关工委，然后由甘肃省直属机关工委再转至中共甘肃省人社厅流动党员党委，由毕业生持组织部介绍信到我市场办理组织关系接转手续。

7. 档案接收办理联系方式与交通路线

办理地址：兰州市城关区皋兰路305号

接收单位：甘肃省人力资源市场档案管理部

邮编：730030

咨询电话：0931-8830677　8879333　8837777

备注：根据相关规定，甘肃省人力资源市场只接收以机要或邮政EMS邮寄的档案，其他任何邮寄方式均不接收。

乘车路线：市内乘9路、56路、85路、117路、142路、140路、144路公交车到东方红广场南口站下车，兴业大厦正对面，甘肃省人力资源市场一楼大厅。

还有一些以上没有涉及的，但与大学生就业相关的政策，例如：特殊毕业生就业政策、大学生入伍的有关规定等。

二、我国针对大学生的就业项目简介

（一）选调生

选调生是各省区市党委组织部门有计划地从高等院校选调的品学兼优的应届大学本科及其以上的毕业生的简称，这些毕业生将直接进入地方基层党政部门工作，作为党政领导干部后备人选和县级以上党政机关高素质的工作人员人选进行重点培养。2000年，中央组织部发布了《中央组织部关于进一步做好选调应届优秀大学毕业生到基层培养锻炼工作的通知》，对进一步做好"选调生"工作提出了明确要求。参加选调生的

毕业生要与选调单位签订就业协议书,学校按照就业协议书进行派遣。具体而言,选调生具有以下优势:

(1) 地区优势:选调生一般都是针对当地生源进行选拔,针对性较强。

(2) 后备干部:选调生不仅仅具有国家公务员身份,其重点是培养党政领导干部后备人选。同时,为县(处)级以上党政机关和企事业单位培养和输送高素质的工作人员和管理人员。

(3) 选拔程序更有针对性:选调生的选拔包括资格审查、笔试、面试、体检、考察考核等程序,一般都要求校方进行重点推荐和审查。选调生通常会有年龄上的要求。

(4) 培养管理措施完善:选调生到基层工作后,组织部门将通过举办培训班、抽调到上级党政机关跟班学习,鼓励参加公开选拔、竞争上岗等有力措施进行重点跟踪培养,帮助选调生脱颖而出。

在报名时间上,选调生由各省份自行选拔,请大家关注各省市人力资源和社会保障厅(局)网站及学校就业信息网。

(二) 大学生应征入伍

2009年,国家出台了应届高校毕业生入伍预征政策,大规模征集普通高校应届毕业生入伍。2013年,经国务院、中央军委批准,自2013年起,全国征兵时间由冬季调整到夏秋季,这是自1990年实行冬季征兵制度23年来以来首次调整征兵时间,将有利于加大对大学生兵源的征集力度。

在校大学生入伍优待政策:

(1) 应征入伍的学生在部队期间获得"优秀士兵"称号及以上荣誉的,复学时可在本校专业设置范围内优先选读相应学历层次的专业。

(2) 在校大学生退伍复学时,对专科升本科、本科考研究生的,在同等条件下应优先录取。在校大学生入伍期间荣立三等功以上奖励的,原是专科生的可以免试转入本校(院)同等专业或相近专业的本科学习,荣立二等功以上奖励的,所学本科专业毕业后,可免试保送所学专业研究生。

(3) 根据征兵工作的具体安排,应征入伍的学生入伍前该学期所修读的课程,学校可以安排一次考核,考核合格者可获相应课程的学分,也可以直接确定成绩为"合格""中"或"75分",相应课程绩点分直接记为"0"。

(4) 入伍时学校应按规定退还其本年度所交剩余学费、住宿费用。退伍复学后,每年减免其学费60%;对荣获优秀士兵的,复学后按不低于80%的标准减免学费;对在部队入党和荣立三等功、二等功、一等功或授予荣誉称号的,复学后免交全部学费。

(5) 入伍前享受优秀学生奖学金的复学后提高一级奖学金评定(不含一等奖学金)。退役后回原学校复学的,入学前户籍所在地政府应参照当地城镇义务兵自谋职业补助金标准为其发放一次性助学补助金。

(6) 对批准入伍的在校大学生在服役期间由其入学前户籍所在地人民政府每年按照当地有关义务兵家属优待的规定给予优待。退伍后不复学的由入学前户籍所在地退伍军人安置机构负责接收,享受城镇义务兵退役安置待遇;参战或者因公负伤致残的,按国家有关规定执行。

扩展阅读

甘肃省鼓励大学生参军入伍和应征青年进藏服役政策措施

为深入贯彻落实习近平总书记关于"加强和改进兵役工作"重要指示精神,进一步做好全省征兵工作特别是大学生征兵工作,结合我省实际,现就鼓励大学生参军入伍和应征青年进藏服役制定以下政策措施。

1. 在公务员招考中,每年从全省基层政法干警招录培养体制改革试点招录计划中安排20%的名额,从全省基层专职武装干部招录计划中安排40%的名额,定向招录退役大学生士兵。省属国有企业每年招收录用或招聘人员时,在同等条件下优先招录退役大学生士兵。退役大学生士兵服役期间视为基层工作经历,服役时间计入工龄。

2. 自2016年起,我省实行大学生参军入伍一次性奖励金制度,按照本科生(含在校生、新生)7000元、专科生(含在校生、新生)5000元标准发放。部属高校、省属高校、行业高校、外省高校入伍大学生奖励金由省级财政负担;市属高校、民办高校入伍大学生奖励金由当地市级财政负担。奖励金在新兵入伍次年的8月1日前,由县市区民政部门发放给新兵本人或家长。

3. 自2016年起,我省实行进藏兵(含高原条件兵)一次性奖励金制度,按照每人10000元标准发放,所需经费由县市区财政负担。奖励金在新兵入伍次年的8月1日前,由县市区民政部门负责发放给新兵本人或家长。

4. 对组织大学生应征入伍工作积极且效果明显的省内高校,在下年度安排招生计划时予以适当倾斜。每征集1名大学生入伍给予所在高校500元经费补助。所需经费由省财政负担,省教育厅拨付。

5. 在校大学生士兵退役复学的,公共体育、军事技能和军事理论等课程免予考试,给予规定学分。参军入伍的高职(专科)翌年毕业生,已取得规定学分,可免毕业实习,征集入伍时由所在学校按学制规定的毕业时间填写、颁发毕业证书。

6. 退役大学生士兵专升本实行招生计划单列。高职(专科)学生应征入伍服义务兵役退役,在完成高职学业后参加甘肃省普通本科专升本考试,实行计划单列,录取人数按报名人数50%的比例确定。

7. 退役后自主创业的大学生,依法享受税收优惠,3年内免缴行政事业性收费。符合支持创业担保贷款条件的创业者,可向当地人社部门申请不超过10万元的免息创业担保贷款;符合条件的劳动密集型小企业,可申请不超过200万元的贴息贷款。

8. 大学生返乡应征,按公路和铁路运输费用标准核算报销差旅费,按照往返途中时间和体检时间(1天)累计天数每人每天发放100元的伙食补助。所需经费由县市区财政负担,由县市区人武部核报发放。

(三)大学生村官

按照党中央、国务院关于引导和鼓励高校毕业生到农村基层就业的精神,自2006年开始选聘普通高校毕业生到京郊农村担任村党支部书记助理、村委会主任助理,统称为大学生村官。

选聘到村任职的高校毕业生，享受以下政策待遇：

（1）比照本地乡镇从高校毕业生中新录用公务员试用期满后工资水平确定工作、生活补贴标准，在艰苦边远地区工作的，按规定发放艰苦边远地区津贴，补贴、津贴按月发放；参加养老社会保险。

（2）在村任职期间，办理医疗、人身意外伤害商业保险。

（3）符合国家助学贷款代偿政策规定、聘期考核合格的，其在校期间的国家助学贷款本息由国家代为偿还。

（4）在村任职2年以上，具备选调生条件和资格的，经组织推荐，可参加选调生统一招考。

（5）在村任职2年后报考党政机关公务员的，享受放宽报名条件、增加分数等优惠政策，同等条件下优先录用。县乡机关公务员应重点从选聘到村任职的高校毕业生中招录。

（6）聘期工作表现良好、考核合格的，报考研究生享受增加分数等优惠政策，在同等条件下优先录取。

（7）被党政机关或企事业单位正式录用（聘用）后，在村任职工作时间可计算工龄、社会保险缴费年限。

（8）到西部和艰苦地区农村任职的，户口可留在现户籍所在地。

大学生村官采取网上报名的方式。符合条件的高校毕业生可登陆市人力资源和社会保障局毕业生就业网，填写申报。

（四）大学生志愿服务西部计划

大学生志愿服务西部计划由团中央组织实施，其中全国项目通过公开招募、自愿报名、组织选拔、集中派遣的方式进行。志愿者服务期为1～3年。实施支教、支医、支农、全国农村党员干部现代远程教育、西部基层检察院、西部基层法律援助、西部基层人民法院、开发性金融、西部农村平安建设等专项行动。

大学生可享受的优待政策如下：

（1）报考研究生的志愿者，服务期满1年经考核合格，总分加10分；各高校出台的政策如优惠于此政策则参照高校政策；同等条件下优先录取。

（2）服务期满1年经考核合格，可以应届毕业生身份报考国家机关公务员；报考中央国家机关和东、中部地区公务员的志愿者，同等条件下优先录取；报考西部地区公务员的志愿者，笔试总分加5分。

（3）志愿者服务期间，户口和档案保留在毕业高校，免收服务费用；享受往返于入学前户籍所在地与服务地之间每年4次火车硬座票半价优惠。服务期满后，学校为志愿者发放就业报到证。

（4）按照国家有关规定，从2009年开始，参加西部计划并在西部地区县以下农村基层单位履行3年服务期限的应届毕业生，实施相应的学费和助学贷款代偿。

志愿服务西部计划的报名时间一般为毕业当年的5月开始，项目会根据实际情况有所调整，对此项目感兴趣的毕业生可到大学生志愿服务西部计划网查询具体信息。

（五）自主创业政策

十八届三中全会以来，党中央、国务院高度重视大学生创新创业工作，提出实施激励大学生自主创业的政策，人力资源和社会保障部等九部门印发了《关于实施大学生创业引领计划的通知》，提出了明确的工作目标和具体工作举措。

甘肃省针对大学生创业创新工作出台了《甘肃省深化高等学校创新创业教育改革实施方案（试行）》《甘肃大学生创业引领计划实施方案》等政策。

一方面，整合财政专项资金，加大对创新创业教育改革工作的支持力度。重点支持省级大学生创新创业训练计划项目、省级大学生创新创业示范基地、大学生创新创业服务平台等建设；支持高校根据贫困地区实际设立创新创业课题和项目，统一纳入科技创新体系和扶贫开发项目进行管理，并给予经费保障；利用专门智库，对贫困地区实施智力支援和创新创业服务帮助；鼓励和支持有条件的高校在贫困地区建立现代农业、畜牧业、电子商务等试验基地，带动当地大学生开展创新创业试验。

另一方面，鼓励和支持贫困地区大学生毕业后回当地创新创业。对于初始创业的就业困难大学生，申报灵活就业并及时足额缴纳社会保险费的，可按规定享受社会保险补贴；零就业家庭、优抚对象家庭、农村贫困户、城乡低保家庭的大学生以及残疾的大学生初始创业的，当地政府可给予不超过1万元的一次性创业补助。同时，鼓励社会组织、公益团体、企事业单位和个人设立大学生创业风险基金，探索创业融资担保模式，以多种形式向自主创业大学生提供资金支持。

（六）"三支一扶"计划

高校毕业生"三支一扶"计划，即支教、支农、支医和扶贫计划。支教计划是指到师资紧缺的基层义务教育学校从事支教服务；支农计划主要是到乡镇或农技服务部门从事支农服务；支医计划是到乡镇卫生院从事支医服务。扶贫计划到乡镇从事扶贫开发项目服务，工作时限一般为2年。工作期满后，自主择业，择业期间享受一定的政策优惠。"三支一扶"计划是引导和鼓励高校毕业生面向基层就业工作的一个重要组成部分，是国家基层服务项目之一。实施"三支一扶"计划，是鼓励和引导高校毕业生到农村去、到基层去、到祖国和人民最需要的地方去建功立业。

大学生可享受的优待政策如下：

（1）各级人事、教育、农业、卫生、扶贫等部门，要采取有效措施，充分挖掘就业岗位，制定鼓励政策，积极吸纳服务期满的"三支一扶"大学生进入本系统工作。各级人事部门要为"三支一扶"大学生建立专门的人才库，广泛收集各类用人单位的岗位需求信息，动员各类用人单位接收"三支一扶"大学生，有针对性地提供就业指导和推荐，帮助其落实就业单位。服务单位补充人员时，应优先接收服务期满考核合格的"三支一扶"大学生。县、乡各类事业单位补充人员时，特别是乡镇中小学、卫生医疗机构和农业技术推广服务机构在补充专业技术人员时，要安排一定比例的职位专门招聘这部分大学生。

（2）服务期满考核合格的"三支一扶"大学生报考公务员、硕士研究生、事业单位工作人员和自主创业的，享受省委、省政府办公厅关于引导和鼓励高校毕业生面向基层就业规定的优惠政策。

（3）服务期满考核合格的"三支一扶"大学生，根据本人意愿可以回到原籍或到其他地区就业，凡落实了接收单位的，毕业生就业主管部门负责为其办理相关手续，就业后不再实行见习期。凡进入国有企事业单位的，由接收单位按照所任职务或岗位比照同等条件人员确定其工资福利待遇，其服务年限计算为工龄，在今后评定晋升专业技术职务时，同等条件下优先考虑。

（七）特岗教师

特岗教师是中央实施的一项对中西部地区农村义务教育的特殊政策，通过公开招聘高校毕业生到中西部地区"两基"攻坚县、县以下农村学校任教，引导和鼓励高校毕业生从事农村义务教育工作，创新农村学校教师的补充机制，逐步解决农村学校师资总量不足和结构不合理等问题，提高农村教师队伍的整体素质，促进城乡教育均衡发展。

1. 特岗计划的加分政策

符合招聘条件，服务期满并且考核合格的全日制普通高校本科及以上学历的"大学生志愿服务西部计划""三支一扶计划""选聘高校毕业生到村任职工作"人员，以及"在校大学生士兵退役复学应届毕业"人员参加招聘在笔试成绩中加5分；本地生源、所学专业与应聘特设岗位学科相同、参加过半年及以上顶岗实习的师范院校毕业生和我省在校大学生士兵退役复学应届毕业人员同等条件下优先录取。

2. 特岗计划实施的资金安排和补贴

"特岗计划"所需资金由中央财政与地方财政共同承担，以中央财政为主。中央财政按人均年3.16万元的标准，与地方财政据实结算。最近财政部发文件中称"将特岗教师工资性补助标准由中部地区年人均3.16万元、西部地区3.46万元分别提高到3.52万元、3.82万元。"

3. 特岗的保险问题

特岗教师在三年服务期内有五险一金。

4. 特岗计划的保障政策

（1）特岗教师享受《关于组织开展高校毕业生到农村基层从事支教、支农、支医和扶贫工作的通知》等文件规定的各项优惠政策。

（2）特岗计划的实施与"农村学校教育硕士师资培养计划"相结合。符合相应条件的优秀特岗教师，可按规定推荐免试攻读教育硕士。

（3）特岗教师在三年聘任期内，没有试用期，在工资津贴、各类补贴补助、社会保障、公积金缴存、职称评聘、评先评优、年度考核、参加培训等各方面享受当地公办教师同等待遇。

（4）实施特岗计划的县、县政府要采取切实措施确保三年服务期满、考核合格且愿意留任的特岗教师全部入编，落实工作岗位，做好人事、工资关系等接转工作。同时，要按照国家有关规定落实服务期满特岗教师报考党政机关公务员、硕士研究生等优惠政策。

（5）对于服务期满考核合格愿意重新择业的特岗教师，省、市、县有关部门应在辖区内为其重新选择工作岗位和办理户口迁移提供方便条件和必要的帮助。被党政机关或企事业单位正式录用（聘用）的，其服务期按规定应计算为工龄、社会保险缴费年限。

第十四章

就业程序办理

> 合抱之木，生于毫末；九层之台，起于累土；千里之行，始于足下。
> ——老子·第六十四章

学习目标

（1）了解办理就业的流程和需要做好的准备。
（2）学习就业的常识。

理论知识窗

很多毕业生"眼高手低"的最直接表现就是缺乏对一些基本小事的关注。毕业生的就业手续关系到一个学生从学校到社会的转变，涉及的职能部门多，手续相对较多，需要每个毕业生用足够的耐心去面对，用平和的心态去对待。

一、与就业相关的五份重要材料

在学校就业指导中心，会经常遇到对自己的就业手续办理一头雾水或置之不理的毕业生。然而，毕业生经历了招聘会、面试、笔试、择业选择等一系列的求职过程，就业手续的办理是成就你求职梦想的重要环节。伴随着求职过程，共有五份重要材料与我们的就业息息相关（图14-1）。

| 毕业生推荐表 | 就业协议书 | 报到证 | 户口迁移卡 | 毕业证、学位证 |

图14-1 就业手续办理的必要证件

（一）毕业生推荐表

《兰州交通大学毕业生就业推荐表》（以下简称"推荐表"）供毕业生应聘用人单位时使用，由学校招生就业处统一格式，毕业生在就业管理服务系统填写提交推荐表信息后自动生成，经学院（部）审核并填写毕业生综合考评成绩及思想鉴定后由毕业生自行打印，并加盖学院（部）公章后生效。毕业生只能同时持有一份推荐表原件，应聘时持复印件，确定签约单位后再将推荐表原件交予用人单位。

1. 就业推荐表的制作和打印

（1）毕业生在就业管理服务系统核对并提交生源信息校核后，自动生成推荐表打印格式。原则上毕业生应在每年9月1日前提交生源信息校核，各学院（部）可视情况适当调整生源信息提交截止时间。

（2）就业推荐表由学生自行打印，并由学院（部）集中加盖学院（部）公章之后将就业推荐表发放给毕业生。

（3）未提交生源信息校核的毕业生不能生成推荐表，请学院（部）通过就业管理服务系统查看，并催促未提交的同学尽快提交。

2. 推荐表的补发换发

非违约情况下，只能办理一次推荐表补发或换发。

（1）推荐表遗失补发。毕业生登陆就业管理服务系统申请推荐表补发，并如实填写遗失原因。经学院（部）审核，推荐表遗失情况在就业网公示3天后，毕业生可自行打印1次推荐表。

（2）推荐表损坏或信息有误换发。毕业生登陆就业管理服务系统申请推荐表换发，选择相应原因如实填写，并将原推荐表返回学院（部）年级辅导员办公室，学院（部）方可授权毕业生自行打印1次推荐表。

违约情况下，只能办理一次推荐表换发。

若毕业生与原签约单位解除协议，且原单位未退回就业推荐表，学院（部）在办理违约手续时可同时授权毕业生自行打印1次推荐表。

毕业生就业推荐表申请流程如图14-2所示。

（二）就业协议书

《兰州交通大学毕业生就业协议书》（以下简称"协议书"）是经教育部授权，供我校应届毕业生在与用人单位正式确立劳动人事关系前，由甲方（用人单位）和乙方（高校毕业生）经双向选择，确立就业关系、明确双方权利和义务而达成的具有法律效力的书面协议，受到《中华人民共和国合同法》保护。学校作为协议书的见证方，有监督用人单位与毕业生双方履行协议的权利和义务。同时，协议书也是学校进行毕业生就业管理、编制就业方案及毕业生办理就业手续的重要依据。

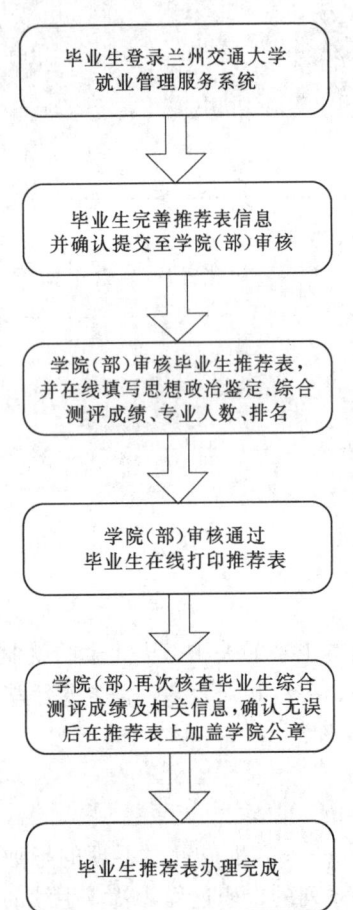

图14-2 毕业生就业推荐表申请流程

1. 协议书的领取和就业去向信息登记

毕业生只能同时持有一份协议书，原则上所有需要签订协议书的毕业生都应在就业管理服务系统填写完成就业去向后自行打印协议书，即采取以下第1种方式打印协议书。

（1）网上自行打印协议书。毕业生提交生源信息校核后才能进行毕业去向登记和协议书打印。需要签订就业协议书的毕业生，填写就业去向时应选择"签就业协议形式就业"，并填写相关信息。填写完成后，系统自动生成包含毕业生信息和用人单位信息的协议书，毕业生打印出书面协议书，与用人单位双方签字盖章后生效。协议书签订后7天内，将其中一份协议书交至就业管理科。

(2) 到就业管理科领取空白协议书。若遇到用人单位需要毕业生持空白协议进行笔试面试等特殊情况，毕业生可到就业管理科申领空白协议书与用人单位现场签约。已在网上自行打印协议书的毕业生不可再到就业管理科领取空白协议书。签约两周内，毕业生需登录就业管理服务系统填写就业去向信息，并将一份已签约协议书交至就业管理科。

2. 协议书的返回和就业去向信息审核

(1) 学院（部）审核。毕业生在线提交毕业去向后，学院（部）负责毕业生工作的辅导员进行审核工作，主要审核毕业生的签约单位基本信息、户口迁移信息、档案转寄信息、报到证信息填写是否完整正确。如果发现去向登记填写不正确，审核人可以填写"审核意见"，并选择"材料审核不通过"，毕业生会根据反馈意见进行修改。若审核通过，则登记并修改就业去向状态为"招就处待审核"。

(2) 招生就业处审核。招生就业处对学院（部）已近审核通过的毕业生协议书包括就业去向的填写内容进行最终审核。审核通过后，毕业生就业去向状态改为"已审核"，毕业生可以在线打印协议书。如果发现去向登记填写不正确，招就处审核人可以填写"审核意见"，并选择"材料审核不通过"，毕业生会根据反馈意见进行修改。

3. 就业去向信息的修改和协议书的补发、换发

原则上学校仅允许毕业生最多办理一次协议书签订前的就业去向信息修改和一次协议书补发、换发手续（含违约，用人单位提出解除协议除外）。特别需要注意的是：应届毕业生的协议书补发、换发（含违约）手续在每年11月1日以后开始办理。

(1) 协议书签订前就业去向信息修改。若毕业生填写了就业去向信息，但因故没有打印协议书，或打印了协议书未与原填写单位签约，可以通过就业管理服务系统申请修改就业去向信息。已打印协议书的毕业生需将协议书返回到就业管理科。招生就业处收到申请后，与用人单位联系确认毕业生未签约后方可通过审核，并授权毕业生再次填写。此项申请仅限一次。

(2) 协议书遗失后的补发。

1) 毕业生到就业管理科领取空白协议书或自行打印协议书后应尽快交由用人单位签约，避免发生遗失。确因遗失协议书需要补办的，毕业生登录就业管理服务系统后台填写遗失过程并提交学院（部）学生工作组审核。

2) 学院（部）应认真核实毕业生协议书遗失申请的真实性，向毕业生原意向单位、其他同学了解核实其签约情况。若有已签约而谎称遗失的，按照《兰州交通大学学生违纪处分条例》给予警告及以上处分。

3) 若确认毕业生未签约，学院（部）在就业管理服务系统审核毕业生所提交的补办申请，审核成功后协议书遗失信息自动提交到遗失公告栏（公示7天），公示期间若没有人交回遗失的协议书、没有收到举报的，毕业生可通过就业管理服务系统再次填写就业去向并打印协议书。

4) 毕业生签约后因故遗失协议书需要补办的（签约单位不变）：①若协议书一式三份全部遗失，按照以上协议书办理程序办理；②若遗失其中一份或两份，可复印后将复印件交由学校留存。

(3) 协议书签订后的违约。

1) 毕业生若有违约意向，首先应在学院（部）学生工作组申请备案（研究生首先应征得

导师同意,持导师意见到学生工作组申请备案)。备案完成后,方可与用人单位协商解约事宜。

2) 用人单位同意后,毕业生登录就业管理服务系统提交违约申请,按照页面提示填写违约原因等内容,上传违约证明电子稿。提交成功后,毕业生将违约证明原件和协议书(至少一份)交到就业管理科等待审核。

3) 就业管理科认真审核毕业生违约原因及违约材料,若同意毕业生违约,毕业生可再次填写就业去向信息并打印新协议书。

注:在用人单位签署同意解除协议意见之前,招生就业处和学院(部)不会签署或表达任何同意违约意见。

(4) 协议书损坏后的换发。毕业生到就业管理科领取空白协议书或自行打印协议书后应尽快交由用人单位签约并妥善保管,避免损坏情况的发生。若签约前协议书发生损坏需要换发,毕业生应通过就业管理服务系统提交换发申请,并将损坏后的一式三份协议书交回就业管理科。就业管理科在就业管理服务系统审核毕业生所提交的换发申请,审核成功后毕业生可通过就业管理服务系统打印协议书。签约后发生损坏的,可复印后将复印件交由学校留存。

注:以上协议书遗失后的补发、协议书签订后的违约、协议书损坏后的换发三种情况仅限申请1次(例如申请补发后,就不能再申请违约和换发)。

毕业生就业协议书办理过程如图14-3所示。

(三) 就业报到证

就业报到证也就是我们常说的"派遣证",它既是用来记载我们就业历史、工龄的重要证件,又是用来办理落户和档案转寄等相关手续的关键凭证。此外,因为只有国家教育部门列入统一招生计划的大学生才有派遣资格,才有报到证,所以在相当长的历史

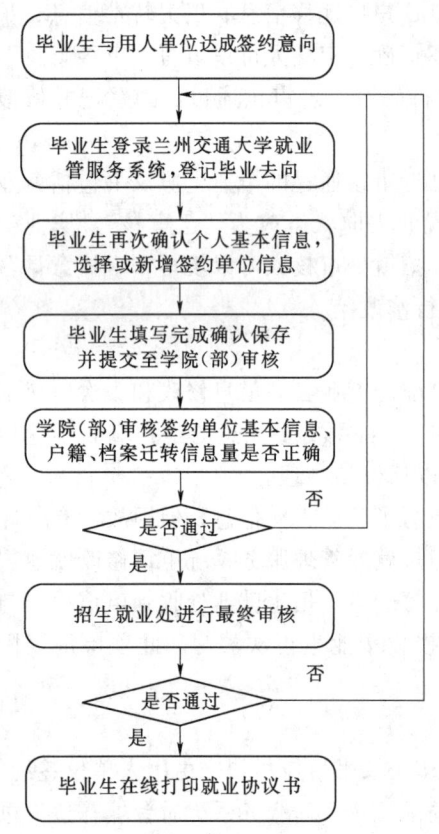

图14-3 毕业生就业协议书办理流程

时期内,报到证是毕业生"干部身份"的标志,是大学生档案里面的必备材料。就业报到证分两部分,即《全国普通高等学校本专科毕业生就业报到证》[蓝色联(本专科)/红色联(研究生)],由各学院(部)负责向毕业生发放,《全国普通高等学校本专科毕业生就业通知书》(白色联)由招生就业处转入学生个人档案。毕业生凭报到证办理户籍和档案转迁手续。

报到证是毕业生到用人单位或回生源地报到的重要凭证,用人单位以就业报到证为依据接转毕业生的档案,同时,毕业生凭就业报到证和户口迁移卡到公安部门办理户口的迁移手续。须妥善保管,若遗失不再补发。就业报到证有效期为1个月。如有特殊情况本人不能领取报到证者,可委托他人办理,但需被委托人持委托人的身份证复印件及委托书方可领取,并做好代领签字登记。

(四) 户口迁移卡

学校户籍管理部门会为我们出具户口迁移证件(户口迁移卡或户口卡)。持证人到达迁

入地后，需在有效期内将户口迁移证件交给户口登记机关申报入户。需要特别注意的是，毕业生需要及时落户，否则会对结婚、买房、贷款等事情的办理有影响。

（五）毕业证、学位证

对大学生来说，最重要的证件莫过于此了，这是你接受四年高等教育的见证。毕业生到单位入职报到时就会被"验明正身"。此证一旦丢失不能补办，因此一定要特别妥善保管。

二、毕业去向只有一个选择

四年的大学生活结束时，我们每个人都面临着一个同样的选择题：毕业了，我要去哪？我应该办理什么样的就业手续？就业手续如何办理取决于毕业生选择哪一种毕业去向。毕业去向一般分为签约、升学、灵活就业、出国和回省待就业5种。所谓"一种选择"，就是说每个毕业生在离校的时候，都必须且只能选择其中一种毕业去向，并办理相应的手续。

1. 签约

签约的"约"就是我们常说的毕业生就业协议书即三方协议。就业协议书是普通高等学校应届毕业生与用人单位正式确立劳动人事关系前使用，由甲方（用人单位）和乙方（毕业生）在双向选择的基础上共同签订，是用人单位确认毕业生信息真实可靠、接受毕业生的重要凭证，也是高校进行毕业生就业管理编制就业方案及毕业生办理就业手续的重要依据。

甲乙双方按照《普通高等学校毕业生就业工作暂行规定》，本着诚实守信原则经过自愿平等协商，达成如下协议：

（1）甲方如实向乙方介绍本单位及招聘岗位情况，乙方如实向甲方介绍自身情况；双方在充分了解双向选择的基础上，签订就业协议书。

（2）就业协议书经甲乙双方签字（或盖章）后生效，双方须严格履行协议内容。

（3）双方签订协议时应对违约责任及违约金数额进行书面约定，并遵照执行。若一方提出违约，须征得另一方同意，并由违约方承担双方约定的违约责任。双方达成解约意向后，甲方应尽快向乙方出具书面解约证明，以便乙方回校办理相关手续。

（4）若因履行就业协议书发生争议，甲乙双方可通过相互协商申请调解。申请仲裁或其他法律途径解决。

（5）就业协议书一式三份，分别由甲方乙方和学校就业工作部门留存。

（6）乙方到甲方报到后，甲乙双方须按照国家有关规定签订劳动合同，劳动合同签订后，就业协议书自动终止。

在签约过程中，特别要注意："三方协议"和"推荐表"是每人只有一份的重要材料，因此务必妥善保管。

2. 升学

毕业生考取了研究生（考研）、双学位、博士或博士后，应及时到学生就业指导中心说明升学的具体情况并登记，以便学校能及时为大家办理户口及档案迁移的相关手续。

有很多同学认为，考上研就什么手续都不需办理，这是不对的，升学的同学仍需要办理调档和户口迁移手续，与签约的同学不同的是，升学的毕业生没有报到证，毕业生凭录取通知书和户口迁移卡等证件去录取院校报到（图14-4）。

3. 灵活就业

所谓"灵活就业"是指在劳动时间、收入报酬、工作场所、保险福利、劳动关系等方面不

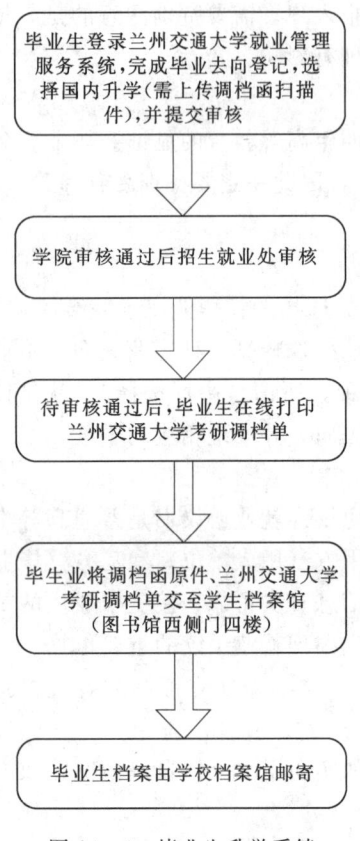

图 14-4 毕业生升学手续办理流程

同于建立在工业化和现代工厂制度基础上的传统主流就业方式的各种就业形式的总称。包含非正规部门就业，独立于单位之外的就业形式、自由职业等形式。灵活就业人员是指以非全日制、临时性和弹性工作等灵活形式就业的人员。灵活就业毕业生经本人申请，直接派遣回生源地落户。

灵活就业还包括两种特殊的就业情况，即自由职业和自主创业，自由职业者一般没有固定的签约单位，或是有短期工作所以一般无法签订长期的劳动合同；而自主创业者因为公司处于起步阶段的特殊情况，签约手续也不能正常办理。灵活就业的同学离校时，档案、户口一般需要迁移到生源地教育或人事部门。在校期间，除了要向就业中心出示具体情况的证明办理如户口迁移和档案转寄手续外，还要注意毕业时应与签约的同学一样，领取报到证和户口迁移卡去户档接收单位办理报到手续。

4. 出国

包括毕业后出国留学或出国工作。二者不同的是，出国留学的毕业生可与教育部出国留学服务中心联系，了解出国留学人员可以办理哪些手续，包括学成回国之后的派遣手续等，也可以将户口档案转至入学前的生源地区；而出国工作的同学，则必须要将户口档案转至入学前的生源地区。出国同学如果把户档转回生源地，毕业时就要领取报到证和户口迁移卡；如果把户档转到教育部出国留学服务中心，则只有户口迁移卡。

5. 回省待就业

在毕业时如果没能顺利找到工作，则需要将个人的户口和档案转回生源地区的人力资源和社会保障部门保管，学校不能继续保管毕业生的户口档案。各省人力资源和社会保障部门会按照国家政策，继续为未就业的大学生提供就业信息、就业帮扶、见习推荐等相关服务，以便帮助同学们继续择业。未就业同学离校时，一方面要注意领取回省待就业的报到证和户口迁移卡回家乡报到；另一方面，需要保管好自己的空白三方协议，一般在毕业当年年底前找到解决北京户口的工作或两年内落实可以办理派遣手续的非京单位，仍可以通过签订三方协议，在学校办理直接到工作单位的派遣手续。

三、就业手续办理过程中的几个重要概念

1. "派遣"与"二分"

学校为签约的毕业生办理的是派遣手续，而为没就业或需要户档回生源地的同学办理回省"二分"的手续。所谓"派遣"，即学校按照三方协议约定为毕业生办理就业报到证和户档迁移，而毕业生执报到证和相关手续去单位报到的过程；"二分"顾名思义，原是"回生源省份二次分配（派遣）"的简称。由于毕业生在学校读书期间未能就业，所以学校将为毕业生办理就业派遣的手续转交至其生源所在的省级毕业生就业主管部门。两年内这些机构都

可以为毕业生办理就业派遣。

随着近些年灵活就业在毕业生群体中所占的比重越来越高,"二分"回家的同学当中,有相当一部分人属于有工作,只是需要通过办理"二分"的手续,将户档等相关手续办理回家。所以,"二分"的实质已经发生了变化和延展,更多的只是侧重于户档手续的签转。

2. "违约"与"改派"

"违约"是指毕业生与单位签订三方协议后,由于自己或用人单位一方的原因,导致最后协议不能履行,需要解除的情况。"改派"是指毕业生已经与单位签订三方协议,并以此为依据派遣制作了报到证之后,因故需要解除协议、变更派遣单位的情况。一般而言,违约和改派都属于协议的解除,区别在于是否已经派遣、制作了报到证。没有制作报到证之前,属于违约行为;制作了报到证之后,就需要办理改派手续。

大学生找工作签约最应讲求的就是"诚信"和"谨慎"。诚信应该是每个人都应当秉承的一种人生信条,不但要在择业过程中讲诚信,在将来的事业生涯中也都要讲诚信。

初入职场的大学生,社会经验不足,签任何协议都要谨慎为之。签约不是儿戏,不能朝令夕改,因此当我们郑重地在协议上签下自己名字的时候,所承担的责任也就伴之而生。毕业求职的阶段,我们中的很多人都存在着"这山看着那山高""吃着锅里、看着盆里"的情况。追求更理想的选择本无可厚非,但如果只是从自己的角度出发,采取一些欺骗手段从而达到违约的目的则是非常不可取的。大学生择业有黄金周期,用人单位的选择同样如此。所以,毕业生随意违约的行为既为自己的职业生涯开启了一个不好的开端,又会给用人单位带来无法估量的损失。

如果确因各种客观原因不得不违约,建议毕业生也一定要妥善处理好跟用人单位的关系,该承担责任的坚决承担责任,并严格按照学校对于违约(改派)行为的相关程序规定办理手续。

3. 关于"户口指标"

随着中国户籍制度的改革,目前大多数城市对于吸收应届毕业生落户都已经实施了非常宽松的措施。但是,仍有一些大城市因特殊原因保持了应届毕业生入户审批的制度,如北京、上海、天津、深圳等。这些城市都对毕业生的"硬件"提出了明确的要求,比如学历、专业、英语水平、计算机水平等。因此,应届毕业生对心仪的地区,应该了解其相关落户手续的具体办理细节,早着手、早准备,比如上海市采取"入沪打分"制度。

除了应届毕业生的入户申请以外,往届生也有相应的途径申请户口。"条条大路通罗马",事业的成功及人生的幸福跟有无大城市户口没有绝对的关系,建议毕业生在初次择业时不要把户口看得过重。

 扩展阅读

关于做好北京市朝阳区2015年毕业生接收工作的通知(节选)

一、工作原则

继续坚持"总量控制,择优引进"的整体要求,综合考虑我区毕业生就业工作情况,严格遵循"两个优先"原则,即在同等条件下,优先招聘北京生源、优先引进北京院校的应届研究生;严格遵循"学用一致、专业对口"的原则,要求引进的应届研究生所学专业要与所在单位的主营业务保持一致。

二、接收范围

（一）应为列入国家统一招生计划的全日制普通高等学校并能参加当年正常就业派遣的应届毕业生，培养方式为定向或委培的毕业生，成人教育、自学考试、远程教育、在职进修班、函授班及其他各类同等学力毕业生均不在接收范围内。

（二）非北京生源毕业生除上述要求外，还须具有硕士研究生及以上学历，所学专业与主营业务一致，所学成绩全部合格，无补考记录，并能按时取得相应学历学位。

三、办理流程

（一）北京生源毕业生

在北京市朝阳区人才服务中心存档的非公企业，单位持当年所接收的毕业生身份证、户口本、就业协议书（一式三份），加盖公章后，到朝阳人才服务中心盖章。

（二）非北京生源毕业生

1. 网上审核。用人单位与毕业生达成就业意向后，登录"毕业生管理系统"（http：//www.bjrbj.gov.cn/bys），进入引进非北京生源毕业生管理系统，按要求填报信息。

网上填报流程及要求见附件1。

2. 纸质材料申报。用人单位网上提交毕业生数据信息审批通过后，打印《非北京生源进京审批表》（一式三份），与所需其他申报材料一并提交区人才服务中心，经人才中心审核通过后报区人力社保局审核，待区人力社保局审核通过后，上报市人力社保局。经市人力社保局审批通过后，开具《接收函》（一式两份），用人单位方可与毕业生签订就业协议书（一式三份），加盖公章后，到朝阳人才服务中心盖章。

所需纸质材料及具体要求详见附件2。

四、工作要求

（一）各用人单位要加强领导，统筹安排，按照规定的时限和要求，完成网上信息填报和材料申报工作，并确保所报信息和材料齐全、真实、准确。报送的纸质材料与网上信息不符的，视为不合格，不予上报。

（二）各单位要在区人力社保局下达的指标数范围内，申报符合条件的非北京生源毕业生。同时要做到：申报工作及时，指标落实到位；申报渠道规范，不得多头申报；确保接收情况真实、有效，不得虚假接收。

（三）对于接收非北京生源毕业生工作坚持从严控制的原则，坚决杜绝弄虚作假。对于弄虚作假或参与作假以及存在其他违规行为的，取消引进资格。

五、特别提示

毕业生办理报到证注意事项：

（一）报到单位名称必须与接收函中接收单位名称一致。

（二）研究生培养方式必须注明，不能空缺。

（三）如毕业生报到证已签发至其他单位，需调整改签至我市接收单位的，原则上应换发新证。如不能换发新证，应由原发证部门在报到证和通知书上同时签注改签意见。改签单位名称应与接收函中接收单位名称完全一致，报到地址栏同时变更至"北京市"，加盖原发证章。

朝阳区人才服务中心 2015年4月30日

扩展阅读

关于做好2019年非上海生源应届普通高校毕业生进沪就业工作的通知

一、申请条件

（一）用人单位条件

用人单位是非上海生源毕业生进沪就业申请落户的申请主体。符合下列条件之一的用人单位，直接录用非上海生源毕业生的，可以为录用人员申请本市户籍：

1. 本市行政区域内的党政机关；

2. 在本市登记的事业单位、社会团体、基金会、社会服务机构（民办非企业单位）；

3. 符合本市产业发展方向、信誉良好、注册资金达到人民币100万元（含）以上的企业，且在2018年5月31日前在本市注册登记（非上海生源毕业生最高学历阶段自主创业并担任企业法定代表人，为本人申请办理本市户籍的，不受上述注册资金和注册登记时间限制）；

4. 不符合上述条件的用人单位如确需引进非上海生源毕业生的，须在2019年5月24日前由其政府主管部门、所在区政府或市级以上开发园区主管机构的人力资源工作部门，以正式公文形式向上海市高校毕业生就业工作联席会议（以下简称"联席会议"）办公室提出申请（由上海市学生事务中心受理）。

经认定存在虚假申报等情况的用人单位，2019年提出的落户申请无效。经核实，用人单位与上年度所录用且已办理直接落户的非上海生源应届毕业生全部未依法履行劳动（聘用）合同的，该单位2019年提出的落户申请无效。

（二）非上海生源毕业生条件

非上海生源毕业生符合以下条件，可以由用人单位为其申请办理本市户籍：

1. 遵守法律法规及学校规章制度；

2. 列入普通高校国家统一招生计划，全日制且不属于定向和委托培养，完成学业并取得相应的毕业证书和学位证书；

3. 在校期间未与任何用人单位存在劳动关系或人事聘用关系，未缴纳社会保险（非上海生源毕业生最高学历阶段自主创业并担任企业法定代表人，为本人申请办理本市户籍，并由该企业为其缴纳社会保险的，不受该条件限制）；

4. 与符合前文规定申请条件的用人单位签订劳动或聘用合同期为一年及以上的就业协议。中介机构的派遣人员不予受理。

二、申请材料

非上海生源毕业生进沪就业申请落户，须由用人单位一次性提交下列申请材料（具体材料要求详见附录）：

1.《2019年非上海生源应届普通高校毕业生进沪就业办理户籍申请表》（含申请材料清单）；

2.《2019年非上海生源应届普通高校毕业生个人信息表》；

3. 普通高等学校毕业生推荐表；

4. 普通高等学校毕业生就业协议书；

5. 成绩单；

6. 外语等级证书；

7. 计算机等级证书；

8. 用人单位的企业营业执照（法人企业的分支机构需另提交相关证明材料）；

9. 最高学历学习阶段所获奖项证书；

10. 最高学历学习期间获得发明专利证书及相关材料；

11. 最高学历学习期间创业的相关证明材料；

12. 其他相关材料。

三、申报时间及流程

2019年非上海生源毕业生进沪就业申请本市户籍的受理时间为2019年5月7日（工作日）至2019年6月14日（工作日），博士毕业生受理时间可延长至2019年12月31日（工作日）。

（一）受理经办机构下属（辖）用人单位按以下流程申报

1. 各受理经办机构须在2019年5月24日前向上海市学生事务中心提交《受理经办机构基本情况及下属（辖）用人单位登记表》（附件3）。

2. 各受理经办机构下属（辖）用人单位登录上海学生就业创业服务网的"用人单位管理服务平台"，在网上填报相关申请信息，核对无误后网上提交给相应受理经办机构。

3. 各受理经办机构下属（辖）用人单位须备齐单位和非上海生源毕业生的相关书面材料，由人事管理部门派专人携带单位介绍信、营业执照原件及经办人身份证及复印件至相应受理经办机构进行现场申报。

4. 各受理经办机构确认相关网上填报信息和纸质材料一致，审核通过后，在网上提交相关申请信息并预约时间，到上海市学生事务中心提交纸质材料。

（二）其他用人单位按以下流程申报

如用人单位无相对应的受理经办机构，可登录就业创业服务网上的"用人单位管理服务平台"，在网上填报相关申请信息，核对无误后从网上提交给上海市学生事务中心，按照预约时间，由人事管理部门派专人携带单位介绍信、营业执照原件及经办人身份证及复印件等相关纸质材料到上海市学生事务中心进行现场申报。

四、受理审核

上海市学生事务中心收到申请材料后，对申请材料齐全的，给予受理，并出具接收材料回执单。

上海市学生事务中心依据《2019年非上海生源高校毕业生进沪就业评分办法》（在就业创业服务网另行公布），对用人单位提交的申请材料进行初审后，报联席会议审定。相关结果通过就业创业服务网予以告知。公布结果后，单位及获得落户资格的学生应在6个月内完成实际落户手续。

2019年非上海生源毕业生进沪就业落户标准分为72分。

五、申诉

对审核结果有异议的，用人单位可以在就业创业服务网公布结果后30日内向上海市学生事务中心提出书面申诉（需通过上海就业创业服务网用人单位管理服务平台填报后下载打印并由单位盖章），由上海市学生事务中心报联席会议审议。申诉结果一般应在收到用人单位书面申诉后60日内做出，情况复杂的，可以适当延长。

六、受理单位、联系方式及结果查询

详见就业创业服务网，咨询电话：64829191。本办法自公布之日起施行，由联席会议办公室负责解释。

扩展阅读

《深圳市接收普通高校应届毕业生实施办法》
深圳市户籍迁入若干规定（节选）

一、办理时间：全年度工作日。

二、申请条件。符合以下条件并在择业期内，且未办理过毕业生接收手续的毕业生，可申请接收：具有全日制大专以上普通高等教育学历；身体健康；未参加国家禁止的组织及活动，无刑事犯罪记录。

由市、区人力资源部门根据深府函〔2016〕59号及深人社规〔2016〕24号审批同意后，办理接收。

三、办理方式：毕业生，单位，代理机构，均可办理。

四、重要提示。

（一）关于申报条件的截止时间计算：毕业生申报的各项条件的截止时间计算，以在人才引进系统扫描上传到材料并正式提交系统为准，在提交申报成功时，毕业生需具备与所申报信息一致的相关资质。

（二）关于申请人在人才引进系统已存在调令信息的问题：根据我市户籍系统管理规定，同一申请人只能存在一条入户指标信息。如果申请人之前曾申办过我市人才引进并获批，再次申报时人才引进系统将会有提示，申请人需根据提示以及本人情况在下列选项中选择一种：

1."曾申报人才引进取得调令但未办理入深户手续。"

2."之前曾申报人才引进并入户深圳，之后户口迁出我市，现需再次申报人才引进；或之前曾申报人才引进并入户深圳，后因学历晋升需再次办理毕业生接收。"，选择后点击按钮"确认属实，同意作废之前信息并继续申报"进行申报确认后，方可继续申报。本次调令获批时，之前的入户指标信息将作废。第1种未入深户的，之前调令予以撤销；第2种曾入深户的，之前调令改为待查状态，申请人今后在办理退休或其他业务需使用之前调令信息的，可向调令使用部门提供之前的入户证明材料来判定该调令的有效性。

（三）关于"农转非"问题：原则上农业户籍毕业生不在深圳办理"农转非"手续。根据国家、省普通高等学校学生办理户口问题相关规定，农业户籍毕业生应在户籍地办理"农转非"，农业户籍毕业生在申请毕业生接收时，系统填报"户籍类型"应填写"非农业"，待取得《普通高校毕业生接收申请表》（以下简称《毕业生接收申请表》）后，在户籍地办理"农转非"手续。如户籍地确有政策规定不予办理毕业生"农转非"手续的，方可在深圳办理"农转非"手续，系统填报"户籍类型"时应填写"农业"。

（四）关于子女信息填写及子女随迁问题：申请人在人才引进系统填报子女信息时，填报"有随迁子女"的，需填写随迁子女信息，非随迁的子女信息不用填写。申请人填写随迁子女信息时，需确保信息的真实性、准确性，且符合我市子女随迁相关规定，否则在公安部门入户时将无法正常办理。根据我市人口管理的相关规定，申请随迁的子女应符合以下规定：

1. 本人生育且抚养权归属本人的未满18周岁的子女（大中专院校在校生除外）；

2. 随迁子女需与本人在同一户口本上，且同为城镇户籍或同为农业户籍；具备硕士研究生及以上学历或副高级及以上技术职称或技师及以上职业等级资格且申请人与随迁子女户口性质一致的（同为城镇户籍或同为农业户籍），可申请办理异地随迁。

五、办理流程：准备资料填写申报信息并办理深圳人社局的接收申请表（也叫接收函）→回学校和学校所属的省就业指导中心办理报到证→户籍地办理户口注销和迁出手续→深圳报到和派出所落户并办理新身份证→领取新的身份证。毕业生办理派遣及户籍迁出手续：毕业生持《毕业生接收申请表》到毕业院校办理《就业报到证》（报到地址应为深圳市），并持《毕业生接收申请表》和《就业报到证》到户籍地办理《户口迁移证》，户口迁往地址应为深圳市。

毕业生办理户籍迁入及报到手续：非深圳户籍的毕业生在收到市公安部门短信通知后，按照短信通知要求，持《就业报到证》（验原件，留复印件）、《户口迁移证》及其他材料到拟入户地派出所办理入户手续（材料要求及办理流程详见《办理毕业生户籍迁入操作指引》），无须到人力资源部门办理报到手续。深圳户籍的毕业生在材料上传并成功提交系统后，由毕业生本人（以单位申报方式办理的，也可由用人单位经办人）按照《毕业生接收申请表》上备注的报到时间，持身份证、《就业报到证》原件到人力资源部门办理报到手续（报到地址详见本人的《毕业生接收申请表》备注栏）无须到公安部门办理入户手续。

六、毕业生接收报到材料：毕业生接收申请表（扫描上传人才引进系统）；毕业证（扫描上传人才引进系统）；学历验证证明（扫描上传人才引进系统）；身份证（正、反面扫描上传人才引进系统；深圳户籍毕业生前往人力资源部门办理报到时，验原件）；就业报到证（非深圳户籍毕业生持原件及复印件到公安部门办理迁户；深圳户籍毕业生扫描上传人才引进系统，持原件到人力资源部门办理报到）。

七、监督管理：根据《深圳市接收普通高校应届毕业生实施办法》第十二条规定，用人单位、人才引进代理机构及毕业生本人应确保申报信息和申报材料的真实性。用人单位或人才引进代理机构有以下行为之一的，记入本市人才引进征信系统，该用人单位或人才引进代理机构及其法定代表人、经办人5年内均不得办理人才引进业务，涉嫌犯罪的，移送司法机关依法处理：

(1) 用人单位为非本单位人员办理毕业生引进的；

(2) 违反相关规定代办毕业生引进的；

(3) 申报虚假信息或提供虚假材料的；

(4) 不严格核实申报材料造成不良后果的；

（5）有行贿、受贿或索贿情形的；
（6）有其他相关违法犯罪行为的。

毕业生有申报虚假信息或提供虚假材料等行为的，不予办理毕业生引进手续，记入本市人才引进征信系统和个人信用征信系统，5年内不得申办人才引进业务；已领取毕业生介绍信的，予以撤销；已入户的，予以注销，退回原籍；涉嫌犯罪的，移送司法机关依法处理。

第十五章

就业过程中的法律问题

> 法律就是法律,它是一座雄伟的大厦,庇护着我们大家。
>
> ——约翰·高尔斯华绥

学习目标

(1) 了解在就业过程中有可能会遇到的法律问题。

(2) 了解基本法律和维权常识,建立初步的维权意识。

(3) 学习规避风险,预防就业陷阱。

理论知识窗

大学生在求职择业及最终入职完全步入社会的过程中,必然会涉及协议、合同等诸多法律问题。学习必要的法律知识,既是对劳动者们应有权益的保护,也是与就业市场的规范接轨。掌握必要的法律知识,是大学生在校期间必须提前学习的一课。

一、常见协议书与合同

大学生择业期间常见的协议类型有五种,分别是:就业协议书(俗称"三方协议")、劳动合同、双向协议、实习合同与劳务合同等,其中,在校期间学校参与签订的重要协议是就业协议,而毕业后对劳动者来说最重要的是劳动合同(图 15-1)。

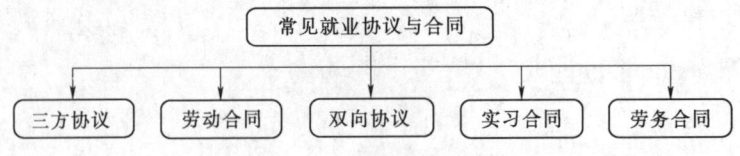

图 15-1 常见协议与合同

(一) 就业协议书的法律效力

就业协议书是普通高等学校毕业生和用人单位在正式确立劳动人事关系前,经双向选择,在规定期限内就确立就业关系、明确双方权利和义务而达成的书面协议;是用人单位确认毕业生相关信息真实可靠以及接收毕业生的重要凭据;是高校进行毕业生就业管理、编制就业方案以及毕业生办理就业落户手续等有关事项的重要依据。

就业协议书属于毕业生与用人单位签订的意向性协议，它具有法律效力，但不能替代劳动合同。从法律性质上说，就业协议属于民事合同，它从签订完毕起生效，在毕业生到用人单位报到之后即告终止。除了就业协议书上约定的有关条款以外，毕业生还可要求用人单位将双方约定的关于工作地点、工作岗位、福利待遇以及带薪休假等内容写进备注条款，毕业生报到后按照约定执行。

（二）重要的劳动合同

毕业生在入职报到后要与用人单位依法签订劳动合同，劳动合同是劳动者与用人单位确立劳动关系、明确双方权利和义务的书面协议。据《劳动合同法》规定，劳动合同必须含有以下几方面的内容：劳资双方的基本信息、劳动合同期限、工作内容和工作地点、工作时间和休息休假、劳动报酬、社会保险、劳动保护、劳动条件和职业危害防护等基本条款。劳动合同保障了劳动者的基本权益，在签订劳动合同和形成事实劳动关系后，劳动者的权益主要受《中华人民共和国劳动合同法》保护。

需要注意的是，大学生在校期间不具备签订劳动合同的主体资格，因而必须也只有离开学校走上工作岗位后，才能依法签订劳动合同。

就业协议书与劳动合同存在明显的区别：

（1）主体不同。就业协议书的主体一方必须是毕业生，毕业生的身份是在校学生，不具有劳动者的资格；劳动合同的主体一方必须是劳动者。

（2）二者内容不同。就业协议书是毕业生与用人单位确立确定工作意向；劳动合同的内容必须符合法律规定，双方权利义务关系更为明确。

（3）签订时间不同。对于毕业生来讲，一般就业协议书签订在前，而劳动合同签订在毕业生报到后。

（4）适用法律不同。就业协议书的签订和违约责任主要依据《民法通则》，签订劳动合同以及解决劳动争议主要依据《劳动法》和《劳动合同法》。

（三）其他协议与合同

因为社会用工形式的多样化，需要签订的协议书与合同也会多种多样。总体需要同学们本着诚信、谨慎和负责的态度，认真对待自己签订的任何一份协议或合同。

1. 双向协议

如果用人单位不具有接收毕业生户口档案的能力，但可以为毕业生提供就业机会，用人单位和毕业生可以签订双方的意向性协议。双向协议没有了学校的协议内容，只要毕业生和用人单位协商一致即可完成，因而缺少了学校的监管环节。双向协议视同一般的民事合同，因而同样具有法律效力，待毕业生离校去单位工作后，即可依法签订劳动合同。

2. 实习合同

大学生跟实习单位之间签订的合同，一般不是无偿劳动，用人单位需要支付给学生一定的劳动报酬。实习协议的签订，填补了三方协议和劳动合同在毕业生实习阶段的法律空白，保障了同学们在实习期间的基本权益，明晰了具体的责任义务。

实习合同或协议的内容一般应参照劳动合同的相关条款，所以它也应以书面形式订立，并具备以下内容：实习合同期限、工作内容、劳动保护和劳动条件、劳动报酬、劳动纪律、劳动合同终止的条件、违反合同的责任等。除以上规定的必备条款外，当事人可以协商约定其他内容。

3. 劳务合同

首先要清楚"劳务"的概念，劳务是指以劳动形式提供给社会的服务，所以劳务合同是当事人各方在平等协商的基础下达成的，就某一项劳务以及劳务成果所达成的协议。

劳务合同和劳动合同的不同之处在于：首先签约主体不同，劳动合同的签订双方必须是人和单位，而劳务合同可以是人与人的协议，也可以是人与单位的协议；其次，适用法律不同，劳务合同受《民法通则》和《合同法》的调整，而劳动合同受《劳动法》《劳动合同法》调整；再者，协议的内容不同，劳务合同内容主要是双方协商后的一致约定，而劳动合同的内容则更多的是法定性条款；最后争议处理方式不同，劳务合同一般通过法院诉讼解决，而劳动合同必须先通过劳动争议仲裁委员会进行仲裁。通过上面的分析，我们不难发现，劳务合同更多的适用于兼职、勤工助学等社会短期用工的形式。

二、就业过程中的常见陷阱

所谓就业陷阱，是指将要从事的工作内容与雇主和求职者双方原先的约定不一致，或者是借着工作机会的诱因，违背求职者个人意愿，用骗术使之付出不在原订立劳动契约内容的额外财务支付，或是诱骗胁迫求职者违背道德法律的行为等。由于社会经验的缺乏，大学生往往很容易掉进就业陷阱，苦不堪言。目前，大学生面临的就业纠纷呈上升趋势，大学生们急于求成，没有风险意识和维权意识，使得某些不法单位或个人有机可乘。

（一）陷阱一：广告噱头骗人

近来发现极少数培训机构或培训公司以发布招聘信息为名，通过在招聘信息中撰写诱人的广告用语，实则为其所谓招聘的岗位所对应的培训课程进行宣传，甚至向求职者推销培训教材及相应的产品。兰州市人才市场提醒广大求职者，这类单位往往抓住求职者渴望高薪，并希望短期即能速成的心理，推出一些销售、创业类的培训课程，将从事这些工作所得报酬进行夸大描述，并配以一些诱惑性的话语，吸引求职者前去培训，以达到收取培训费和推销商品的目的。

> **案例**
>
> 近日，某商贸有限公司发布了一条岗位名称为"网络销售员"的招聘信息，并在岗位描述中写道"网络销售的成本相当的低，开展的费用又相当的小，几乎可以说是没有费用。只要在家有一台电脑即可进行自己的创业之路，很多通过网络致富的人，起初都是白手起家，慢慢的自己就做起了大老板。网络销售不仅成本低，而且利润非常丰厚。只要您能坚持正确的发展道路走下去，必然成功！"通过分析网络销售的好处，吸引求职者对网络销售员工作的兴趣，随后的话语便显现出其真实目的——"如果您对自己有信心，网络绝对是让您施展才华的平台！我们将为您提供最专业最完善的培训，让您在网络销售过程中快人一步，解决您在网络销售中不必要的麻烦。公司还将提供您大量产品，无需您自己进货。"
>
> 专家建议：
>
> 许多人会为案例中的这样一条极具诱惑力的招聘信息所吸引，对"网络销售"蠢蠢欲动，然而细细想来，便很容易识破这样一个骗局。

（1）作为一家商贸公司，对外培训远远超出了其经营范围。如果是一个专业的培训机构，其培训完全是合理合法的，大可通过广告媒体发布培训信息，而不用借助招聘渠道用招聘作为幌子。

（2）一眼就能看出招聘和培训都是这家公司诱以赚钱的美丽外壳，求职者涉足其中后，其培训收费可能相当夸张，而且"网络销售"本来就十分虚拟，这样的培训又无凭无据，一旦产生任何问题，求职者或培训学员将无从求助。

（3）"公司还将提供您大量产品，无需您自己进货。"甚至有向求职人员推销商品之嫌。

（4）目前，还有部分不法的培训机构，为了拉揽培训生源，通常会和企业人事暗中勾结，由企业发布虚假的招聘信息，对应聘的求职者以参加其指定的培训机构的培训作为录用条件，当求职者支付培训费用并参加完培训后，企业再以种种理由拒绝录用。

从以上4点即可看出此类企业并不是以招聘为目的的，同样也不会真心实意为求职者传授技能，只是通过招聘渠道进行广告宣传，吸引求职者前去参加所谓的培训，以达到收费和推销物品的目的。求职者在应聘的过程中，要注意辨别分析，切勿盲目相信，以免受骗上当。

如果求职者发现有单位存在此类现象，可拨打劳动保障服务热线12333或前往就近的公共职业介绍机构进行举报。

（二）陷阱二：以招聘为名，无偿占有劳动成果

有些单位以招聘为名，在收集求职者资料和组织面试的过程中，要求求职者提供成果展示，并以此窃取求职者劳动成果。由于应聘者维权意识不强，维权依据往往不足，此类无偿占有求职者劳动成果的情况时有发生。提醒广大求职者，应聘时要有保护知识产权的意识，注意保护个人研究成果，向面试单位展示自己的工作成果固然重要，但要学会有所保留，以免被别有用心的用人单位利用而造成损失。

案例

某软件公司招聘一些程序员、美工等岗位，公司经营状况良好，工作环境整洁，招聘流程正常，岗位提供的薪酬符合市场价位，一切看似都合常理。应届毕业生小张，初试合格后进入笔试阶段。笔试内容：上机编写一段程序，使用规定的编程语言，时间不限，可以上网查询相关资料，但不能相互交流。一个教室里，8个求职者，每个人的试题不同，几个年轻人无意中发现，看似是八段独立的程序，其实恰巧能整合成一个项目……结果可想而知，8人无一人被该公司录用。

专家提醒：

现在正值应届生求职旺季，求职者和用人单位都在擦亮眼睛挑选自己中意的另一方。然而，就在纷至沓来的各种招聘会上，有些用人单位却以招聘为幌子，收取简历、组织面试，窃取着应聘者殚精竭虑做出的一份份计划书、策划创意和科研成果。求职者丢了无形资产——思路，却没得到工作，而用人单位却乐得吃上一顿营养丰富的"免费午餐"。

类似遭遇"智力陷阱",也就是劳动成果被招聘方以招聘为由而窃取的情况最近屡见报端。专家指出,"智力陷阱"是指以招聘为名无偿占有应聘者程序设计、广告设计、策划方案、文章翻译等创意,甚至知识产权。这种堂而皇之地占有他人的劳动成果的行为,性质极为恶劣。

专家提醒求职者,在不能判断招聘单位真实意图,又想取得工作的情况下,需要对自己的劳动成果进行保护。主要方式如下:

(1) 提交策划案等劳动成果时要准备两份,一份提交,一份自己留存,在留存份上要求招聘单位签字确认,以便将来能够证明劳动成果内容。

(2) 提交策划案时附上《版权申明》,并要求招聘单位签收。最好申明:"任何收存和保管本策划案各种版本的单位和个人,未经作者同意,不得使用本策划案或者将本策划案转借他人,亦不得随意复制、抄录、拍照或以任何方式传播。否则,引起有碍作者著作权之问题,将可能承担法律责任。"

(三) 陷阱三:切莫被"境外就业"的美丽谎言蒙蔽双眼

部分人力资源有限公司、商务咨询公司等社会中介机构发布的招聘信息工作地点为"境外",求职者应向劳动保障部门求证这些招聘信息的真实性。专家提醒求职者,不要被一些中介机构用所谓的"境外就业"蒙蔽了双眼,应聘这类工作时应当格外留心,要确定信息发布机构是否具有"境外就业中介经营"的相关资质,加强自我保护意识。

案例

轰动上海的南汇女工被困南非事件就是黑心中介惹的祸。受害者之一方小姐说,她出国前向中介交了3.7万元人民币的"劳务费",可回来时,厂主只还给她1.17万兰特(约合1.5万元人民币),加上警民中心资助的1000兰特,总共也只有1.65万元人民币,损失了一大半。其他女工的情况也是一样。而在她打工的8个月里,只出去过两次,其他时间都在厂里打工。每天早上7点起来,一直做到晚上10点,几乎天天如此。方小姐说:"那里简直就是一个监狱。虽然警民中心一直督促厂主,可这个老板太黑心,总有借口不还我们钱。"

专家建议:

目前非法境外就业中介主要有以下类型:一是以出境旅游和商务签证代替劳务签证,出境就业者没有工作许可证,相当于"打黑工";二是无照经营的境外就业中介;三是无视任何限制收取高额中介费;四是非法中介机构无视广告法和有关劳动保障法规,乱发假广告,吹嘘境外就业能挣到高额报酬;五是非法境外就业中介机构为谋取经济利益什么单子都接。

求职者遇到应聘的工作地点在境外时,要避免上当受骗。主要方法有:一是要看中介机构是否持有劳动和社会保障部颁发的《境外就业中介经营许可证》,这些中介机构的名称、住所和联系方式可在劳动和社会保障部及其国际交流服务中心网站上查询(目前上海仅有24家中介机构有此资质),并且应出示出境就业国劳工部门批准的招用外籍工人的证书文件;二是中介费一般不高于月工资;三是出境就业人员从事劳动合同之外的任何工作都是非法的,因此与国外雇主签订劳动合同时要对劳动合同的内容进行确认,劳动合同内容应当包括合同期限、工作地点、工作内容、劳动条件、劳动报酬、社会保险、食宿条件、变更或者解除合同的条件,以及劳动争议处理、违约责任等条款。

(四)陷阱四:利用"见习"使用廉价劳动力

用人单位发布工作性质为"合同制"的招聘信息,却与求职者签订的不是劳动合同,而是见习协议,并将招聘信息中承诺的千元薪资改为 420 元/月的见习补贴,由于这些单位非劳动部门核批的见习基地,原则上不允许招收见习学员,一旦录用求职者,就必须与劳动者建立正式劳动关系。上海公共招聘网提醒广大求职者,如果不慎应聘了这些所谓的"见习"岗位,要先核实该单位是否为见习基地,若不是,应及时设法脱身,以免被不法企业侵害个人利益。

案例

姜先生,刚于某高校计算机系毕业,近日应聘了某广告有限公司的网络管理员岗位。该岗位的招聘信息中明确表示月薪 800~1500 元,且工作性质为合同制,姜先生便欣然前往应聘。姜先生被录用后与单位签订了一份见习协议,在之后的两个月的时间内,该单位每个月均仅支付给他 420 元的见习补贴,姜先生察觉到可能其中有所问题,立即到劳动部门进行核实,原来该广告公司并非见习基地,原则上不允许招收见习学员,它仅仅是想利用见习名义使用廉价劳动力。

专家建议:

求职者在应聘"见习"岗位前必须要理解"见习"的真正涵义。所谓职业见习是指组织学员进入企业在实际工作岗位上进行一段时间的实践性见习,以提高其动手能力,丰富其工作经验,增强其上岗适应性,尽快实现就业。见习期内,见习学员与见习单位不建立劳动关系。

发布"见习"岗位的用人单位必须具有见习基地资质,其他任何单位发布所谓"见习"岗位都不合法。同样,这类单位以"合同制"为诱饵,骗取求职者廉价劳动力后,以"见习"推脱则更为恶劣。

求职者与用人单位签订工作合同时要搞清楚"合同"与"见习协议"的区别,不要被用人单位的一面之词所误导。求职者在签订"见习协议"时要留心这家用人单位是不是具有见习基地资质。如果出现案例中的情况,可及时向劳动保障部门咨询或反映。

(五)陷阱五:招聘信息做广告,莫入中介陷阱

极少数中介公司,利用网络可以免费发布招聘信息的功能,集中发布招聘信息,并且跨过网站审查和监督,要求求职者直接将个人简历发送至该中介公司邮箱,以达到大量收集人力资源信息的目的。有些中介公司甚至在招聘信息中做起了广告,因为求职者一旦脱离问工网进行应聘,中介公司即可以向求职人员实施收费。希望求职者一旦发现招聘单位有此类以收集人力资源或借招聘名义宣传公司之嫌的行为,可拨打劳动保障服务热线 12333 或向各职

业介绍机构举报。

案例

某人才信息公司,一周时间内在网上发布招聘信息近千条,均为中介信息,并在每条信息的岗位描述中留下了邮箱和自己公司的网址,要求求职者将个人简历直接发送公司邮箱或登录公司网站应聘。

求职者方小姐,前不久在网上查询到了该公司的此类招聘信息,记下了该公司的邮箱和网站地址,没有在网上进行应聘,而是将个人简历通过E-mail发送到了该公司,公司约见了方小姐,为其推荐了不少岗位,但要求方小姐每个岗位支付一定的介绍费用,并且如果面试成功,要支付给该公司首月工资的50%作为中介费用。

专家建议:

求职者切莫被这些中介公司描述的高薪或者高福利待遇所诱惑,这些有问题的招聘信息往往学历要求低,但报酬高,与市场规律不符,但很具有诱惑力。求职者自身也要具有防范意识,对于此类收费行为要坚决予以抵制。

(六)陷阱六:"试用期陷阱"又添新花样

近来发现极少数公司通过不断延长招聘信息有效期,招用新员工替代即将转正的员工以达到降低用人成本的目的,此种行为侵犯了劳动者的有关权益。临汾市人才市场提醒广大求职者,用人单位通过延长招聘信息招"新人"换"旧人",本质上还是玩着"试用期"陷阱的把戏。

案例

吴先生,半年前应聘了某汽车销售服务公司的汽车驾驶员岗位。单位承诺3个月试用期,试用期月薪资为800元,转正后为1800元。经过面试后吴先生被单位录用,录用后发现该单位仍在外进行汽车驾驶员岗位的招聘工作。当吴先生按约定即将做满3个月,欣喜地以为可以转正时,却接到了单位的辞退通知,理由是招到了更合适的人。失业后的吴先生在查找新的招聘信息时,发现该单位仍然还在招聘汽车驾驶员。

专家建议:

一些用人单位变着法子延长招聘信息有效期,归根到底还是打着求职者"试用期"的小算盘。"试用期"一满,这些用人单位便会辞退先前招入的求职者,用新招入的代替。如此循环往复。

试用期,原本是用人单位与求职者建立劳动关系后,双方为了相互了解而协商约定的考察期限。"试用"是双向的,用人单位"试"求职者,求职者也"试"用人单位,谁不满意都可以说"拜拜"。只因劳动力市场供大于求,整体就业形势趋紧,致使试用期成了用人单位的专利。少数恶意企业主甚至把试用期设置成了敲诈求职者的陷阱,成了他们非法牟利的"黑心工具"。

专家指出,"试用期陷阱"一般多发生在一些小型企业。非法的恶意"试用陷阱"为什么能够屡屡得逞?首先是求职者对国家现行的劳动法律法规不甚了解,一切都以企业经营者的说法为准,这是很危险的。根据《劳动法》及其相关法规规定,试用期应包括在劳动合同期限之内,最长不得超过 6 个月。员工在试用期内享有报酬权,月薪不得低于当地最低工资标准。即使有的老板不愿意与试用工签订劳动合同,事实劳动关系也同样受法律保护。求职者明确了这些规定,就不易被蒙骗。

虽然法律同时规定:求职者在试用期间被证明不符合录用条件的,用人单位可以解除劳动合同。但是,这并不意味着用人单位可以在试用期内随意辞退求职者。求职者如果碰到类似的问题,可以向劳动保障部门求助或举报,请求帮助维权。

(七)陷阱七:招聘岗位名称模糊名不副实

非保险类公司,通过招聘名为"储备人员"的岗位,吸引求职者前去应聘,在面试过程才告知对方该岗位的实质是保险业务员。此类岗位已经严重超出了该公司本身的经营范围,更有虚假嫌疑。问工网提醒广大求职者,在应聘一些岗位名称比较模糊的招聘信息时要特别留意。求职者要在面试前和面试中了解用人单位和应聘岗位的详细信息,以免陷入这些单位设置的"骗局"。

案例

小方,近日应聘了某广告公司的"储备人员"岗位,由于小方大学里学的是广告设计专业,觉得应该对口,且招聘信息上标注的薪资价位也颇令他满意,小方立即向该公司投递了简历。但在面试过程中,该公司却不断地对其营销方面的能力进行提问,并向其介绍保险方面的业务。最终,在小方的追问下,该公司才承认其实质是代某保险公司招聘保险业务员,招聘信息上标注的薪资也是需要通过业绩提成才能达到的。小方顿感自己受到了欺骗。

专家建议:

之所以保险推销员这一岗位在求职者中不太受欢迎,信用危机可能是主要原因。一些用人单位为了"掩人耳目",就用一些比较动听、模糊的岗位名称来吸引求职者。像前段时间出现的"养老金发放员"以及最近的"储备干部"等。

专家指出,求职者只要在面试时多了解应聘岗位的实际工作内容,就会避免落入一些单位的圈套。防范方式有以下几种:

一看单位的经营范围。如果一些类似商贸公司、广告公司招聘的岗位明显超出公司经营范围,则大多有假;二看岗位的薪资待遇。如果薪资的弹性幅度大,而且对学历要求又低,明显与市场规律不符的,则大多也会"暗藏杀机";三看招聘人数。如果该岗位一次性招聘数量众多,比如"储备干部"岗位动辄招聘几十人,则可能有水分。

(八)陷阱八:招聘劳务工,"合同制"作门面

在发布招聘信息时注明工作性质为合同制,不少求职者由此感到合同制较为正规,单位能为其缴纳社会保险费用,欣然前往应聘。但在面试时却被单位告知该岗位只招劳务工(即协保人员等不需单位缴纳社会保险费用的人员)。由此造成了求职者徒劳往返应聘。

案例

王先生，51岁，失业人员，近日应聘了××管理服务公司的大楼保洁人员岗位，单位在招聘信息中写明工作性质为合同制。由于该岗位要求不高，王先生自觉能够胜任，最重要的是，由于王先生是一位大龄失业人员，看到工作性质为合同制，认为单位能为其解决缴金问题，于是欣然前往应聘。谁知在面试的过程中，单位在得知王先生为失业人员后，明确表示该岗位只招聘劳务工，无需单位缴纳社会保险金，对于王先生这样的大龄失业人员，单位没有兴趣，由此回绝了王先生的应聘。王先生在徒劳往返之余，心中十分气愤。

专家建议：

按照"劳动和社会保障局关于贯彻《关于进一步规范劳务用工和劳务型公司的意见》实施办法的通知"的要求，单位通过劳务型公司输入劳务工，应当与劳务型公司签订"劳务协议"。"劳务协议"明确劳务期限、劳务收入（包括劳务人员的工资、社会保险费用、管理费用等）、医疗费用及其他福利费用承担、工伤事故的处理及双方的管理责任等。单位直接招用持有《劳动手册》的协保人员为劳务工，应与其签订"劳务使用合同"，并办理招工录用备案手续。

求职者在应聘的过程中要和单位就某些关键事宜（诸如工作性质、薪资、相关福利待遇等）一一核实，并且在签订合同时要求单位一一列明。对于单位在招聘信息中出现不诚信行为的，可以通过拨打劳动保障服务热线：12333进行举报。

（九）陷阱九：学生求职心切，擦亮双眼防受骗

少数用人单位利用高校毕业生有缺乏工作经验的弱势，岗位描述中打着"无需工作经验"的幌子吸引这些毕业生前来应聘，由于大学生求职心态迫切，应聘时一般不对单位的背景等情况进行了解，并对单位提出的要求（包括收费要求）不经考虑便全部应允。提醒广大毕业生求职者，求职心切也需擦亮双眼，不能对企业的要求照单全收，以免被不法企业利用而上当受骗。

案例

小赵，22岁，2019年7月刚从某网络信息学院毕业，看着周遭的同学都已找到了满意的工作，自己几个月来却一直处于失业的状态，心中十分着急。应聘了多家单位，但单位均以没有工作经验为由而婉拒他。他总觉得刚毕业的大学生在劳动力市场上有"矮人一截"的感觉。

上个月，他看到了某网络公司招聘网络管理员岗位，并在介绍中说明"无经验也可"，小赵不假思索就到这家公司填写了登记表，并对招聘公司的背景一概不问，面试人员跟他说什么他都答应，面试人员在面试过程中便提出要收取报名费、培训费等一系列费用，小赵由于急于想得到这份工作，便交了钱，也没留下任何票据，听从面试人员的话，回家等消息。

但等了一个月，该公司仍然没有给他任何回音，他来到公司要求退钱，但由于拿不出任何凭据，只能无奈走人，结果工作没找到，连钱也被骗去了不少。

专家提示：

时值应届毕业生求职旺季，不少学生求职心切，疯狂"海投"简历，对于所应聘单位的背景资料也不详加了解，就盲目前往；甚至不少学生为了表示自己应聘的诚意，对企业提出的一些近乎苛刻的要求也照单全收。一些不法企业正是利用了应届毕业生这种心理，设下种种圈套。

找工作需要耐心和细心，应聘每一个岗位都要多方面、多渠道详细地了解相应企业的情况及背景，看看企业是否正规，业务是否合法，企业是否拥有合法的营业执照和经营许可证，是否有投诉和不良记录等。了解企业情况的方法有很多，在网上搜索查询也是其中的方法之一，如在工商局等网站或网络搜索引擎中输入应聘企业名称便可搜索查看企业相关信息。

另外，劳动保障部 2000 年颁布的《劳动力市场管理规定》中明确规定：禁止用人单位招用人员时提供虚假招聘信息；向求职者收取招聘费用；向被录用人员收取保证金或抵押金；扣押被录用人员的身份证等证件；以招用人员为名谋取不正当利益或进行其他违法活动等行为。

（十）陷阱十：离谱公司招聘员工当客户

近来发现部分投资咨询公司在录用求职者从事"期货交易员"岗位后，要求每位录用者参加为期数天的培训，并在培训后自付一定费用开户进行实盘操作。鉴于此类自费实盘操作行为对求职者具有较大的风险，甚至存在招聘欺诈嫌疑。

案例

施先生，35 岁，不久前应聘了上海××投资咨询有限公司的期货交易员岗位，在面试后，公司即表示录用。随即，公司对他进行了为期 10 天的简单培训，并要求所有参加培训的学员自付 2 万元来开户进行实盘操作。在培训期间，公司未和施先生签订劳动合同。然而，在施先生培训结束并交付费用开户后，公司便开始对他不闻不问，当施先生再次前往公司咨询时，公司便以其他借口推卸责任，并且施先生要对自己所开账户的操作自负盈亏。施先生方知自己受骗，但苦于没有签订劳动合同，无法维护自身权益。

专家建议：

按照国家劳动保障部《劳动力市场管理规定》，禁止用人单位招用人员以任何形式收取费用。求职者在应聘、面试过程中要具有自我保护意识，对收费行为坚决予以抵制。更重要的是，在单位确定录用后，求职者务必在上岗前与单位签订正式的劳动合同，以保证在日后的劳动纠纷中能够保障自身的合法权益。

三、就业过程中常见法律问题解答

由于毕业生对签订劳动合同的过程和一些法律问题不甚关注，容易引起纠纷。遇到纠纷时，首先要知道通过何种渠道解决。现实生活中，常常遇到毕业生不知所措或执拗赌气，这些态度都是不理智的，一方面要诚信谨慎地签约，另一方面要依法维护自己的权益，一旦发生纠纷要合理合法、有理有据地解决问题。

（一）签订劳动合同时应该注意什么

建立劳动关系，应当订立书面劳动合同。用人单位招用劳动者时，应当如实告知劳动者工作内容、工作条件、工作地点、职业危害、安全生产状况、劳动报酬以及劳动者要求了解的其他情况；同时用人单位也有权了解劳动者与劳动合同直接相关的基本情况，劳动者应当如实说明。在实际工作过程中，经常会发生针对工作内容、工作地点和报酬等方面的争议。

> **案例**
>
> 黄某是北京××大学2010届毕业生，2010年4月黄某参加某公司招聘，顺利签约成为驻上海销售分公司的销售员。2011年4月30日，分公司经理陈某通知黄某，根据工作需要将其调至西安工作，如不同意，可以向公司递交辞职信，公司给予员工15日时间寻找工作。黄某当场表示不同意，也未递交辞职信，双方不欢而散。五一长假后黄某在正常工作时间也未到公司上班。5月12日，公司通知黄某解除劳动合同，黄某认识到自己的权益受到了侵害，因而向公司提出经济补偿金的要求，分公司经理当场予以拒绝，并指出合同解除原因在于黄某不服从公司工作调配。
>
> 点评：
>
> 本案例中，工作地点是双方纠纷的焦点。调整员工工作地点是否构成对劳动合同的修改，取决于双方的约定。如果劳动合同中明确包含"员工应当服从工作地点调配"的条款，则调整工作地点是企业正常的劳动组织行为，根本不构成对工作内容的调整。但是，大多数情况下双方并未对此项内容进行明确约定，本案例即此种情形。但有一个方法仍然可作为判定的依据，即企业以何种岗位的名义招聘员工，如在此案例中是以上海销售分公司的名义进行招聘的话，很显然其工作地点为上海。因此，劳动者有必要保存企业招聘时的宣传资料。
>
> 同时，需要提醒刚工作的大学生，在被通知解除劳动合同后，不要意气用事。劳动合同法规定，"在劳动合同订立时所依据的客观情况发生重大变化，致使原劳动合同无法履行，经当事人协商不能就变更劳动合同达成协议的，用人单位提前三十日以书面形式通知劳动者本人或者额外支付劳动者一个月工资后，可以解除劳动合同。"黄某没有与公司就工作地点的变更达成协议，用人单位没有以书面形式并提前30天通知黄某解除合同。但是黄某在与公司协商未果后赌气不上班，根据公司规定可能被视作旷工，可以直接辞退。当然，就提前30天通知问题这一点，很多企业有诸多变通的做法，比如直接支付1个月的工资让员工终止工作，这当然没有侵犯员工权益，也是完全可以接受的。有些企业则提出提前15日终止合同，既不要员工上班，也不支付当月工资。所以，如果继续上班，企业必须支付当月工资。

（二）该如何面对"一无边际、二无保障"的试用期

试用期是指用人单位和劳动者双方相互了解、确定对方是否符合自己的招聘条件或求职条件而约定的不超过6个月的考察期。在劳动合同中规定试用期，既是订立劳动合同双方当事人的权利与义务，同时也为劳动合同其他条款的履行提供了保障。《劳动合同法》第十九条规定："劳动合同期限三个月以上不满一年的，试用期不得超过一个月；劳动合同期限一

年以上不满三年的,试用期不得超过二个月;三年以上固定期限和无固定期限的劳动合同,试用期不得超过六个月。"同时,《劳动合同法》第三十七条和第三十八条规定,在试用期内,劳动者可以提前三日向用人单位提出解除劳动合同,且无须承担违约责任,用人单位对不符合录用条件的劳动者也可以随时解除劳动合同,无须支付经济补偿金。

> **案例**
>
> 小赵毕业后一直在上海的一个贸易公司工作,由于刚毕业,公司和小赵约定试用半年后才能签订劳动合同,半年试用结束,公司签订了劳动合同,但合同中规定了还有半年的见习期,在见习期间公司不负责办理社保等手续,工资发一半。小赵很苦恼,不知道这种情况是不是正常的。
>
> 点评:
>
> 试用期是用人单位和劳动者为相互了解、选择而约定的考察期,是劳动合同期限中一段特殊的期间,也是用人单位和劳动者协商确定的劳动合同内容之一。试用期应包括在劳动合同期限内,将试用期排除在劳动合同期限之外的做法是错误的。试用期没有签订劳动合同的,应当视为事实劳动关系,那么事实劳动关系同样受劳动法的保护,应当依法为劳动者缴纳社会保险,故单位不缴纳社会保险的行为也是严重违反法律规定的。先试用再签订劳动合同,是故意拖延不订立劳动合同的行为,违反了《劳动合同法》,其目的是为了逃避责任和义务。对于劳动者来讲,保障自身利益最根本的前提是要与用人单位签订劳动合同,如果对劳动者造成损害,用人单位应赔偿劳动者损失。按照规定,用人单位从用工之日起即与劳动者建立劳动关系,建立劳动关系即应依法订立劳动合同,劳动者与用人单位签订劳动合同的时间应在试用期之前。在试用期内,用人单位和劳动者依法享有劳动合同解除权。
>
> 小赵在合同签订或者履行过程中,用人单位故意混淆实习期、见习期、试用期、服务期的概念,6个月的试用期结束后又以见习期的名义继续试用毕业生,或以实习期名义替代试用期,且试用期工资只有一半等,是在使用廉价劳动力,都属于违法行为。

(三)公司收我保证金合法吗

依据国家法律规定,用人单位招用劳动者,不得扣押劳动者的居民身份证和其他证件,不得要求劳动者提供担保或者以其他名义向劳动者收取财物。但是仍然有部分用人单位在用工过程中以入职培训等名义收取押金或定金,毕业生要有风险意识。

> **案例**
>
> 2014年4月,我校毕业生邓某经过笔试、面试后与河北一家公司达成工作意向,在签订就业协议书前,公司提出为了保证邓某在7月报到时能有统一的工作服上班,需要收取工作服押金300元,入职后公司将退还押金,邓某对此公司很满意,不打算另找工作,因此缴纳了押金。7月入职报到后公司再次提出为了防止邓某提前解除合同,公司要先收取500元的保证金,邓某意识到自身权益受到侵害,遂与公司协商,公司提出要么缴纳保证金,要么不签订劳动合同也不退还工服押金,邓某不服,向有关部门寻求帮助。

点评：

由于严峻的就业形势，面对部分用人单位要求应聘者在签订合同的同时缴纳风险抵押金、违约金、培训费、置装费、建档费等不合理要求时，毕业生为了得到一份工作往往就"认"了。此案例中，邓某没有意识到公司在签订就业协议书时提出工服费是不合理的，入职后签订劳动合同时公司也不得收取培训费和保证金等。

（四）与公司解除劳动合同需要付违约金吗

《劳动合同法》中对于与公司解除劳动合同需要支付违约金的情况，有两项规定：一是第二十二条：用人单位为劳动者提供专项培训费用，对其进行专业技术培训的，可以与该劳动者订立协议，约定服务期。劳动者违反服务期约定的，应当按照约定向用人单位支付违约金。违约金的数额不得超过用人单位提供的培训费用。二是第二十三条：用人单位与劳动者可以在劳动合同中约定保守用人单位的商业秘密和与知识产权相关的保密事项。对负有保密义务的劳动者，用人单位可以在劳动合同或者保密协议中与劳动者约定竞业限制条款，并约定在解除或者终止劳动合同后，在竞业限制期限内按月给予劳动者经济补偿。劳动者违反竞业限制约定的，应当按照约定向用人单位支付违约金。其他的情况单位不能够要求劳动者支付违约金。

案例

2014届某高校艺术设计专业的研究生李某于2014年7月18日应聘到某广告艺术公司主持市场部工作，并签订了为期四年的劳动合同。2014年8月，公司送他到日本培训三个月，当时签订了培训协议，规定李某在研修后两年内不能辞职。李某回国后为公司仅仅服务三个月，即辞职到另一家广告公司担任副总经理职务。公司多次与李某通过各种途径接触，但他始终回避违约责任问题，交接工作也未积极配合，造成公司多种业务工作陷入混乱，使工作处于被动状态。在双方协商未能达成一致的情况下，申诉方向劳动争议仲裁委员会申请仲裁，要求依照法律程序追究被诉方违约责任。

点评：

根据《劳动合同法》第二十二条对劳动合同的订立中服务期的规定，劳动者违反服务期约定的，应当按照约定向用人单位支付违约金。劳动争议仲裁委员会认为，在社会主义市场经济条件下，鼓励人才流动，可以更大限度地发挥人才的潜在能力，使人尽其才，人尽其用。但是人才的流动，不是随心所欲、不受任何限制的。双方签订了合法、有效的劳动合同，又达成了培训协议，明确了双方的责任、权利，双方理应自觉按协议、合同履行。现被诉方视劳动合同为儿戏，随意离开，是一种严重违约的行为，理应承担相应的法律责任。经劳动争议仲裁委员会调解，双方达成了共识，形成以下协议：①李某向公司赔偿培训费6000元；②李某主动配合企业将未了结业务事宜交接清楚。至此案件处理完毕。

李某与某广告艺术有限公司签订的劳动合同规定：由甲方出资培训乙方，培训期满后，乙方在两年内不得辞职或擅自离职。否则，甲方有权要求偿付培训费。在培训协议中，双方对违约后应当赔偿的金额又做了具体规定。这说明，李某违约是毫无疑问的，必须承担相应的法律责任。李某的跳槽行为损害了企业的利益，向企业赔偿一定的损失是合理合法的。

（五）公司有权单方面变更合同吗

《劳动合同法》第三十五条规定，用人单位与劳动者协商一致，可以变更劳动合同约定的内容。变更劳动合同，应当采用书面形式。变更后的劳动合同文本由用人单位和劳动者各执一份。

案例

2014届毕业生陈某三个月前同公司签订了两年期限的劳动合同，合同中约定陈某从事研发助理的工作，合同还约定"合同的变更需经甲、乙双方协商一致""乙方有权拒绝甲方安排合同规定以外的工作"等内容。可是，陈某干了三个月后，公司突然通知他，要调他到销售部门做业务员。陈某认为自己不适合做销售，于是申请仲裁。

点评：

无论是何种原因变更劳动合同，都要遵循一个原则：用人单位与劳动者协商一致才可以变更。另外，《劳动合同法》规定，变更劳动合同应当采用书面形式。如果变更劳动合同没有采用书面形式，将来在申请仲裁或诉讼的时候，将对用人单位大为不利。本案例的结果是：公司没有经合同双方协商同意，单方面变更劳动合同，属违约行为。因此，公司应与陈某继续履行原劳动合同。类似情况，还适用于毕业生签订的三方协议。协议签订时，同学们都应有强烈的法律意识，任何人或公司都不能单方面地变更协议。

（六）劳动合同可以随意解除吗

《劳动合同法》第三十七条规定，劳动者提前三十日以书面形式通知用人单位，可以解除劳动合同。劳动者在试用期内提前三日通知用人单位，可以解除劳动合同。

案例

毕业生小赵于2010年4月15日应聘大连某公司，月薪人民币4000元，劳动合同每年一签。毕业两年后，公司与小赵又签订了一年期限的劳动合同，合同期限自2012年4月15日至2013年4月14日。但是，新合同签订不足一年后，小赵被公司强行解除劳动合同。现在小赵有一些疑惑，公司解除劳动合同是否合法，自己是否应该得到经济补偿？

点评：

用人单位解除与小赵的劳动合同，按照法律应当支付经济补偿，且用人单位解除合同是违法的。《劳动合同法》规定，如果劳动者要求继续履行劳动合同的，用人单位应当继续履行；劳动者不要求继续履行劳动合同或者劳动合同已经不能继续履行的，用人单位应当依照本法第八十七条规定支付赔偿金，即依照《劳动合同法》第四十七条规定的经济补偿标准的二倍向劳动者支付赔偿金。

第十六章

大学生就业常见问题

一、签约问题

(一) 签约手续的办理

(1) 可以正常毕业的学生通过双向选择确定具体的接收单位。毕业生登录"就业管理服务系统",填写用人单位基本信息,打印就业协议书一式三份。

(2) 单位和个人签订就业协议书,并由用人单位人事部门和上级主管部门盖章(如果单位无人事权,需有人事权的上级单位或人才服务中心盖章),否则协议视为未办理完整,无法生效。

(3) 学生本人签字、单位盖章后。单位、学生和就业指导中心各执一份。

(4) 签约北京、上海、天津、广州、深圳、杭州,如果单位同意落户,需要有单位所在地的落户函;如果签约单位不解决户口,请毕业生自行联系落户地点(最好联系到生源所在地)。

(5) 户籍在学校的毕业生,学校不允许学生个人在无法落户口的情况下,仅仅将自己的档案材料从学校直接转放到人才交流中心,户口应随档案一并交人才中心管理;如果单位不能解决户口问题或人事档案,学校将无法向该单位派遣;户籍不在学校的毕业生,只处理档案关系,户口不受此条件限制。

(二) 与用人单位签约时应注意的问题

目前,学校使用的就业协议书是由教育部统一制订的,由学校、毕业生、用人单位三方共同签署后生效。它具有一定的广泛性和权威性,是学校编制就业方案、用人单位申请用人指标的主要依据,对签约的三方都有约束力。毕业生签约时应注意以下问题:

(1) 签约是非常严肃的事情,也是一个法律行为,因此签约前的了解洽谈十分重要。毕业生应详细了解用人单位的情况,一般包括单位的规模、效益、管理制度等。单位的隶属也很重要,国家机关、事业单位、国有企业一般都有人事接收权;民营企业、外资企业则需要经过人事局等相关部门的审批才能招收毕业生,协议书上应签署他们的意见才能有效。

(2) 毕业生到用人单位报到后应当和用人单位签订劳动合同书,因此在签约前了解合同书的内容是十分必要的,尤其重要的是合同书的工作年限和待遇。毕业生应向招聘人员索要样本或复印件,以免日后发生纠纷。

(3) 为有效地维护毕业生的合法利益,防止以后出现意外情况,在签约前最好向单位了解工资待遇、福利、保险、服务期等情况。如果报考了研究生或准备出国,应事先向用人单位讲明,并写在协议书中。有些毕业生向用人单位隐瞒这些情况,这是不可取的,也会带来许多麻烦。

(4) 由于采取灵活就业方式就业的毕业生不涉及向就业单位转户口和档案等问题,所以采取灵活方式就业的毕业生不要与就业单位签订就业协议,毕业后学校直接将本人的户籍、档案转至毕业生所在生源地。

(三) 就业的毕业生是否必须签订《就业协议书》

《就业协议书》是学校上报就业方案,为学生办理报到证的依据。报到证是教育部门正式派遣毕业生的凭证,是用人单位给毕业生落户、接管档案的凭证。所以,只有用人单位同意正式接收毕业生并为其办理落户手续,学生才需要与其签订《就业协议书》。

不解决户口,但单位要求签订《就业协议书》的,须在《就业协议书》的备注栏内说明情况,这种情况下,《就业协议书》不作为派遣依据,只能做人事代理,或将自己的户籍转到生源所在地。

(四)《就业协议书》签订的要求

甘肃省教育厅规定,每年6月初为毕业生集中办理报到证。所以,学生应该在规定的时间内将《就业协议书》送交学校就业指导中心,才能参加学校的集中派遣。

(五)《就业协议书》和《劳动合同》的区别

(1)《就业协议书》是毕业生、用人单位和学校三方签订的协议;《劳动合同》是毕业生和用人单位签订的双方协议。

(2) 在作用与性质方面,《就业协议书》是明确毕业生、用人单位和学校三方在毕业生就业工作中的权利和义务,对三方均有一定的约束力;《劳动合同》是毕业生上岗后,从事何种工作、享受何种待遇及相关的权利和义务,只对双方有约束力。

(3)《就业协议书》的有效期是从签订日期起到用人单位接收后终止;《劳动合同》的起止日期由双方协商确定。

(六) 高考成绩单新生录取名册复印件的办理

有的单位需要《高考成绩单》《新生录取名册》,请凭有效证件到就业中心开复印证明,凭复印证明到就业指导中心复印。

(七) 婚育状况证明的办理

有的单位需要毕业生出具《婚育状况证明》,应自己提交申请,说明自己的婚育状况,先到学院审核,再到校医院计划生育办公室盖章。

二、派遣问题

(一) 具备派遣资格的条件

所有学生只有在教务处或研究生院进行学历注册之后,才具备派遣资格(才能派遣)。学历注册当年就是当年应届毕业生。应届毕业生的身份保留到当年年底。请全体同学特别是提前毕业学生、延期毕业学生、博士生注意这个问题。

(二) 就业报到证

就业报到证也称派遣证,就业报到证的全称是"全国普通高等学校本专科毕业生就业报到证",由国家教育部制定,省级高校毕业生就业管理部门单独签发,列入国家就业计划的毕业生才能持有的有效报到证件。用人单位以报到证为依据,接收安排毕业生工作,并接转毕业生的人事档案、户口迁移手续等。报到证只能一人一份,由其他部门印制或签发的报到证无效。毕业生对报到证要妥善保管,不论什么原因,凡自行涂改、损毁的报到证一律作废。

(三) 就业报到证的作用

(1) 教育部门正式派遣毕业生的凭证。

(2) 毕业生到用人单位报到的凭证。

(3) 用人单位接收毕业生的重要文字证明。

(4) 合法的人才中心接收毕业生档案的证明。

(5) 用人单位给毕业生落户、接管档案的重要凭证和依据。

(6) 毕业生的干部身份证明。

(四) 报到证（派遣证）

本科生报到证上联为蓝色，研究生为粉色。上联用于毕业生到用人单位报到使用，下联由就业指导中心交到档案馆归入档案，由档案馆将档案寄出。

(五) 报到证遗失怎么办

如报到证遗失，应由毕业生本人向学校就业指导中心提出书面申请，由学校核实后，向发证机关申请出具证明材料。

三、户档问题

(一) 毕业生就业后档案、户口关系的转移

毕业生的人事档案由学校档案馆按其就业的单位，经机要局统一投寄到毕业生工作单位所归属的人事档案管理部门。毕业生户口关系的转移，由学校户口管理部门到辖区公安机关按规定办理，公安机关按国家就业计划（或就业报到证）上标明的毕业生就业单位地址迁移户口，毕业生不得自行指定迁移地址。领到户口迁移证后，毕业生应仔细核对并妥善保管，不要折皱污损，更不能丢失，有错漏不能自行涂改，否则作废。到工作单位报到后，持户口迁移证和报到证及工作单位证明到辖区公安部门办理户口迁移手续。

重要提醒：为了保护学生本人利益，所有毕业生（包括考研、出国）都要在离校前明确档案、户口关系转移相关手续办理时间及期限。我校出现过由于学生本人不重视，出国前没有办理户档转移手续，等回国后无法办理转档手续，户档冻结学校的情况。

(二) 毕业后户档是否可以分开

按照目前户籍档案管理制度，毕业生派遣时不可以将户口档案分开分别派往两个省市。

四、违约问题

(一) 毕业生派遣以后的改派

毕业生派遣以后，无特殊理由不允许调整改派。学生派遣后，在报到前离职（包括不报到）会引发干部身份流失的问题，请同学们严肃对待。在毕业一年以内，非本人原因确需调整改派的，按以下情况分别处理：

(1) 与新就业单位在同一省（自治区、直辖市），且都属于地方的，通过当地大学生就业主管部门办理，也可到学校办理。

(2) 原就业单位与新就业单位不在同一省（自治区、直辖市），或其中一单位隶属于中央部委的，应由毕业生在规定的时间内将申请材料（原单位解约函、原三方协议书、原单位报到证上下联、原户口迁移证、新单位接收函和新单位所在地人事局接收函）报就业指导中心，经同意后上报甘肃省人社厅审批后，方可办理改派手续。

（二）毕业生个人要求用人单位退回，学校是否受理

按照有关就业政策，用人单位未经学校同意，不得随意退回按计划派遣的毕业生。但有的毕业生却提出种种理由，要求用人单位退回。对这类毕业生，学校不再受理其派遣事宜，更不予调整改派。如毕业生经教育批评后仍坚持自行其是的，按照国家规定，由学校取消其派遣资格，将其户口、档案关系转至其家庭所在地，按社会待业人员办理。

（三）办理违约（未派遣前）手续的具体流程

就业协议书签订以后，签约各方应严格遵守。如果确实遇到特殊情况需要违约的，具体程序如下：

（1）毕业生和用人单位协商，经单位同意毕业生违约后，出具书面解约函（解约函公章需和签订协议书一致）。

（2）提出书面申请，并填写《违约登记表》（就业网下载），说明原因，报送学院就业工作领导小组审核，学院就业工作领导小组审核同意后，由学院主管领导在《违约登记表》签字，并加盖公章。

（3）学校就业工作领导小组审核同意后，毕业生持单位的书面解约函及原协议书，到学校就业指导中心领取新的推荐表和协议书，违约书面材料交就业指导中心备案。

五、关于人事代理的问题

（一）人事代理

人事代理是毕业生择业过程中，由用人单位或毕业生本人委托各级人才流动服务机构对其人事关系实行社会化管理的一种人事管理方式。人事代理可以高效、公正、负责地为各类毕业生解决在择业、就业中遇到的人事方面的有关问题，并提供以档案管理为基础的社会化人事管理与服务。

（二）哪些毕业生需要办理人事代理

（1）凡通过双向选择，择业期内已同外资企业、股份制企业、私营企业等非国有单位（没有直接档案接收权的单位）和实行聘用制的国有企、事业单位签订就业协议书的毕业生或在以上单位工作但尚未签订就业协议书的毕业生。

（2）择业期内暂未落实就业单位、准备复习考研、自费出国留学、自主创业、自主择业等各类毕业生。

（三）人事代理的服务项目和益处

（1）档案转递和落实户口。一方面，妥善解决了档案及户口托管问题，实现了用人单位对聘用毕业生和管理人事关系的分离，有利于单位实现用人自主权；另一方面，对毕业生个人来说，有利于促进人才流动，实现自主择业。

（2）保障自身各项权益。可以享受到与国有单位工作人员相同的人事待遇，一旦毕业生正式进入国有单位，可享受转正定级、干部身份的保留、工龄的计算、档案工资调整、职称资格评定等待遇。对毕业生的资历认定、提高待遇和核定工资等具有重要意义，不会出现断档情况。

（3）方便改签和办理人事调动手续。在择业期内，委托代理机构为改签的毕业生办理户口迁移和档案提取手续；超过择业期涉及工作调动的，委托代理机构凭毕业生所持正式手续，协助为其办理户口迁移和档案提取手续。

（4）出具相关证明。涉及考研升学、结婚生育、参加养老保险、党组织关系的毕业生，依据有关规定，委托代理机构可为其出具以档案材料为依据的相关人事证明等，并协助为其办理相关手续。

（四）毕业生档案代理和求职注意事项

（1）毕业生在办理档案代理时，应注意办理单位是否为国家主管部门正式批准成立的代理机构，防止非法中介或非正常渠道办理人事代理手续，给自己造成不必要的麻烦，甚至上当受骗。

（2）毕业生应在择业期内（毕业后两年之内）及时落实档案及户口。若在毕业几个月或一年后才办理人事代理，国家认可的"参加工作时间"就会滞后，工龄就会受到影响，进而影响其此后的转正定级和职称晋升等。

（3）毕业生在择业期内没有及时落实户口、人事关系、在超过择业期后，将会给落实户口、档案迁转、相关证明出具等工作造成不必要的困难。

（4）毕业生同用人单位签订《就业协议书》或《劳动合同》，要注意招聘单位的真实性和招聘信息的可靠性，以免给自身和用人单位造成不必要的损失，给后期人事档案代理带来不必要的麻烦。

（五）毕业生办理人事代理的基本程序和原则

（1）已签订就业协议，但协议单位无法接收档案和户口关系需办理人事代理手续的，可由用人单位或者毕业生个人到人才流动服务机构办理。

（2）择业期内暂未落实就业单位、准备复习考研、自费出国留学、自主创业、自主择业等各类毕业生，可自行到人才流动服务机构办理人事代理手续。

（3）办完人事代理后，将有关手续交到我校就业中心，就业中心据此办理报到证，档案、组织关系等随转。

（4）选择办理人事代理的人才流动服务机构的原则应考虑就近原则。哪方便在哪办理，一般是各地市的人才交流服务中心，服务项目和收费差别不大。

（六）人事代理重要问题解答

（1）人事代理毕业生见习一年期满后，转正定级如何办理？

答：委托人事代理的应届毕业生见习一年期满后，存档人员按国家规定可申请办理转正定级。转正定级虽然对在非国有单位工作意义不大，但是转正定级后意味着干部身份的正式确定，如果变动工作调入国有单位，转正定级将作为享受有关待遇的主要依据。

（2）人事代理毕业生可以初定职称吗？

答：可以。国家规定，全日制普通院校毕业生见习一年期满后，经考核合格，即可在转正定级之后，申请办理初定专业技术职务手续（个别职称系列除外）。人事代理毕业生可于见习期满的当年10月，向人才交流中心申请办理相应职称（职务）初定手续。如果毕业生在择业期内不办理人事代理，将影响其有关资历的认定、待遇的提高和就业的机会。

（3）人事代理毕业生可以调整档案工资吗？

答：根据国家规定，国家机关、事业单位调整工资时，凡是在人才交流中心管理人事档案并保留干部身份的人员，本人符合国家规定的升级条件，可按照国家规定的调资政策核定其增资额，记入本人档案。行政机关、事业单位招录人员核定工资，是以档案工资为依据。

(4) 人事代理毕业生党组织关系怎么办？

答：人事代理毕业生中的中共党员，其组织关系可以转到其所在工作单位或社区，也可以随档案转到人才交流中心，并编入所属党支部参加党员活动。毕业生在校期间入党后未转正的，可在转正期满前1个月向所在党组织提出转正申请。

(5) 人事代理毕业生的工龄如何计算？

答：毕业生凭就业报到证到人才交流中心报到后，从报到之日起开始计算工龄。工龄是毕业生入国有单位享受工资晋升、职务升迁、退休、保险等待遇的依据之一。

如果在毕业几个月或一年以后才办理人事代理，国家认可的"参加工作时间"就会滞后，工龄就会受到影响，进而会影响其此后的转正定级和职称晋升等。因此办理人事代理手续越早越好。

(6) 人事代理毕业生怎样参加社会保险？

答：接收单位统一参保的，可通过单位办理新增投保手续；接收单位未办社会保险或暂无接收单位的，本人可持身份证、人事代理相关手续到人才交流中心，由其代为办理开户和代收代缴手续，按社会保险机构核定的标准缴费。

(7) 人事代理毕业生可以考研吗？

答：可以。在研究生招生报名阶段，人才交流中心可以为其出具同意报考及档案所在地证明；录取阶段，凭招生学校调档函可在人才交流中心办理录取的政审（政审通不过的不能录取），凭录取通知书人才交流中心可办理人事关系、工资关系、党员组织关系的转移手续。

另外，通过人才配送途径实现就业的毕业生，也可以通过以上程序办理人事代理，实现其人事关系与工作关系的有效分离，真正方便毕业生在不同区域求职。

六、定向问题

兰州交通大学目前只有硕士研究生和博士研究生有定向生，定向生原则上应毕业后，按照与原单位签订的《定向合同书》履行承诺，按合同约定回原单位工作。如有特殊情况，可按以下方式办理。

（一）硕士定向生能否考博

民族定向生在征得本省区同意后可以报考博士研究生；企业定向本科生如果申请报考博士研究生，须征得定向单位人事部门书面同意后再办理报考手续；成功考取研究生的企业定向生需在毕业当年5月30日前将定向单位人事部门同意升学的书面函送至就业指导中心备案，否则将派回定向单位就业。

（二）定向生能否另行择业

按照国家规定，定向生应严格按照定向合同就业。民族定向生须在生源省区内就业。

由于原定向单位的客观原因，需要另行择业的，本人应于5月30日前办理申请改派手续。定向生申请改派必须提交原定向单位出具的解约函，并提交本人申请，说明原因，经研究生学院审核同意后，就业指导中心可以发放三方协议及就业推荐表。原定向单位出具的解约函、《定向生改派登记表》及三方协议一起交就业中心审核，作为派遣依据。

定向生毕业时未落实新接收单位的、申请改派不符合条件的，仍派回原定向单位就业。定向、委培研究生必须按照定向、委培合同就业，不允许调整改派。

七、出国问题

出国留学的同学、到港澳台求学的同学、在国内读工程硕士等不转档案的同学，在离校前一定要认真落实个人档案户口去处，否则超出派遣期限后，失去派遣资格，档案只能转回街道。户档转到教育部留学服务中心的同学，如果在国外拿到学位，回国就业可以通过教育部留学服务中心派遣；如果未拿到学位，留学服务中心只能将其户档转回原籍，无法派遣，失去干部身份，请毕业生慎重选择（出国同学可以填写出国留学申请表，同时申请档案二分回省）。

八、毕业离校前问题

（1）毕业生毕业时，尚未落实就业单位的甘肃省生源，由省教育厅发给报到证（注明"择业生"字样），报到证抬头均为生源所在地（州、市）人社局，其档案、户口一并随转，有效期为3年；持回生源地报到证的毕业生，必须按有关规定及时到生源地（州、市）人社局进行择业登记，择业期间的毕业生每半年要到本县区人社局进行未就业注册，逾期不登记的，将会影响后续就业手续的办理；持回生源地报到证的毕业生落实就业单位后，若就业单位在生源所在地，当地人社局（市级）可直接办理就业派遣手续；若就业单位不在生源所在地，须回学校就业指导中心办理相关手续。

（2）毕业生毕业时，尚未落实就业单位的外省生源，就业指导中心根据本人申请将其派回生源地就业主管部门。本人要求暂缓就业的，与学校就业指导中心签订协议，由学校代管两年。

（3）申请"灵活就业"的毕业生，若为甘肃省生源，档案、户口转回生源所在地县区人社局；若为外省生源，派遣到生源所在省就业主管部门。

（4）就业报到证由两部分组成：

1）本、专科生：全国普通高等学校本专科毕业生就业报到证（蓝色联）由各学院负责向毕业生发放，《全国普通高等学校本专科毕业生就业通知书》（白色联）由就业指导中心转入学生个人档案；

2）研究生：全国毕业研究生就业报到证（红色联）由各学院负责向毕业生发放，全国毕业研究生就业通知书（白色联）由就业指导中心转入学生个人档案。

就业报到证有效期为1个月，凡无故不领取就业报到证者，由此产生的一切后果由毕业生本人承担。

（5）户口迁移证由保卫处户籍科办理。

（6）档案转递：已落实就业单位者，7月中旬由学校档案馆通过机要局转寄给就业单位（按协议书中所签档案邮寄地址）；其余情况参见第二条。

（7）毕业生在办理离校手续时，领取就业报到证、毕业证书、学位证书、户口迁移证、组织关系后，要仔细逐字审阅，如有问题请立即与就业指导中心联系，严禁私自涂改。以上证件姓名、出生日期以户口迁移证为准。

（8）毕业生领取就业报到证、户口迁移证后，必须在就业报到证上规定的期限内（或用人单位要求的时间）报到；户口迁移必须在限定时间内办理，逾期公安部门将不予办理。

（9）户口迁移证、毕业证书、学位证书、就业报到证、身份证等证件，务必妥善保管。

（10）考取研究生的毕业生无就业报到证，凭离校通知单和录取通知书办理相关手续。

（11）派遣后确因特殊情况需要改派的，于当年9月1日至次年6月30日期间办理，逾期上级主管部门将不予受理。

（12）毕业生离校前，请妥善保存就业指导中心及所在学院负责人办公电话，以方便取得联系。

（13）请牢记学校就业网址，毕业后需要办理相关手续，请上网查询。

（14）毕业生如在择业期内未落实工作，离校后仍可以通过学校的就业信息平台联系工作。

（15）每位毕业生须认真办理离校手续，如未办理手续而自行离校者，由此产生的一切后果由毕业生本人承担。

九、其他问题

（一）灵活就业的毕业生如何办理就业手续

除通过签订三方《就业协议书》参加就业的形式之外，其他各种就业形式均为灵活就业，其中包含"签订劳动合同""单位用人证明""自由职业""自主创业"等具体形式。

选择灵活就业的毕业生，须在学校上报就业方案之前，填写《灵活就业申请表》（在就业网下载），并出具相关证明材料，具体如下：

（1）属于在用人单位工作但不签就业协议书的毕业生，须递交与用人单位已签订完成的劳动合同复印件，或者递交用人单位开具用工或试工的证明材料（需盖单位公章）。

（2）属于以"自由职业"形式就业的毕业生，须递交个人从事自由职业的说明（无格式限制）。自由职业指以个体劳动为主的一类职业，如作家、自由撰稿人、翻译工作者、中介服务工作者、某些艺术工作者等。

（3）属于"自主创业"的毕业生，如自主创立公司已注册成立，须递交所创立公司营业执照复印件，如自主创立公司尚未注册，须递交个人自主创业说明（无格式限制）。

（二）毕业生报到时发生疾病

经检查不能坚持日常工作的，回家休养，一年内病愈的（须经学校指定县级以上医院证明能坚持正常工作的）可以随下一届毕业生办理就业手续；一年后仍未治愈或无用人单位接收的，学校将其户口、档案关系转至其生源所在地。

毕业生报到后，发生疾病不能坚持正常工作的，按在职人员有关规定处理。用人单位不能把报到上岗后发生疾病的毕业生退回学校。

（三）如何确定个人生源所在地

本科生以入学前户籍所在地为其生源所在地。研究生分两种情况：研究生入学前有过若干年工作经历并已在工作地落户的非集体户口，以其落户地为生源所在地；其余都为本科入学前户籍所在地。若入学前是集体户口，请个人与该市联系去确定能否接收并落户。举例说明：某研究生，本科入学前是陕西生源，本科毕业后落户天津集体户，在天津工作三年后，考上兰州交通大学研究生。研究生毕业后需二分回省。该生本人申请二分回天津，结果天津市因其是集体户口无法再次接收，该生不得不再次派回陕西省。

第五部分

职场准备篇

第十七章

办 公 礼 仪

> 世界上最廉价,而且能得到最大收获的一项特质,就是礼节。
> ——拿破仑·希尔

 学习目标

(1) 掌握办公室同事相处的基本礼仪。
(2) 掌握电话、传真机、电子邮件等通讯工具的使用礼仪。
(3) 能够根据会议礼仪的基本要求,合理安排会议。

理论知识窗

第一节 办公基本礼仪

 案例

一位职场新人小美进公司后,很快就成为同事们的"烦客"。只要她对哪位上司有意见,公司很快就会有这位上司的小道消息和绯闻;只要她看不惯哪个同事,就会跟办公室所有同事逐个"我只跟你讲"。而她一旦在某个方面获得不错的业绩,就马上对业绩差的同事逐一表达"关心",指出不足……很快她就变成了人见人烦的人。

小美之所以成为"烦客",是因为她不懂得办公室的礼仪及谈吐原则,犯了职场禁忌,不受欢迎是自然的事情。

办公室是个大家庭,也是一个小社会。在小小的办公室里,我们会遇到形形色色的问题,需要处理各种各样的矛盾。良好的办公室礼仪是工作制度和纪律的补充,它有助于处理业务和协调人际关系,有利于本单位的社会关系网络的进一步发展。

一、良好的办公环境

我们的办公环境是否干净整洁,直接反映出我们的职业素养如何,也影响着我们的工作效能。一个成熟干练的职业人士,即使业务再忙、文件再多,他的办公桌也总是井井有条、

丝毫不乱的。在赏心悦目的环境下工作,所有的人都会感到心情舒畅。

维持良好的办公环境,应注意以下几点:

(1) 保持工作环境的清洁,地面、墙壁、走廊应经常打扫,门窗玻璃、办公桌应擦洗得干净明亮,废纸废物应及时丢到纸篓中。

(2) 分门别类,要分出哪些物品是常用的,哪些物品是不常用的。为了更有效地完成工作,桌面上最好只摆放目前正在进行的工作资料。

(3) 整洁、美观,办公桌的布置一定要有利于提高工作效率。办公桌桌面的物品摆放可参考此标准:台历或水杯、烟灰缸、电话等摆放在中上侧;文件筐(盒)、等待处理的管理资料摆放在右侧;需马上处理的业务资料摆放在中下侧;而有关业务资料则最好放置在桌面左侧。

(4) 不摆放与工作无关的物品。办公桌是用来办公的,不是你的私人物品展台,太多的私人物品只能显示出你的不专业和不敬业。如果想有别于他人,可以选择摆放一株绿色植物,既赏心悦目又不失礼。

(5) 注意机密文件。在某些保密性要求极高的行业,机密文件应装在特殊的文件夹里,并贴上红色等特殊色系或者条形码的警示标签。

(6) 如果因为去就餐或者去洗手间等原因而要暂时离开座位,那么,就应当将文件覆盖起来,不要毫无遮拦地将文件曝光在别人的视线中。下班后,桌面上只能摆放计算机,文件或资料应当收起来,锁在抽屉中或文件柜中。

二、同事相处礼仪

(一) 尊重领导是天职

领导是一个单位或部门的灵魂。尊重领导是下属的天职,是上下级之间良好关系的前提和基础。

(1) 不乱传话。

(2) 不越职权。

(3) 维护尊严。

(二) 尊重同事是本分

同事关系相处和谐,才能发挥一加一大于二的团队功能。能不能和同事和谐相处,进行良好的协调和沟通,也是现代职业人士的重要素质。

(1) 密切合作。

(2) 积极交流。

(3) 宽大为怀。

(4) 不搞小集体。

(5) 不侵权行事。

(6) 不议隐私。

(7) 学会关心。

(三) 尊重下属是美德

绝大多数的领导都明白:一个人的力量毕竟有限,必须有下属的通力配合才能在工作上不断取得成功。尊重是领导者获得下层信任和敬重的基本技巧。

(1) 善于批评。
1) 避免当众指责。
2) 不过分指责已认错者。
(2) 关怀下属。
(3) 办事公正。
(4) 以身作则。

三、电话礼仪

使用电话传递信息时通话双方彼此之间不见面，直接影响通话效果的是通话者的声音、态度和使用的言辞，这三者一般被称为"电话三要素"。它们既与通话内容相关，又直接影响通话者之间的相互关系。电话是现代社会组织对外展现自己形象的窗口，在社会组织赢得公众美誉方面发挥着独到的作用。

（一）打电话礼仪

正确地利用电话，并不是每一个打电话的人都能做到的。要正确利用电话，不只是要熟练地掌握使用电话的技巧，更重要的是要自觉维护自己的"电话形象"。打电话时要保持良好的心情，这样即使对方看不见你，从欢快的语调中也会被你感染，给对方留下极佳的印象。由于面部表情会影响声音的变化，所以即使在电话中，也要抱着"对方看着我"的心态去应对，尽可能注意自己的姿态。打电话过程中绝对不能吸烟、喝茶或吃零食，即使是懒散的姿态对方也能够"听"得出来。如果打电话的时候，跷着腿躺在椅子上，对方听到的声音是懒散的、无精打采的；如果坐姿端正，所发出的声音也会亲切悦耳、充满活力。

所以，在打电话之前要做好充分的准备，在电话沟通过程中保持良好的状态，礼貌待人，以保证目标的有效达成。

（二）接电话礼仪

接电话时，也有许多具体要求。在整个通话过程中，接听电话的人虽然是被动的一方，也必须在接听电话时，专心致志、彬彬有礼。

1. 接电话及时

当听到电话铃声响起时，应迅速起身去接，最好在三声之内接听。如果长时间无人接电话或让对方久等是很不礼貌的，会给人留下不好的印象。即便电话离自己很远，听到电话铃声后，也应该用最快的速度拿起听筒，如果电话铃声响了四声以上才拿起话筒，应该先向对方道歉。

2. 自报家门

拿起听筒，先自报家门："您好！这里是×××公司公关部"，这样做，一是可以用节省对方的时间表达对对方的尊重，二是让对方明白是否拨对了电话。作为接电话人，通话过程中，要仔细聆听对方的讲话，并及时作答，给对方积极的反馈。

3. 认真记录

在办公室工作的人，每天通常要接很多电话，还要处理许多其他的事情，因此要随时准备好专用的电话记录本，养成记录电话的良好习惯。无论是帮人接电话，还是对方给自己讲一些重要的事情，都应当做好记录，以免误事。

记录完毕后，应将主要内容向对方复述一遍，确保准确无误。通常，办公室电话记录还应包括来话人姓名、单位、电话号码、来话时间等内容。

通话结束时,作为接话人,一般应等对方先挂上电话后再放下话筒。

(三)结束通话时的礼仪

结束通话时,约定俗成的是由发话人结束通话,受话方要等对方挂机后再放下听筒,不要仓促挂断电话,尤其是对方表示要结束通话但并没有完全讲完的时候。临近通话结束,应礼貌道别,向发话人说"明白了""麻烦您了""再见""谢谢"等,并恭候对方先放下听筒,不宜越位抢先。放置听筒任何时候都要轻,不能猛然"砰!"的一声挂断电话,使对方听到震耳欲聋的声音,这是粗野无礼的行为。

通常是长辈、上司、客户先挂电话。原则上是打电话的一方先挂电话。当对方接电话的是领导或女士时,即使你是打电话的一方,也应请对方先挂断电话。

四、传真礼仪

目前,在商务交往中,经常利用传真机发送或接收外来的文件、书信、资料、图表、照片等,由于它操作简单、传送快捷和节省费用等特点,已成为现代办公必不可少的设备之一。工作人员日常工作离不开传真机,除了正确操作外,还应当懂得收发传真的礼仪。

(一)发送传真礼仪

1. 完整

在发送传真时,应检查是否注明了本公司的名称、发送人姓名、发送时间以及自己的联络电话,同时应写明接收人的姓名、所在公司、部门等信息。所有的注释均应写在传真内容的上方。有些正式的传真要求有封面,其上注明传真者与接收者双方的公司名称、人员姓名、日期、总页数等,这样接收者就一目了然了。

2. 清晰

发送传真时应尽量使用清晰的原稿,避免发送后出现内容看不清楚的情况。另外,必须按规定程序操作,提高清晰度。与此同时,还应当力求使传真的内容简明扼要,以便降低费用,提高效率。

3. 发送

传真机有手动和自动两种方式。手动方式需要接听传真电话的人给你传真开始的信号,在听到"滴滴"长音后再开始传真文档;而自动方式不需要对方人工操作,在拨通传真电话后,在几声正常电话回音之后,就会自动出现"滴滴"的长音,此后就开始传真文档。注意传真后请将原件收好,不要遗忘在传真机上。

4. 询问

在发传真前,应该先打电话给对方:"您好!我是公司的×××,给××部门×××发送传真,您现在方便接收吗?"很多单位是共用一台传真机,如果不通知,信件就有可能会发到别人的手里,也许会因为别人收到,但不知道是谁的而发生信件遗失。如果没有得到对方的允许,不要将发送时间设定在下班后,这是非常不礼貌的行为。

如果传真机设定在自动接收状态,发送方应尽快通过其他方式与收件人取得联系,确认其是否收到传真。

5. 中断

当正在发传真时,由于某种原因,领导改变了主意要求马上中断传真,那么可以告知对方:"对不起,传真机突然卡住了,我待会再给您传过去。"如果处理不好,就会让对方误会,认为你并没有诚意发传真,或者认为你并不重视这个传真。

(二)接收传真

1. 告知

人们在使用传真设备时,最为看重的是它的时效性。因此,在收到他人的传真后,应当即刻采取适当的方式告知对方,以免对方惦念。

2. 处理

需要办理或转交、转送他人发来的传真时,千万不可拖延时间,避免因任何疏漏造成传真丢失,耽误对方的要事。任何信息丢失都可能造成时间的延误甚至影响到合作业务的成败,这样的细节不可忽视。

3. 礼貌

如果对方不能准确说出接收传真的部门和姓名,不可以粗暴地挂断电话,拒绝接收传真。这样做的后果不但破坏了公司的形象,而且还可能拒绝了诚心想商务交往的对象,失去合作的机会。

4. 保密

如果正在接收传真时,有朋友或同事来找你,你可以对对方说:"真不巧,我不得不先办完手头上的这件事。"或说:"稍后我找你。"有些特殊的商务传真是不可以让他人看见的。

五、电子邮件礼仪

如今互联网每天传送的电子邮件已达数百亿封,但有一半是垃圾邮件或不必要的。"在商务交往中要尊重一个人,首先就要懂得替他节省时间",电子邮件礼仪的一个重要方面就是节省他人时间,只把有价值的信息提供给需要的人。

写电子邮件就能看出一个人为人处世的态度。你作为发信人写每封电子邮件的时候,要想到收信人会怎样看这封电子邮件,时刻站在对方立场考虑,将心比心。同时勿对别人的回答过度期望,当然更不应对别人的回答不屑一顾。

(一)电子邮件主题

主题是接收者了解邮件的第一信息,因此要提纲挈领,使用有意义的主题词,这样可以让收件人迅速了解邮件内容并判断其重要性。

(1)一定不要空白标题,这是失礼的。

(2)标题要简短,不宜冗长。

(3)标题要能真实反映文章的内容和重要性,切忌使用含义不清的标题,如"王先生收"。

(4)一封信尽可能只针对一个主题,以便于日后整理不在一封信内谈及多件事情。

(5)可适当用使用大写字母或特殊字符(如"*""!"等)来突出标题,引起收件人注意,但应适度,特别是不要随便就用"紧急"之类的字眼。

(6)回复对方邮件时,可以根据回复内容需要更改标题。

(二)电子邮件的称呼与问候

(1)恰当地称呼收件者。

(2)电子邮件开头结尾要有问候语。

(三) 电子邮件正文

电子邮件正文要注意以下几点：

(1) 正文要简明扼要，行文通顺。

(2) 注意论述语气。尊重对方，"请""谢谢"之类的语句要经常出现。

(3) 正文多用列表，以求清晰明确。

(4) 避免拼写错误和错别字。

(5) 合理提示重要信息。

(6) 合理利用图片、表格等形式来辅助阐述。

(四) 电子邮件的附件

关于附件应注意以下事项：

(1) 如果邮件带有附件，应在正文里面提示收件人查看附件。

(2) 附件文件应按有意义的名字命名。

(3) 正文中应对附件内容做简要说明，特别是带有多个附件时。

(4) 附件数目不宜超过4个，数目较多时应打包压缩。

(5) 如果附件是特殊格式文件，应在正文中说明打开方式，以免影响使用。

(6) 如果附件过大，应分割成几个小文件分别发送。

(五) 电子邮件结尾签名

每封邮件在结尾都应签名，签名时要注意：签名信息不宜过多；不要只用一个签名档。

(六) 电子邮件的回复

回复邮件，以下几点需注意：

(1) 回复及时。及时回复是对他人的尊重，理想的回复时间是2小时内，特别是对一些紧急重要的邮件。对每一份邮件都立即处理是很占用时间的，对于一些优先级低的邮件可集中在一特定时间处理，但一般不要超过24小时。

(2) 回复有针对性。

(3) 回复不得少于10个字。

(4) 不要就同一问题多次回复讨论。

第二节 会 议 礼 仪

案例

有一次，某地级市准备以市委、市政府名义召开一次全地区性会议。为了给有关单位有充分时间准备会议材料和安排好工作，决定由市政府办公室先用电话通知各县和有关部门，然后再发书面通知。电话通知发出不久，某领导即指示：这次会议很重要，应该让参会单位负责某项工作的领导人也来参加，以便更好地完成这次会议贯彻落实的任务。于是，发出补充通知。过后不久，另一领导同志又指示：要增加另一项工作的负责人参加会议。如此再三，在三天内，一个会议的电话通知，通知了补充，补充了再补充，前后共发了三次，搞得下边无所适从，怨声载道。

> 这个案例是会前缺乏周全的考虑造成的。会议内容没有确定好，因此也就无法确立参加会议的人员，在电话已经通知了的情况下，一再变更通知，朝令夕改。对于一级政府来说，是极其不严肃的。
>
> 工作会议是现代职场日常工作的常见形式，便于集中讨论、解决问题、贯彻精神。如：由何组织安排、参加、服务好工作会议，如何营造紧张、团结、高效的会议氛围，是每一位组织者或参与者都要注意的问题。

一、会前准备

（一）确定会议的规格

根据会议的种类、参加会议的主要领导人的身份等来确定会议的规格。一般而言，内部会议应尽量简朴，讲究效率，不拘形式。如果是请上级领导参加的表彰会、庆祝大会，出于对领导的尊重和对外宣传的需要，可以将会议搞得隆重一些。如果是上级单位主持召开的会议，由于邀请了各界代表参加，所以会议规模大、规格高。为了完成高规格的会议接待工作，通常要安排一位主要领导人直接负责会议的筹备工作，专门研究布置会议的各项具体工作，明确各接待人员的分工职责。

（二）通知拟发

会议通知必须写明开会的时间、地点、会议主题和会议参加者等信息。会议时间一般不应选择在重大节日或假日，因为这些日子是与会者的休息日。为了使会议参加者能对自己的工作做好安排，有的会议通知还应写明闭会时间。发会议通知要提前一定的时间，以便会议参加者有所准备。根据会议的内容和参加者的地区范围，会议通知可采用张贴的办法，也可邮寄。邮寄会议通知时在信封上写明"会议通知，收到急转"的字样，以免中途耽搁。对外地的会议参加者，有关食宿和差旅费等问题都应一一写明，以免造成不必要的麻烦。

（三）文件起草

会议上所用的各种文件材料，一般应在会前准备好。需要准备的会议文件，主要有会议的议程、开幕词、闭幕词、主题报告、大会决议、典型材料、背景介绍等。其中有些文件应在与会者报到时就要下发。普通、例行的工作会议，一般不必准备这些材料，或者根据情况或领导要求准备相关资料、说明文件等就可以。

（四）布置会场

会场的大小要根据会议内容和参加者人数而定。会场的布置也要和会议的内容相称。在一些大型会议的广场或门口还应张贴"欢迎"之类的告示。如果会场不易寻找，应在附近安设路标以作指引。会标应在主席台上方，一般红底白字或黑字，字要端庄大方。两侧或四周可布置一些带有鼓动性、号召性的标语。摆设方面，应根据会议类型，烘托会议气氛。如：庆祝会应布置得喜气洋洋；座谈会、协商会应体现和谐、平等的气氛。主席台上可摆放盆景、盆花、插花等。桌面上摆放茶杯、饮料，要干净且摆放整齐统一。另外，音响、灯光要和开会气氛相协调，开会前检查音响、灯光，以防出现问题。

（五）会议位次

举行正式会议，通常要事先排定与会者、特别是身份重要者的具体座次。越是重要的会议，座次排定越重要。由于工作会议的规模不一样，具体的座次排定就有所不同。

1. 小型会议

小型会议一般指参加者较少、规模不大的会议。全体与会者都应排座，不设立专用的主席台。小型会议的排座，有三种形式：

（1）自由择座。即不排固定的具体座次，而由全体与会者完全自由地选择座位就座。

（2）面门设座。一般以面对会议室正门的是会议主席座位，其他的与会者在其两侧自左而右地依次就座。

（3）依景设座。所谓依景设座，是指会议主席的具体位置，不必面对会议室正门，而是应当背依会议室之内的主要景致所在，如字画、讲台等。其他与会者的排座，则略同于前者。

2. 大型会议

大型会议是指与会者多、规模较大的会议。大型会议在会场上要分设主席台和群众席。主席台必须排座，群众席可排可不排。

（1）主席台排座。大型会场的主席台，一般面对会场主入口，面对群众席。主席台成员的桌上，要放置正反两面的桌签。主席台排座，具体又分为主席团排座、主持人坐席、发言者席位等三个方面。

主席团排座。主席团是指在主席台上正式就座的全体人员。

国内目前排定主席团位次有三个基本规则：前排高于后排；中央高于两侧；左侧高于右侧。主体身份排座，但不应该就座在后排。

发言者席位。发言者席位又叫做发言席。在正式会议上，发言者发言的时候不宜坐在原处。发言席的常规位置可以在主席团的正前方，或者右前方。

（2）群众席排座。在大型会议上，主席台下的一切坐席都是群众席。群众席的排座方式有两种。

1）自由式择座。即不进行统一安排，而由大家各自择位而坐。

2）按单位就座。它指的是与会者在群众席上按单位、部门或者地位、行业就座。它的具体依据，既可以是与会单位、部门的汉字笔画的多少、汉语拼音字母的前后，也可以是其平时约定俗成序列。按单位就座时，如果分为前排后排，以前排为高，以后排为低；如果分为不同楼层，楼层越高，排序越低。

在同一楼层排座时，又有两种普遍通行的方式：以面对主席台为基准，自前往后进行横排，自左而右进行竖排。

二、会中服务

会议期间的服务，一般应该包括以下内容。

（一）接待服务

1. 引导服务

涉及外单位的会议，应有引导服务。非本单位参会者对会议地点不一定熟悉，所以应事先安排专门的工作人员对与会者进行引导服务。进行引导服务的引导人员，应形象良好，穿着正装并佩戴统一的工作证。可以在门口、饭店大厅、楼梯口、电梯口恭候来宾。看到与会者后，应点头微笑致意，同时问："您好，请问您是参加×××会议的吗？"如果确认对方是与会者，可以伸出右手，拇指微微弯曲，其他四指并拢，胳膊抬至齐胸高度，指向来宾应去的方向，同时说："您这边请……"如果对方身份较高或者较年长，还应陪同引导到与会地点。

2. 会议签到

为掌握到会人数，严肃会议纪律，大型会议或重要会议，通常都会要求与会者在入场时签名报到。会议签到的通行方式为：签名报到、交券报到、刷卡报到。负责此项工作的人员，在报到完毕、统计之后就要及时向会议负责人通报。

3. 餐饮安排

举行较长时间的会议，一般会为与会者安排会间的工作餐。与此同时，还应为与会者提供卫生可口的饮料。与会者较多的时候，提供的饮料最好便于与会者自助饮用，不提倡为其频频斟茶续水。如果必要，还要为外来的与会者在住宿、交通方面提供力所能及、符合规定的服务。

4. 现场记录

凡重要的会议都应进行现场记录，其具体方式有笔记、打印、录入、录音、录像等。可单用某一种，也可以交叉使用。

负责会议记录时，对会议名称、出席人数、时间地点、发言内容、讨论事项、临时动议等基本内容要力求做到完整、准确、清晰。

5. 编写简报

有些重要会议，往往在会议期间要编写会议简报。编写会议简报的基本要求是"快""准""简"。快，是要求其讲究时效；准，是要求其准确无误；简，则是要求文字精练。

（二）茶水服务

会议期间如果提供茶水服务，要注意以下几点：

（1）如果用茶叶，则茶叶不要用手直接抓取，而是倒取，或者用专用的勺取。

（2）倒茶的时间，应该是在客人落座之后，会议还没正式开始之前。倒茶时，可以从左往右、从右往左或者顺时针、逆时针方向依次进行。不能在客人正前方或正后方上茶，可以在客人的右侧，倒前轻声说一声："打扰一下。"如果是用暖瓶斟茶倒水要远离桌面，并在距离杯口十公分左右的位置操作。茶水不要倒满，七八分满为宜。如果是有杯耳的茶杯，杯耳朝向客人，以方便客人端、接。

（3）如果人不多，只有客人和领导的时候，应先给客人敬茶，再为领导敬茶，以示对客人的敬意。

（4）敬完茶要先后退一两步再转身离去。具体做法是：以基本站姿站立，一般女士先退右脚，将重心放在脚尖上，再将左脚后挪，转身离去。转身时要向人多的一侧或离出口近的一侧转体，不要给大家一个背影。

（三）合影安排

要提前安排好站位，对号入座，不能现场再排。否则，人数一旦多起来就容易混乱而且失控。合影的位次安排，遵守的是"以右为尊"的原则。

三、参会礼仪

1. 主持人

会议的主持人一般由具有一定职位的人来担任，其礼仪表现对会议能否圆满成功有着重要的影响。主持人应衣着整洁,大方庄重,精神饱满,切忌不修边幅。步伐要稳健有力地走向主席台。一般应穿着正装。

入席后,如果是站立主持,要双腿并拢,腰背挺直。持稿件时,右手持稿件的底中部,左手五指并拢自然下垂。双手持稿件时,要和胸齐高。坐姿主持时,身体应挺直,双臂前伸,两手轻按桌缘。主持过程中,切忌出现搔头、揉腹、抖动腿等不雅动作。

主持人应根据会议性质调节会议气氛,或庄重,或幽默,或活泼。发言要口齿清楚,思维敏捷,简明扼要。

主持人对会场上的熟人不能随便打招呼,更不应寒暄闲谈。在会议开始前,或会议休息时间可以向熟人点头、微笑致意。

主持人宣布会议开始、邀请相关人员发言、宣布结束会议。如果是涉及外单位的会议,主持人还要介绍自己、与会者,特别是主要嘉宾。

2. 会议发言人

会议发言人要衣冠整齐,一般应穿正装。走上主席台步态自然,刚劲有力,体现出一种成竹在胸、自信自强的风度和气质。

发言的时候口齿清晰,掌握好语速、音量,发言内容简明扼要。如果是书面发言,要正常抬头扫视一下会场,不能只顾低头读稿,旁若无人。

发言完毕应向全体与会者表示感谢。

如果有与会者对发言人提问,要礼貌作答。对不能回答的问题,应机智而礼貌地说明理由或者避开,对提问人的批评和意见应认真听取,即使提问者的批评是错误的,也不能失态。

要注意运用适当的身体语言,让自己的讲话更容易被与会者接受。千万不要摆出双手紧握或双臂交叉胸前的防卫姿势。为了能使自己的讲话内容更容易被听众理解,不要摆出说教式的动作,如:指指点点以表示强调、坐在台前交叉握双手、手指撑出一个高塔形状,这些动作都是骄傲自大的表现。

不论所讲的主题多么严肃,偶尔的微笑,有意地用眼睛不时地环视会场上的每个人,既显示自信,又说明重视会场上的全体与会者。

3. 与会人员

除主持人、发言人之外的与会人员,要衣着整洁,仪表大方。服从会议组织者的安排,准时入场、仔细听讲、认真记录、进出有序。如果是隆重的会议,或是涉外会议,着装上更要规范,有制服的要穿制服,没有制服的至少不要穿休闲装、运动装参会。

出席会议前要把该做的预备工作都做好:准备记录的笔记本、笔等,会议中不要随便向别人借东西,以免打扰别人。

进入会场之后,要把自己的手机关闭或调成震动状态。

开会的时候要尊重会议主持人和发言人。当别人讲话的时候,要认真倾听,可以记录下和自己工作相关的内容。

如果想发言应该举手,等待会议主持人示意后再站起来发言,发言的时候声音要洪亮,保证所有与会者都能听到。如果是人数很少的会议,特别是像圆桌会议,则可以坐着说。

不要在别人发言的时候交头接耳、随意走动、看书、抽烟、吃零食、睡觉、玩手头的东西等。即使对发言人的意见不满,也不可以有吹口哨、鼓倒掌、喧哗起哄等失礼行为。

会中尽量不要离开会场,如果必须离开,要轻手轻脚,不要影响发言者和其他与会者。如果需要长时间离开或提前退场,应该和会议组织者打招呼,说明理由,征得同意后再离开。

四、会后工作

会议结束后,要做好必要的后续工作,有始有终。

(一)形成文件

这些文件包括会议决议、会议纪要等。一般要求尽快形成,会议一结束就要下发或公布。

(二)处理材料

根据工作需要和有关保密制度的规定,在会议结束后应对与其有关的一切图文、声像材料进行细致的收集、整理。收集、整理会议材料时,要遵守规定与惯例,应该汇总的材料,一定要认真汇总;应该存档的材料,要一律归档;应该回收的材料,一定要如数收回;应该销毁的材料,则一定要仔细销毁。

(三)协助返程

会议结束后,主办单位应该为外来与会者提供一切返程的便利,可以主动为对方联络、提供交通工具,或是替对方订购、确认返程的机票、船票、车票。当团队与会者或与会的重要人士离开本地时,还要安排专人送行,并帮助其托运行李。

(四)会议新闻报道

重要会议往往要邀请记者到会。办公室或会务处应及时向新闻记者提出宣传会议精神的要求和建议。根据各种会议的不同情况,会议可发布新闻消息,或进行典型报道。新闻报道稿通常由会议工作人员与新闻记者配合共同编写,以求及时、准确地反应会议精神。新闻稿件在发布前应送领导人审核,以免出现差错。

(1)天地石化股份有限公司董事会召开会议,讨论从国外引进化工生产设备的问题。秘书小张负责为与会董事准备会议所需文件资料。因有多家国外公司竞标,所以材料很多。小张由于时间仓促就为每位董事准备了一个文件夹,将所有材料放入文件夹。有三位董事在会前回复说将有事不能参加会议,于是小张就未准备他们的资料。不想,正式开会时其中的两位又赶了回来,结果会上有的董事因没有资料可看而无法发表意见,有的董事面对一大摞资料不知如何找到想看的资料,从而影响了会议的进度。试分析案例中的不当之处。

(2)秘书小王每天上班和下班前都将自己的工作区域清洁整理得干干净净,有条不紊,同时她也主动清洁整理自己常用的复印机、打印机、饮水机、档案柜、公用书架等。每当她看到复印纸抽拿零乱,公用字典扔在窗台,废纸桶满了没人倒时,都及时做些清洁整理工作,以维护办公环境的整洁。

秘书小李每天都认真清洁整理自己的办公桌,常用的笔、纸、回形针、订书器、文件夹以及专用电话等都摆放有序,下班前,她也将办公桌收拾得干净整齐,从不把文件、物品乱堆乱放在桌面上。但小李很少参与清理和维护公用区域,也常将公用资源和电话号码本、打孔机、档案夹等锁进自己的办公桌，常常使别人找不到，影响了工作。

秘书小张上班匆匆忙忙，接待室的窗台布满灰尘，办公桌上堆得满满当当，电脑键盘污迹斑斑，上司要的文件总是东查西翻，每日常用的"访客接待本"也总是找不到。自己的办公桌都没有管理清楚，更无暇顾及他处。

请根据办公室礼仪的要求，分析三人的做法恰当与否。

（3）院办秘书小张通知各教学系主任下午3：00到办公楼三楼大会议室开会，会议议题是关于示范校评估工作的布置和安排。小张应该怎样进行电话通知呢？

（4）使用正确的格式发送电子邮件，邀请好友周末参加你的生日聚会，要求在电子邮件中说明聚会的时间和地点，并表明你热情邀请好友的心情。

第十八章

职业形象管理

> 君子有九思：视思明，听思聪，色思温，貌思恭，言思忠，事思敬，疑思问，忿思难，见得思义。
>
> ——孔子

学习目标

（1）学习在职业场景中个人形象的重要性。
（2）增加职业形象管理的理解和方法。

 理论知识窗

第一节 职业形象自我设计

在现代社会的商业活动中，企业与个人的形象对事业的发展起到越来越重要的作用。因而职业形象的塑造也被人们所重视。而职业形象是对一个企业，一个人内在、外在信息的评价。

拥有好的职业形象，必须是内外兼修，缺一不可。

一、仪容

仪容指人的外貌，即人的容貌，是人体不着装的部位，包括头发、面部、手臂和手掌等。在社交活动中，一个人的仪容往往是其身体上最受对方注意的部位。整洁、美观的仪容是一个人精神面貌的外观体现，它一方面体现了人的素养，另一方面体现了对交往对象的重视。

（一）女士化妆

化妆是一门艺术。在社交场合，适度、得体的化妆是一种礼貌，也是自尊、尊人的体现。对女士来说，化妆要讲究简约、清丽、素雅、端庄，以淡妆、浅妆为主，过分的修饰是不可取的。化妆后表现出若有若无的效果，才是化妆的最高境界。化妆要扬长避短，重在避短，即在化妆时，要突出和美化自己脸上的美，掩饰面部的不足，以达到化妆的最佳效果。

化妆的浓淡要视时间、场合而定。一般来说，白天工作，以淡妆为宜，自然和谐；晚上参加晚宴或舞会，则适当化浓妆，华美不俗；旅游或运动，则不宜化妆，以体现自然美。

女士化妆可以通过视频、专业的化妆课进行学习。

（二）男士美容

（1）清洁。成年男子皮脂腺的分泌活跃，油脂分泌过多，容易聚结灰尘，形成污垢，甚至会出现粉刺而影响面容。因此，男士的美容主要是对皮肤进行清洁按摩，保持皮肤的健康、卫生。

（2）修饰。男士应该选择适合自己皮肤的护肤品来保护皮肤。唇部可用无色唇膏或润唇膏保持嘴唇的丰满圆润。

（3）剃须。男士经常剃须可以使面部清洁、容光焕发。除有特殊的宗教信仰与民族习俗外，都要经常剃须。

（4）发型修饰。头发是人身体的制高点，也是被他人第一眼注视的地方。恰当的发型会使人精神焕发，充满朝气和自信。一定要勤于梳洗、发型得体、大方美观。

二、服饰

在人际交往中，服装被称为"第二肌肤"。它既具有保护人体、防暑御寒的实用功能，也有美化人体、展示个性的审美功能，还有体现社会地位、社会角色、身份差异的社会功能。

（一）服饰的基本原则

服饰反映了一个人文化素质的高低、审美情趣的雅俗。具体说来，它既要自然得体、协调大方，又要遵守某种约定俗成的规范或原则。

1. 个性原则

着装必须得体、和谐。为此，着装就必须讲究，这就是服饰的礼仪原则。着装既要适合个体的自身条件，如年龄、体型、肤色、职业、性格等因素，体现自己的个性风格，又要对应别人，与交往对象保持协调一致。

2. 遵守TPO原则

TPO是英文"Time" "Place" "Occasion"三个词的首字母。T代表时间，P代表地点，O代表场合。着装的TPO原则是指人们穿着打扮要兼顾时间、地点、场合三个因素。这是世界通行的着装基本原则。得体的穿着，不仅可以显得更加美丽，还可以体现出一个现代文明人良好的修养和独到的品位。

（1）时间原则：时间泛指早晚、季节与时代。时间原则是指在不同时间、不同季节、不同时代应穿不同的服装。不同时段的着装规则对女士尤其重要。男士有一套质地上乘的深色西装或中山装足以包打天下，而女士的着装则要随时间而变换。白天工作时，女士应穿着正式套装，以体现职业性；晚上出席鸡尾酒会就需多加一些修饰，如换一双高跟鞋，戴上有光泽的佩饰，围一条漂亮的丝巾；服装的选择还要适合季节气候特点，保持与潮流大势同步。

（2）地点原则：着装要与环境相协调。西装革履与静谧肃穆的办公室相协调，而穿休闲装、拖鞋则人境两不宜；着泳装与海滨浴场相适宜，而穿着它出现在商场、街头则令人哗然。在自己家里接待客人，可以穿着舒适但整洁的休闲服；如果是去公司拜访，穿职业套装会显得庄重。外出时要顾及当地的传统和风俗习惯，如去教堂或寺庙等场所，不能穿过露或过短的服装。

（3）场合原则：着装要与场合气氛相和谐。工作场合应端庄大方，休闲场合应轻松随意，社交场合可时尚华丽；喜庆场合应鲜艳明亮，悲伤场合应庄重严肃，庄重场合则应严谨规范。与客户会谈、参加正式会议等，衣着应庄重考究；听音乐会或看芭蕾舞，则应按惯例着正装；出席正式宴会时，女士应穿中国的传统旗袍或西方的长裙晚礼服；而在朋友聚会、郊游等场合，着装应轻便舒适。试想一下，如果大家都穿便装，你却穿礼服就有欠轻松，同样，如果着便装出席正式宴会，不但是对宴会主人的不尊重，也会令自己颇觉尴尬。

（二）仪态礼仪

1. 站姿

在中华民族礼仪要求中，"站有站相，坐有坐相"是对一个人行为举止最基本的要求。站立是人们在生活交往中最基本的姿势。站姿是生活中静力造型的动作，站立不仅要挺拔，而且要优美和典雅，这是优雅举止的基础。正确优美的站姿，会给人挺拔向上、舒展俊美、庄重大方、亲切有礼、精力充沛的印象。

（1）标准站姿。

1）头正，双目平视，嘴唇微闭，下颌微收，面部平和自然。

2）双肩放松，稍向下沉，身体有向上的感觉，呼吸自然。

3）躯干挺直，收腹，挺胸，立腰。

4）双臂放松，自然下垂于体侧，手指自然弯曲。

5）双腿并拢立直，两脚跟靠紧，脚尖分开呈60°，男子站立时，双脚可分开，但不能超过肩宽。

（2）错误站姿。

1）两脚分得太开。

2）两腿交叉而站。

3）一个肩高一个肩低。

4）松腹含胸。

5）一只脚在地下不停地画弧线。

6）将腿斜靠在马路旁的树干、招牌、墙壁、栏杆上。

7）不停地摇摆身子，扭捏作态。

8）与他人勾肩搭背地站着。

9）膝盖伸不直。

2. 坐姿

坐，也是一种静态造型。坐作为一种举止，有着美与丑、优雅与粗俗之分。无论哪一种坐姿，都要自然放松，面带微笑。在社交场合，不可仰头靠在座位前背上或低着头注视地面；身体不可前俯后仰，或歪向一侧；双手不应有多余的动作。双腿不宜敞开过大，也不要把小腿搁在大腿上，更不要把两腿伸出去，或不停地抖动。这些都是缺乏教养和傲慢的表现。对于公众场合中的静态美——坐姿礼仪是最考验人，也是最能体现气质美的。端庄优美的坐姿，会给人以文雅、稳重、自然大方的美感。正确的坐姿应该是：腰背挺直，肩放松。女性应两膝并拢；男性膝部可分开一些，但不要过大，一般不超过肩宽。双手自然放在膝盖上或椅子扶手上。在正式场合，入座时要轻柔和缓，起座时要端庄稳重，不可猛起猛坐，弄得桌椅乱响，造成尴尬气氛。不论何种坐姿，上身都要保持端正，如古人所言的"坐如钟"。

（1）入座时要轻、稳、缓。走到座位前，转身后轻稳地坐下。如果椅子位置不合适，需要挪动椅子的位置，应当先把椅子移至欲就座处，然后入座。而坐在椅子上移动位置，是有违社交礼仪的。

（2）神态从容自如（嘴唇微闭，下颌微收，面容平和自然）。

（3）双肩平正放松，两手自然弯曲放在腿上，亦可放在椅子或是沙发扶手上，以自然得体为宜，掌心向下。

（4）坐在椅子上，要立腰、挺胸，上体自然挺直。

（5）双膝自然并拢，双腿正放或侧放，双脚并拢或交叠或成小"V"字形。男士两膝间可分开一拳左右的距离，脚态可取小八字步或稍分开以显自然洒脱之美，但不可尽情打开腿脚，那样会显得粗俗和傲慢。如长时间端坐，可双腿交叠，但要注意将上面的腿往回收，脚尖向下。

（6）坐在椅子上，至少应坐满椅子的 2/3，坐在宽座沙发上，则至少坐满 1/2。落座后至少 10 分钟左右时间不要靠椅背。时间久了，可轻靠椅背。

（7）谈话时应根据交谈者方位，将上体双膝侧转向交谈者，上身仍保持挺直，不要出现自卑、恭维、讨好的姿态。讲究礼仪要尊重别人但不能失去自尊。

（8）离座时要自然稳当，右脚向后收半步，而后站起。

（9）女子入座时，若是裙装，应用手将裙子稍稍拢一下，不要坐下后再拉拽衣裙，那样不优雅。正式场合一般从椅子的左边入座，离座时也要从椅子左边离开，这是一种礼貌。女士入座尤要娴雅、文静、柔美，两腿并拢，双脚同时向左或向右放，两手叠放于左右腿上。如长时间端坐可将两腿交叠，但要注意上面的腿往回收，脚尖向下，以给人高贵、大方之感。

（10）男士、女士需要侧坐时，应当将上身与腿同时转向同一侧，但头部保持面向前方。

3. 走姿

走姿是人体所呈现出的一种动态，是站姿的延续。优雅的走姿是展现人的动态美的重要形式，正确的走姿，能走出风度，走出优雅，走出美，更能显示出一个人的活力与魅力。"行如风"就是用风行水上来形容轻快自然的步态。正确的走姿是：轻而稳，胸要挺，头要抬，肩放松，两眼平视，面带微笑，自然摆臂，即从容、平稳、直线。

第二节 职业交往形象管理

一、见面礼仪

（一）称呼礼仪

在社交中，人们对称呼一直都很敏感，选择正确、恰当的称呼，既反映自身的教养，又体现对他人的重视。称呼不仅仅是一个礼貌问题，更是一块人与人之间交际、交流的敲门砖。准确、得体、饱含恭敬的称呼是交际、交流的润滑剂，它能在一开始就营造出一种和谐的交际氛围，使交流与交际顺利地进行下去。而不当的称呼往往会使人觉得别扭、难堪和讨厌,给交际、交流制造出一种格格不入的气氛,甚至导致交际、交流的失败。

称呼一般可以分为职务称、姓名称、职业称、一般称、代词称、年龄称等。职务称包括经理、主任、董事长、科长、老板等;姓名称通常是以姓或姓名加"先生、女士、小姐";职业称是以职业为特征的称呼,如:秘书小姐、服务先生等;代词称是用"您""你们"等来代替其他称呼;年龄称主要以"大爷、大妈、叔叔、阿姨"等来称呼。使用称呼时,一定要注意主次关系及年龄特点,如果对多人称呼,应以称呼年长者为先、上级为先、关系远者为先。

(二)介绍礼仪

介绍就基本方式而言,可分为:自我介绍、为他人作介绍、被人介绍、引见介绍四种。在作介绍的过程中,介绍者与被介绍者的态度都要热情得体、举止大方,整个介绍过程应面带微笑。一般情况下,介绍时,双方应当保持站立姿势,相互热情应答。

1. 为他人作介绍

应遵循"让长者、客人先知"的原则。即先把身份低的、年纪轻的介绍给身份高的、年纪大的;先将主人介绍给客人;先将男士介绍给女士。

介绍时,应简洁清楚,不能含糊其辞。可简要地介绍双方的职业、籍贯等情况,便于不相识的两人相互交谈。介绍某人时,不可用手指指点对方,应有礼貌地以手掌示意。

2. 被人介绍

被人介绍时,应面对对方,显示出想结识对方的诚意。等介绍完毕后,可以握一握手并说"你好!""幸会!""久仰!"等客气话表示友好。

男士被介绍给女士时,男士应主动点头并稍稍欠身,等候女士的反应。按一般规矩,男士不用先伸手,如果女士伸出手来,男士便应立即伸手握住轻轻点头。

3. 自我介绍

可一边伸手跟对方握手,一边作自我介绍,也可主动打招呼说声"你好!"来引起对方的注意,眼睛要注视对方,得到回应后,再向对方报出自己的姓名、身份、单位及其他有关情况,语调要热情友好,态度要谦恭有礼。自我介绍有四个要点需要注意:

(1)最好是先递名片再介绍。交换名片时有个时机的问题,一见面就把名片递过去,再重复一下自己的名字。

(2)自我介绍时间要简短,越短越好。一般自我介绍在半分钟以内就可以。

(3)内容要全面。自我介绍一般包括四个内容:单位、部门、职务、姓名。要训练有素,一气呵成。

(4)倘若单位和部门头衔较长的话,第一次介绍的时候使用全称,后面才可以改简称。所以在国际交往中,用字母来做简称,或者以中文来做简称,一定要注意先讲全称,再讲简称,否则容易南辕北辙。

4. 引见介绍

对来办公室与领导会面的客人,通常由办公室的工作人员引见、介绍。在引导客人去领导办公室的途中,工作人员要走在客人左前方数步远的位置,忌把背影留给客人。在进领导办公室之前,要先轻轻叩门,得到允许后方可进入。进入房间后,应先向领导点头致意,再把客人介绍给领导。如果有几位客人同时来访,要按照职务的高低依次介绍。介绍完毕走出房间时应自然、大方,保持较好的行姿,出门后回身轻轻把门带好。

(三) 握手礼仪

握手是沟通思想、交流感情、增进友谊的一种方式。握手时不能用湿手或脏手。与他人握手时，目光应注视对方，微笑致意，不可心不在焉、左顾右盼，不可戴着帽子、墨镜或手套与人握手。在正常情况下，握手的时间不宜超过3秒，必须站立握手，以示对他人的尊重、礼貌。握手的标准方式是行至距对方1米处，双腿立正，上身略向前倾，伸出右手，四指并拢，拇指张开与对方相握，握手时用力适度，上下稍晃动三四次，随即松开，恢复原状。与人握手，神态要专注、热情、友好、自然，面含笑容，目视对方双眼，同时向对方问候。握手的禁忌是：一般不要在握手时戴手套或墨镜，女士在某些社交场合，可以戴薄纱手套与人握手。另一只手不能放在口袋里。握手时也不宜发长篇大论，点头哈腰，过分客套，这会让对方感到不自在。不交叉握手，不摇晃或推拉，不坐着与人握手。

握手也讲究一定的顺序：一般讲究"尊者决定"，即待女士、长辈、已婚者、职位高者伸出手来之后，男士、晚辈、未婚者、职位低者方可伸出手去呼应。若一个人要与许多人握手，那么顺序应是：先长辈后晚辈，先主人后客人，先上级后下级，先女士后男士。握手时要用右手，目视对方，表示尊重。男士同女士握手时，一般只轻握对方的手指部分，不宜握得太紧太久。右手握住后，左手又搭在其手上，是我国常用的礼节，表示更为亲切，更加尊重对方。握手是一种沟通思想、交流感情、增进友谊的重要方式。

(四) 致意礼仪

致意是一种不出声的问候礼节，它表示问候之意，通常用于相识的人之间在各种场合打招呼，是随着现代生活节奏加快而流行的一种日常人际交往中使用频率最高的一种礼节。

1. 致意的原则

致意的基本原则是应先向尊者表示致意。即男士应先向女士致意，年轻者应先向年长者致意，学生应先向老师致意，下级应先向上级致意。

2. 致意的方式

致意的方式是多种多样的，常用的有以下几种：

(1) 举手致意。举手致意，一般不必出声，只将右臂伸直，掌心朝向对方，轻轻摆一下手即可，不要反复摇动。举手致意，适于向较远距离的熟人打招呼。

(2) 点头致意。点头致意，适于不宜交谈的场所，如在会议、会谈进行中，与相识者在同一场合见面或与仅有一面之交者在社交场合重逢，都可以点头为礼。点头致意的方法是头微微向下一动，幅度不大。

(3) 欠身致意。欠身致意，即全身或身体的上部微微向前一躬，这种致意方式是表示对他人的恭敬，其适用的范围较广。

(4) 脱帽致意。与朋友、熟人见面时，若戴着有檐的帽子，则以脱帽致意最为适宜。即微微欠身，用距对方稍远的一只手脱帽子，将其置于大约与肩平行的位置，同时与对方交换目光。

致意时要注意文雅，一般不要在致意的同时向对方高声叫喊，以免妨碍他人。致意的动作也不可以马虎，或满不在乎，而必须是认认真真的，以充分显示对对方的尊重。

(五) 名片礼仪

1. 名片的使用

在国际交往中，没有名片的人，被视为没有社会地位的人。一个不随身携带名片的人，是个不懂得尊重别人的人。名片不仅要有，而且要带着。在外国的公司，员工的名片放在什么地方都有讲究，一般放在专用名片包里，或放在西装上衣口袋里，不能乱放。

名片在制作上，讲三个"不"。第一个"不"：名片不随意涂改。在国际交往中，名片犹如脸面，脸面是不能改的。第二个"不"：不提供私宅电话。涉外礼仪讲究保护个人隐私。第三个"不"：名片上不出现两个以上的头衔。倘若一个名片上给的头衔越多，有三心二意、用心不专、蒙人之嫌。所以很多外国人，他身上会有好几种名片，对不同的交往对象，使用不同的名片。

2. 名片的内容与分类

名片的基本内容一般有姓名、工作单位、职务、职称、通信地址等，也可以把爱好、特长等情况写在上面。选择哪些内容，由需要而定，但无论繁、简，都要求信息新颖，形象定位独树一帜。一般情况下，名片可分如下两类：

（1）交际类名片。除基本内容之外，还可以印上组织的徽标，还可在中文下面配上英文翻译，或在背面配上英文翻译，便于与外国人交往。

（2）公关类名片。公关类名片可在正面介绍自己，在背面介绍组织或宣传经营范围，公关类的名片有广告效应，以使组织收到更大的社会效益和经济效益。

3. 名片的设计

名片的语言一般简明清晰、实事求是，传递个人的基本情况，从而达到彼此交际的目的。在现实生活中，我们可以看到有些名片语言幽默、新颖，别具一格。如：

（1）"您忠实的朋友——×××"，然后是联系地址、邮编、电话，名片上没有任何官衔，语言简洁，亲切诚实。

（2）"家中称老大，社会算老九，身高一七八，自幼好旅游，敬业精神在，虽贫亦富有，好结四方友，以诚来相求。"

（3）著名剧作家沙叶新的名片有一幅自己的漫画像，自我介绍的文字很幽默、有趣，使人对其了解更加深刻，具体为："我，沙叶新，上海人民剧作家——暂时的；上海人民艺术剧院剧作家——永久的；××委员、××理事、××顾问、××教授——都是挂名的。"

在设计上，除了文字外，还可借助有特色或象征性的图画符号等非语言信息辅助传情，增强名片的表现力，但不能有烦琐的装饰，以免喧宾夺主。

4. 名片的放置

一般说来，要把自己的名片放于容易拿出的地方，不要将它与杂物混在一起，以免要用时手忙脚乱，甚至拿不出来；若穿西装，宜将名片置于左上方口袋，若有手提包，可放于包内伸手可得的部位。不要把名片放在皮夹内、工作证内、甚至裤袋内，这是一种很失礼雅的行为。另外，不要把别人的名片与自己的名片放在一起，否则，一旦慌乱中误将他人的名片当做自己的名片送给对方，这是非常糟糕的。

5. 出示名片的礼节

（1）出示名片的顺序：名片的递送先后虽说没有太严格的礼仪讲究，但是，也是有一定顺序的。一般是地位低的人先向地位高的人递名片，男性先向女性递名片。当对方不止一人时，应先将名片递给职务较高或年龄较大者；或者由近至远处递，依次进行，切勿跳跃式地进行，以免对方误认为有厚此薄彼之感。

（2）出示名片的礼节：向对方递送名片时，应面带微笑，稍欠身，注视对方，将名片正对着对方，用双手的拇指和食指分别持握名片上端的两角送给对方，如果是坐着的，应当起立或欠身递送，递送时可以说一些"我是××，这是我的名片，请笑纳""我的名片，请你收下""这是我的名片，请多关照"之类的客气话。在递名片时，切忌目光游移或漫不经心。出示名片还应把握好时机。当初次见面，在自我介绍或别人为你介绍时可出示名片；当双方谈得较融洽，表示愿意建立联系时就应出示名片；当双方告辞时，可顺手取出自己的名片递给对方，以示愿结识对方并希望能再次相见，这样可加深对方对你的印象。

6. 接受名片的礼节

接受他人递过来的名片时，应尽快起身或欠身，面带微笑，用双手的拇指和食指接住名片的下方两角，态度也要毕恭毕敬，使对方感到你对名片很感兴趣，接到名片时要认真地看一下，可以说："谢谢""能得到您的名片，真是十分荣幸"等，然后郑重地放入自己的口袋、名片夹或其他稳妥的地方。切忌接过对方的名片一眼不看就随手放在一边，也不要在手中随意玩弄，不要随便拎在手上，不要拿在手中搓来搓去，否则会伤害对方的自尊，影响彼此的交往。

7. 名片交换的注意点

（1）与西方、中东、印度等地的外国人交换名片只用右手就可以了，与日本人交换名片要用双手。

（2）当对方递给你名片之后，如果自己没有名片或没带名片，应当首先对对方表示歉意，再如实说明理由。如："很抱歉，我没有名片""对不起，今天我带的名片用完了，过几天我会亲自寄一张给您的"。

（3）向他人索要名片最好不要直来直去，可委婉索要。比较恰到好处的交换名片的方法如下：

1）交易法："将欲取之，必先予之"。例如你想要史密斯先生名片，你先把名片递给他："史密斯先生这是我的名片。"当然，在国际交往中，会有一些地位落差，有的人地位身份高，你把名片递给他，他跟你说声谢谢，然后就没下文了。这种情况是存在的，你如果担心出现这种情况的话，也就是当地位跟对方有较大落差时，不妨采用下一个方法。

2）激将法："尊敬的威廉斯董事长，很高兴认识你，不知道能不能有幸跟您交换一下名片。"如果对方还是不给，那么还可以采取下一种方法。

3）联络法："史玛尔小姐我认识你非常高兴，以后到德国来希望还能够见到你，不知道以后怎么跟你联系比较方便？"她一般会给，如果她不给，其深刻含义就是她不会再跟你联系。

8. 接受名片的注意事项

（1）回敬对方。"来而不往非礼也"，拿到人家的名片时一定要回送。在国际交往中，比较正规的场合，即便没有也不要说出来，而是采用委婉的表达方式："不好意思名片用完了""抱歉今天没有带"。

（2）接过名片一定要看，通读一遍，这是对别人的尊重。因为如果你把人家的名字和姓氏搞错了，就显得很不礼貌了。

二、位次礼仪

位次，实际是排序问题。位次，体现了尊卑、高低、长幼，是对人的尊重的表现形式。

(一)宴会位次

1. 排序原则

以远为上,面门为上,以右为上,以中为上,观景为上,靠墙为上。

2. 座次分布

面门居中位置为主位;主左宾右分两侧而坐,或主宾双方交错而坐;越近首席,位次越高;同等距离,右高左低。

(二)会议位次

(1) 以右为上(遵循国际惯例)。
(2) 居中为上(中央高于两侧)。
(3) 前排为上(适用所有场合)。
(4) 以远为上(远离房门为上)。
(5) 面门为上(良好视野为上)。

首先是前高后低,其次是中央高于两侧,最后是左高右低(中国政府惯例)和右高左低(国际惯例)。主席台座次说明:以左为尊,即左为上,右为下(中国惯例)。

当领导同志人数为奇数时,1号首长居中,2号首长排在1号首长左边,3号首长排右边,其他依次排列。从台下的角度看,是9、7、5、3、1、2、4、6、8的顺序;从主席台上的角度看,是8、6、4、2、1、3、5、7、9的顺序。

当领导同志人数为偶数时,有些人会搞错,网上的说法也有很多是不正确的。具体应该是:1号首长、2号首长同时居中,2号首长排在1号首长左边,3号首长排右边,其他依次排列。从台下的角度看,是7、5、3、1、2、4、6、8的顺序;从主席台上的角度看,是8、6、4、2、1、3、5、7的顺序。

(三)乘车位次

按照国际惯例,乘坐轿车的座次安排的常规是:右高左低,后高前低。具体而言,轿车座次的尊卑自高而低是:后排右位—后排左位—前排右位—前排左位。另外有几种特殊情况,一是主人或熟识的朋友亲自驾驶汽车时,你坐到后面位置等于向主人宣布你在打的,非常不礼貌。这种情况下,副驾位置为上座。二是接送高级官员、将领、明星或其他知名公众人物时,主要考虑乘坐者的安全性和隐私性,司机后方位置为汽车的上座,通常也被称作VIP位置。

(四)行进时的位次

在行进过程中,排列的次序一般来说,有以下几种场合。

1. 平面行进

在平面行进过程中,又可以分为三种情况:
(1) 两人并排行进时,内侧高于外侧。
(2) 多人并排行进时,按照高低的顺序依次是:中央、内侧、外侧。
(3) 两人前后行进时,前方高于后方。

2. 上下楼梯

无论是上楼梯还是下楼梯,位次顺序是:内侧高于外侧,中央高于两侧,前者高于后者。具体说来,还可以分为三种情况:

(1) 横向行进时,陪同人员应该把内侧(靠墙一侧)让给客人,把方便留给客人。

（2）纵向行进时，以前方为上，把选择前进方向的权利让给对方。当客人不认识路时，陪同人员应在客人左前方 1~1.5 米处进行引导。

（3）男女同行时，一般女士优先走在前方。如果与着裙装（特别是短裙）的女士同行，上下楼时应该女士居后。

3. 上下电梯

上下电梯时的礼仪主要分为出入电梯的次序和在电梯内站立的次序两种情况。

（1）出入电梯的次序。

1）出入有人控制的电梯。出入有人控制的电梯时，陪同者应后进后出，让客人先进先出。把选择方向的权利让给地位高的人或客人。如果客人初次光临，还不认识路，应该为其指引方向。

2）出入无人控制的电梯。出入无人控制的电梯时，陪同人员应先行进入电梯，一手按"开门按钮"，一手拦住电梯侧门，礼貌地说："请进"，请客人或地位高的人进入电梯。

如果电梯里人很多，自己的位置不方便按电梯钮，可以对靠近电梯门的人说："能否请您帮我按下某层的按钮？"别人帮你按了之后，你应该面带笑容说"非常感谢"。

当到达客人或地位高的人所要求的楼层时，陪同人员一手按住"开门"按钮，另一只手做出"请"的动作，可说："××层到了，您先请！"待客人走出电梯后，自己立刻步出电梯，并热诚地为其引导行进的方向。

（2）电梯内的站立次序。在电梯轿厢内，陪同人员应靠边侧站立，面对或斜对客人。中途有其他客人乘梯时，陪同人员应礼貌问候。在日本，电梯内的位置有"上下座"之分。"上座"是在电梯按钮一侧最靠后的位置；其次是这个位置的旁边；再次是这个位置的斜前方；最差的"下座"就是挨着操作盘的位置，因为这个人要按楼层的按钮，相当于"司机"。

（3）出入房间。

1）当门是向内开时，打开后，自己先行入内，然后一只手按着门把，轻轻点头示意访客进入，这时引导的人可以站在门后阴影处，或者露出全身都无妨，基本上以露出半身较为合宜。

2）若门是向外开式，打开门后同样单手按住门把，先稍微行个礼再请访客入内，就好像将访客送进去般的姿势，然后自己再进去，背对门将门带上，引导来客入座。

3）有特殊情况时，如双方均为首次到一个陌生房间，陪同人员宜先入房门。

（4）进出宾馆。

1）如果没有特殊原因，出入房间时应该是位高者先进或先出。

2）如果有特殊情况，比如需要引导，室内灯光昏暗，男士和女士两个人单独出入房间，这时标准的做法应该是陪同接待人员先进去，为客人开灯、开门，出去的时候也是陪同接待人员先出去，为客人拉门引导。

（5）行进中的一些禁忌。

1）忌行走时与他人距离过近，避免与对方发生身体碰撞。万一发生，务必要及时向对方道歉。

2）忌行走时尾随于他人身后，甚至对其窥视、围观或指指点点。在不少国家，此举会被视为"侵犯人权"。

3）忌行走时速度过快或者过慢，以免妨碍周围人的行进。

4）忌一边行走一边连吃带喝，或是吸烟。那样不仅不雅观，而且还会妨碍他人。

5）忌与已成年的同性在行走时勾肩搭背、搂搂抱抱。在西方国家，只有同性恋者才会这么做。

三、往来礼仪

（一）接待礼仪

接待上级来访要周到细致，对领导交代的工作要认真听、记。领导前来了解情况，要如实回答。如领导是来慰问，要表示诚挚的谢意。领导告辞时，要起身相送，互道"再见"。接待下级或群众来访要亲切热情，除遵照一般来客礼节接待外，对反映的问题要认真听取，一时解答不了的要客气地进行解释。来访结束时，要起身相送。

（二）拜访礼仪

在职业交往过程中，相互拜访是经常的事，如果懂得拜访礼仪，无疑会为拜访活动增添色彩，有助于你的商务工作顺利进行。

1. 拜访前的准备

商务拜访前需要做好充分准备，明确拜访目的，对此次拜访要解决的问题应做到心中有数。例如，你需要对方为你解决什么问题，你对对方提出什么要求，最终你要得到什么样的结果等，这些问题的相关资料都要准备好，以防万一。

一般性拜访，时间不宜太长，也不宜太匆忙。一般以半小时到一小时为宜。若是公务性拜访，则可视需要决定时间的长短。客人提出告辞的时间，最好是与主人的一个交谈高潮之后，要掌握好告辞的最佳时机。告辞时应对主人及家人的款待表示感谢。如果主人家有长辈，应向长辈告辞。

拜访应选择适当的时间，如果双方有约，应准时赴约。万一因故迟到或取消访问，应立即通知对方。

2. 预约

拜访之前必须预约，这是最基本的礼仪。一般情况下，应提前三天给拜访者打电话，简单说明拜访的原因和目的，确定拜访时间，经过对方同意以后才能前往。到达拜访地点后，如果与接待者是第一次见面，应主动递上名片，或做自我介绍。对熟人可握手问候。

3. 先通报后进入

到达约会地点后，如果没有直接见到被拜访对象，拜访者不得擅自闯入，必须经过通报后再进入房间。一般情况下，前往大型企业拜访，首先要向负责接待的人员交代自己的基本情况，待对方安排好以后，再与被拜访者见面。当然，生活中不免存在这样的情况，被拜访者身处某一宾馆，如果拜访者已经抵达宾馆，切勿鲁莽直奔被拜访者所在房间，而应该由宾馆前台服务员打电话通知被拜访者，经同意以后再进入。

4. 开门见山，切忌啰唆

谈话切忌啰唆，简单地寒暄是必要的，但时间不宜过长。因为被拜访者可能有很多重要的工作等待处理，没有很多时间接见来访者，这就要求谈话要开门见山，简单的寒暄后直接进入正题。

5. 把握拜访时间

在拜访过程中，时间不宜拖得太长，否则会影响对方其他工作的安排。如果双方在拜访前已经设定了拜访时间,则必须把握好已设定的时间,如果没有对时间问题做具体要求,那么就要在最短的时间里讲清所有问题,然后起身离开,以免耽误被拜访者处理其他事务。如果接待者因故不能马上接待,应安静地等候,有抽烟习惯的人,要注意观察该场所是否有禁止吸烟的警示。如果等待时间过久,可向有关人员说明,并另定时间,不要显现出不耐烦的表情。

6. 注意聆听

与接待者的意见相左,不要争论不休。对接待者提供的帮助要致以谢意,但不要过分。对方发表自己的意见时,打断对方讲话是不礼貌的行为。应该仔细倾听,将不清楚的问题记录下来,待对方讲完以后再请他对不清楚问题给予解释。如果双方意见产生分歧,一定不能急躁,要时刻保持沉着冷静,避免破坏拜访气氛,影响拜访效果。要注意观察接待者的举止和表情,适可而止,当接待者有不耐烦或有为难的表现时,应转换话题或口气;当接待者有结束会见的表示时,应立即起身告辞。

7. 拜访结束

拜访结束时,如果谈话时间过长,要向主人表示歉意。出门后,回身主动与主人握别,说"请留步"。待主人留步后,走几步再回首挥手致意。

(三) 馈赠礼仪

赠送礼品也是国际上通行的社交活动形式之一,是向对方表达心意的物质表现。在外事活动中,为了向宾客表示恭贺、感谢或慰问,常常需要赠送礼物,以增进友谊与合作。馈赠是人们在社交过程中通过赠送给交往对象一些礼物来表达对对方的尊重、敬意、友谊、纪念、祝贺、感谢、慰问、哀悼等情感与意愿的一种交际行为。

馈赠的目的在于沟通感情和保持联系,所以它不仅是一种行为方式,更为重要的是通过这种方式体现馈赠者的人品和诚意。

"千里送鹅毛,礼轻情意重"。礼品的贵贱轻重,往往是衡量交往人的诚意和情感浓烈程度的重要标志。然而礼品的贵贱轻重与其物质的价值含量并不总成正比。因为礼品是言情寄意表礼的,它仅仅是人们情感的寄托物,人情无价而物有价,有价的物只能寓情于其身,而无法等同于情。也就是说,就礼品的价值含量而言,礼品既有其物质的价值含量,也有其精神的价值含量。"千里送鹅毛"的故事,在中国妇孺皆知,被标榜为礼轻情意重的楷模和学习典范。

1. 赠送礼仪

(1) 礼品的选择。

1) 根据馈赠目的选择礼品。送礼在本质上应被视为向他人表示友好、尊重与亲切之意的途径或方式。只有本着这一目的,才能正确地选择适当礼品,才能准确表达自己的情意,才能使所赠礼品发挥正常功效。公司庆典一般送上一篮鲜花,慰问病人可以送鲜花、营养品、书刊等,朋友生日可以送贺卡、蛋糕等,庆祝节日可以送健康食品、当地特产,旅游归来可以送旅游地的纪念品及土特产,走亲访友一般送水果、茶酒等。

2) 根据馈赠对象选择礼品。

a. 考虑彼此的关系现状。在选择礼品时,必须考虑到自己与受赠对象之间的关系现状,不同的关系应当选择不同的礼品。根据与馈赠对象的亲缘关系、地缘关系、业缘关系、性别关系、友谊关系、文化习惯关系、偶发性关系等的不同,在选择礼品时也要有所不同,区别对待。例如,玫瑰是爱情的象征,是送给女友或夫人的佳礼,但若把它随便送给一位普通关系的异性朋友,就可能引起不必要的误会。

b. 了解受赠对象的爱好和需求。根据受赠对象的爱好和实际需求来选择礼品,往往可以增加礼品的实效性,能增强受礼者对送礼者的好感和信任。因为在受赠对象看来,只有了解和关心他的人,才会明白他的需求。正如鲜花赠予美人,宝刀赋予烈士,可以使礼品获得增值效应。例如可以给取得佳绩的学生赠送有益的书籍,给书法爱好者赠送文房四宝,给音乐爱好者赠送乐器等。

c. 尊重对方的禁忌。在礼品的选择过程中,应细致了解受赠对象的禁忌。一般而言,选择礼品不应忽视的禁忌有四类:一是个人禁忌。送情侣表给一位刚刚守寡的妇女,送一条烟给一位从不吸烟的长者,都会触犯对方的私人禁忌。二是民俗禁忌。如俄罗斯人最忌讳送钱给别人,因为这意味着施舍和侮辱,汉族人忌送钟、伞,因为这意味着不吉利。三是宗教禁忌。如对伊斯兰教徒不能送人形礼物,也不能送酒、雕塑和女人的画片,因为他们认为酒是一切万恶之源。四是伦理禁忌。如各国均规定不得将现金和有价证券送给并无私交的公务人员。

(2) 礼品的包装。正式的礼品都应精心包装。良好的包装将使礼品显得更加精致、郑重、典雅,给受赠者留下美好的印象。在赠送礼品给外国友人时,尤其应当注意这一点。

礼品包装时应注意包装的材料、容器、图案造型、商标、文字、色彩的选择和使用要符合相关政策法规和习俗惯例,不要触及或违反受赠方的宗教和民族禁忌。像有的国家数字上的禁忌也是礼品包装所要注意的问题。如日本忌讳"4"和"9"这两个数字,因此,出口日本的产品,就不能以"4"为包装单位,像4个杯子一套,4瓶酒一箱这类包装,在日本都不受欢迎;欧美人忌讳"13"。

礼品包装时,应根据世界各国的生活习俗,选择适宜的色彩。日本人忌绿色喜红色,美国人喜欢鲜明的色彩,忌用紫色;伊斯兰教徒特别讨厌黄色,因为它象征死亡,喜欢绿色,认为它能祛病除邪。

(3) 赠送的时机。赠送礼品必须选择恰当的时机。时机上应注意把握四点:一是选择最佳时机。如亲友结婚、生子,交往对象乔迁、晋级、遭受挫折、生病住院等,都是送礼的时机。二是选择具体时间。一般来说,客人应在见面之初向主人送上礼品;主人应当在客人离去之时回送礼品给对方。另外,送礼还应考虑在对方方便之时,或选取某个特定时间。三是控制好送礼时间。送礼时间不宜长,只要向对方说明送礼的意图即可,不必过分渲染。四是注意时间忌讳。不必每逢良机便送礼,致使礼多成灾。尽量不要选择对方不方便的时候送礼,比如对方刚刚做完手术尚未痊愈之时就不宜立即送礼。

(4) 赠送的地点。送礼时应注意区分公务场合与私人场合。在公务交往中,一般应选择工作场所或交往地点赠送礼品;而在私人交往中,则宜于私下赠送,受赠对象的家中通常是最佳地点。

(5) 赠送的方法。一是说明意图。应在适当的时机和场合赠送礼品,送礼前应先向对方致意问候,简要委婉地说明送礼的意图,如"祝你工作顺利""感谢你上次的帮助"等。二是介绍礼品。赠送礼品时,送礼者应对礼品的寓意、使用方法、特色等做简单说明。邮寄赠送或托人赠送时,应附上一封礼笺,用规范、礼貌的语句说明送礼缘由。三是仪态大方。在面交礼品时,送礼者应着装规范,起身站立,面带微笑,目视对方,双手递交。将礼品交给对方后,与对方热情握手。

2. 受赠礼仪

(1) 心态开放。接受礼品时,受赠者应保持客观、积极、开放、乐观的心态,要充分认识到对方赠礼行为的郑重和友善。

(2) 仪态大方。受赠者应落落大方,起身相迎,面带微笑,目视对方,耐心倾听,双手接受。受礼后与对方热情握手,不可畏畏缩缩、故作推辞或表情冷漠、不屑一顾。

(3) 受礼有方。按照国际惯例,受礼后一定要当面拆启包装,仔细欣赏,面带微笑,适当赞赏,切不可草率打开,丢置一旁,不理不睬。中国人比较含蓄,不习惯当面打开,所以与国人交往时也可遵守这一传统习惯。另外,不是有礼必受,对于有违规越矩之嫌的礼品,应果断或委婉拒绝。

(4) 表示谢意。接受礼品时,应充分表达谢意。表达时应让对方觉得真诚、友好,若是贵重礼品,往往还需要用打电话、电子邮件等方式再次表达谢意,必要时还应选择适当的时机还礼。

附 录

附录1 职业索引——霍兰德职业兴趣代码

R（现实型）：木匠、农民、操作X光的技师、工程师、飞机机械师、鱼类和野生动物专家、自动化技师、机械工（车工、钳工等）、电工、无线电报务员、火车司机、长途公共汽车司机、机械制图员、修理机器、电器师。

I（研究型）：气象学者、生物学者、天文学家、药剂师、动物学者、化学家、科学报刊编辑、地质学者、植物学者、物理学者、数学家、实验员、科研人员、科技作者。

A（艺术型）：室内装饰专家、图书管理专家、摄影师、音乐教师、作家、演员、记者、诗人、作曲家、编剧、雕刻家、漫画家。

S（社会型）：社会学者、导游、福利机构工作者、咨询人员、社会工作者、社会科学教师、学校领导、精神病工作者、公共保健护士。

E（企业型）：推销员、进货员、商品批发员、旅馆经理、饭店经理、广告宣传员、调度员、律师、政治家、零售商。

C（常规型）：记账员、会计、银行出纳、法庭速记员、成本估算员、税务员、核算员、打字员、办公室职员、统计员、计算机操作员、秘书。

下面介绍与你3个代码的职业兴趣类型一致的职业表，对照的方法如下：首先根据你的职业兴趣代码，在下表中找出相应的职业，例如你的职业兴趣代号是RIA，那么牙科技术人员、陶工等是适合你兴趣的职业。然后寻找与你职业兴趣代号相近的职业，如你的职业兴趣代号是RIA，那么，其他由这三个字母组合成的编号（如IRA、IAR、ARI等）对应的职业，也较适合你的兴趣。

RIA：牙科技术员、陶工、建筑设计员、模型工、细木工、制作链条人员。

RIS：厨师、林务员、跳水员、潜水员、染色工、电器修理工、眼镜制作工、电工、纺织机器装配工、报务员、装玻璃工人、发电厂操作工人、焊接工。

RIE：建筑和桥梁工程人员、环境工程人员、航空工程人员、公路工程人员、电力工程人员、信号工程人员、电话工程人员、一般机械工程人员、自动工程人员、矿业工程人员、海洋工程人员、交通工程技术人员、制图员、家政经济人员、打捞员、计量员、农民、农场工人、农业机械操作、清洁工、无线电修理、汽车修理、手表修理、管子工、线路维修工、盖（修）房工、电子技术员、伐木工、机械师、锻压操作工、造船装配工、工具仓库管理员。

RIC：船上工作人员、接待员、杂志保管员、牙科医生的助手、制帽工、磨坊工、石匠、机器制造工、机车（火车头）制造工、农业机器装配工、汽车装配工、缝纫机装配工、钟表装配和检验工、电动器具装配工、鞋匠、锁匠、货物检验员、电梯机修工、托儿所所长、钢琴调音员、装配工、印刷工、建筑钢铁工作、卡车司机。

RAI：手工雕刻人员、玻璃雕刻人员、制作模型人员、家具木工、制作皮革品、手工绣花人员、手工钩针纺织人员、排字工作人员、印刷拼板人员、图画雕刻人员、装订工。

RSE：消防员、交通巡警、门卫、理发师、房间清洁工、屠夫、锻工、开凿人、管道安装工、出租汽车驾驶员、仓库管理员。

RSC：汽车驾驶员、货物搬运工、送报员、勘探员、娱乐场所的服务员、起卸机操作工、灭害虫者、电梯操作工、厨房助手。

RSI：纺织工、农业学校的教师、某些职业课程教师（诸如艺术、商业、技术、工艺课程）、雨衣上胶工人。

REC：抄水表员、保姆、实验室动物饲养员、动物管理员。

REI：轮船船长、航海领航员、大副、试管实验员。

RES：旅馆服务员、家畜饲养员、渔民、渔网修补工、水手长、收割机操作工、搬运行李工人、公园服务员、救生员、登山导游、火车工程技术员、建筑工人、铺轨工人。

RCI：测量员、勘测员、仪器操作者、农业工程技师、化学工程技师、民用工程技师、石油工程技师、资料室管理员、探矿工、煅烧工、烧窑工、矿工、保养工、磨床工、取样员、样品检验员、纺纱工、炮手、线筒子工、漂洗工、电焊工、锯木工、刨床工、制帽工、手工缝纫工、油漆工、染色工、按摩师、木匠、电影放映员、勘测员助手。

RCS：公共汽车驾驶员、一等水手、游泳池服务员、裁缝、建筑工人、石匠、烟囱修建工、水磨石工、泥水匠、车工、混凝土工、电话修理工、爆炸手、邮递员、矿工、裱糊工人、纺纱工。

RCE：打井工、吊车驾驶员、农场工人、邮件分类员、铲车司机、拖拉机司机。

IAS：普通经济学家、农业经济学家、财政经济学家、国际贸易经济学家、实验心理学家、工程心理学家、心理学家、哲学家、内科医生、数学家。

IAR：人类学家、天文学家、化学家、物理学家、医学病理学家、动物标本剥制者、化石修复者、艺术品管理者。

ISE：营养学家、饮食顾问、火灾检查员、邮政服务检查员。

ISC：侦察员、电视播音室修理员、电视修理服务员、验尸室人员、编目录者、医学实验定技师、调查研究者。

ISR：水生生物学者、昆虫学家、微生物学家、配镜师、矫正视力者、细菌学家、牙科医生、骨科医生。

ISA：实验心理学家、普通心理学家、发展心理学家、教育心理学家、社会心理学家、临床心理学家、目录学家、皮肤病学家、精神病学家、妇产科医师、眼科医生、五官科医生、医学实验室技术专家、民航医务人员、护士。

IES：细菌学家、生理学家、化学专家、地质专家、地理物理学专家、纺织技术专家、医院药剂师、工业药剂师、药房营业员。

IEC：档案保管员、保险统计员。

ICR：质量检验技术员、地质学技师、工程师、法官、图书馆技术辅导员、计算机操作员、医院听诊员、家禽检查员。

IRA：地理学家、地质学家、声学物理学家、矿物学家、古生物学家、石油地质学家、地震学家、声学物理学家、原子和分子物理学家、电学和磁学物理学家、气象学家、设计审核员、人口统计学家、数学统计学家、外科医生、城市规划家、气象员。

IRS：流体物理学家、物理海洋学家、等离子体物理学家、农业科学家、动物学家、食品科学家、园艺学家、植物学家、细菌学家、解剖学家、动物病理学家、作物病理学家、药物学家、生物化学家、生物物理学家、细胞生物学家、临床化学家、遗传学家、分子生物学家、质量控制工程师、地理学家、兽医、放射治疗技师。

IRE：化验员、化学工程师、纺织工程师、食品技师、渔业技术专家、材料和测试工程师、电气工程师、土木工程师、航空工程师、行政官员、冶金专家、原子核工程师、陶瓷工程师、地质工程师、电力工程量、口腔科医生、牙科医生。

IRC：飞机领航员、飞行员、物理实验室技师、文献检查员、农业技术专家、动植物技术专家、生物技师、油管检查员、工商规划者、矿藏安全检查员、纺织品检验员、照相机修理工、工程技术员、编计算机程序者、工具设计者、仪器维修工。

CRI：簿记员、会计、记时员、铸造机操作工、打字员、按键操作工、复印机操作工。

CRS：仓库保管员、档案管理员、缝纫工、讲述员、收款人。

CRE：标价员、实验室工作者、广告管理员、自动打字机操作员、电动机装配工、缝纫机操作工。

CIS：记账员、顾客服务员、报刊发行员、土地测量员、保险公司职员、会计师、估价员、邮政检查员、外贸检查员。

CIE：打字员、统计员、支票记录员、订货员、校对员、办公室工作人员。

CIR：校对员、工程职员、海底电报员、检修计划员、发报员。

CSE：接待员、通讯员、电话接线员、卖票员、旅馆服务员、私人职员、商学教师、旅游办事员。

CSR：运货代理商、铁路职员、交通检查员、办公室通信员。

CSI：簿记员、出纳、银行财务职员。

CSA：秘书、图书管理员、办公室办事员。

CER：邮递员、数据处理员、航空邮件检查员。

CEI：推销员、经济分析家。

CES：银行会计、记账员、法人秘书、速记员、法院报告人。

ECI：银行行长、审计员、信用管理员、地产管理员、商业管理员。

ECS：信用办事员、保险人员、各类进货员、海关服务经理、售货员、购买员、会计。

ERI：建筑物管理员、工业工程师、农场管理员、护士长、农业经营管理人员。

ERS：仓库管理员、房屋管理员、货栈监督人。

ERC：邮政局长、渔船船长、机械操作领班、木工领班、瓦工领班、驾驶员领班。

EIR：科学、技术和有关周期出版物的管理员。

EIC：专利代理人、鉴定人、运输服务检查员、安全检查员、废品收购人员。

EIS：警官、侦察员、交通检验者、安全咨询者、合同管理者、商人。

EAS：法官、律师、公证人。

EAR：展览室管理员、舞台管理员、播音员、驯兽员。

ESC：理发师、裁判员、政府行政管理员、财政管理员、工程管理员、职业病防治、售货员、商业经理、办公室主任、人事负责人、调度员。

ESR：家具售货员、书店售货员、公共汽车的驾驶员、日用商品的售货员、护士长、自然科学和工程的行政领导。

ESI：博物馆管理员、图书馆管理员、古迹管理员、饮食业经理、地区安全服务管理员、技术服务咨询者、超级市场管理员、零售商品店店员、批发商、出租汽车服务站调度。

ESA：博物馆馆长、报刊管理员、音乐器材售货员、广告商、售画营业员、导游、（轮船或班机上的）事务长、飞机上的服务员、船员、法官、律师。

ASE：戏剧导演、舞蹈教师、广告撰稿人，报刊专栏作者、记者、演员、英语导游、外语翻译。

ASI：音乐教师、乐器教师、美术教师、管弦乐指挥，合唱队指挥、歌星、演奏家、哲学家、作家、广告经理、时装模特儿。

AER：新闻摄影师、电视摄影师、艺术指导、录音指导、丑角演员、魔术师、木偶戏演员、骑士、跳水员。

AEI：音乐指挥、舞台指导、电影导演。

AES：流行歌手、舞蹈演员、电影导演、广播节目主持人、舞蹈教师、口技表演者、喜剧演员、模特儿。

AIS：画家、剧作家、编辑、评论家、时装艺术大师、家具设计师、包装设计师、布景设计师、服装设计师、新闻摄影师、男演员、文学作者。

AIE：花匠、皮衣设计师、工业产品设计师、剪影艺术家、复制雕刻品大师。

AIR：建筑师、画家、摄影师、绘图员、环境美化工、雕刻家、包装设计师、陶器设计师、绣花工、漫画工。

SEC：社会活动家、退伍军人服务官员、工商会事务代表、教育咨询者、宿舍管理员、旅馆经理、饮食服务管理员。

SER：体育教练、游泳指导。

SEI：大学校长、学院院长、医院行政管理员、历史学家、家政经济学家、职业学校教师、资料员。

SEA：娱乐活动管理员、国外服务办事员、社会服务助理、一般咨询者、宗教教育工作者。

SCE：部长助理、福利机构职员、生产协调人、环境卫生管理人员、戏院经理、餐馆经理、售票员。

SRI：外科医师助手、医院服务员。

SRE：体育教师、职业病治疗者、体育教练、专业运动员、房管员、儿童家庭教师、警察、引座员、传达员、保姆。

SRC：护理员、护理助理、医院勤杂工、理发师、学校儿童服务人员。

SIA：社会学家、心理咨询者、学校心理学家、政治科学家、大学或学院的系主任、大学或学院的教育学教师、大学工程和建筑课程的教师、大学数学、医学、物理、社会科学和生命科学的教师、研究生助教、成人教育教师。

SIE：营养学家、饮食学家、海关检查员、安全检查员、税务稽查员、校长。

SIC：描图员、兽医助手、诊所助理、体检检查员、监督缓刑犯的工作者、娱乐指导者、咨询人员、社会科学教师。

SIR：理疗员、救护队工作人员、手足病医生、职业病治疗助手。
SAC：理发师、指甲修剪师、包装艺术家、美容师、整形专家、发饰设计师。
SAE：听觉病治疗者、演讲矫正者。
SAI：图书馆管理员、小学教师、幼儿园教师、学前儿童教师、中学教师、师范学院的教师、盲人教师、智力障碍人的教师、聋哑人的教师、学校护士、牙科助理、飞行指挥员。

附录2　中国大学生专业类别职业兴趣代码

学科类别	代码	学科类别	代码	学科类别	代码	学科类别	代码
哲学类	AS	工商管理类	CES	地球物理学类	IR	草业科学类	IRS
中国语言文学类	AS	图书档案学类	CAS	大气科学类	IAS	森林资源类	I
外国语言文学类	AS	管理科学与工程类	ECR	海洋科学类	IR	环境生态类	IRA
新闻传播类	AS	数学类	IRS	环境科学类	IRS	动物医学类	IRS
艺术类	AS	化学类	IRS	环境与安全类	IRS	基础医学类	ISA
历史学类	ASI	生物科学类	ISA	轻工纺织食品类	IRS	中医学类	ISA
林业工程类	AIR	天文学类	IA	生物工程类	IR	药学类	ISR
经济学类	CES	地质类	IR	农业工程类	IR	体育学类	RSE
统计学类	CE	地理科学类	ISA	公安技术类	IE	职业技术教育类	RSE
物理学类	RI	能源动力类	RI	武器类	RI	教育学类	SA
力学类	RI	电气信息类	RI	工程力学类	RI	心理学类	SA
电子信息科学类	RI	土建类	RIE	植物生产类	RI	预防医学类	SI
材料科学类	RIE	水利类	RIE	动物生产类	RI	临床医学类	SIA
系统理论类	RI	测绘类	RIA	水产类	RIE	口腔医学类	SIA
地矿类	RI	化工与制药类	RIC	法学类	SA	护理学类	SA
材料类	RI	交通运输类	RIE	马克思主义理论类	SA	公共管理类	SEC
机械类	RI	海洋工程类	RI	社会学类	SA	农业经济管理类	SCE
仪器仪表类	RI	航空航天类	RI	政治学类	SA		

（资料来源：彭勃，2012，中国大学生职业测评数据分析报告）

附录3　毕业生择业时间表

时间	择业阶段	所做工作（内容）	特别提示
8—9月	基础准备	①个人求职材料的整理与收集（如：简历、证件照、获奖证书、发表论文或作品等）；②求职硬件资料的准备（职业装、笔记本、手机等）	用人单位多数需要提供四、六级证书
9—10月	就业信息的收集和科学分析	①了解国家及学校就业政策；②分析就业形势；③确立就业目标；④参加毕业生就业指导讲座；⑤领取就业推荐表、就业协议书，并按照要求填写	协议书和推荐表登录网上操作系统

续表

时间	择业阶段	所做工作（内容）	特别提示
10月—次年1月	第一次择业高峰	①参加大中型双选会；②参加各类专场招聘会；③积累求职经验（完善简历，总结面试经验）；④了解就业协议和劳动合同的异同，慎重签约	大型招聘会机会难得，不能轻易错过
1—2月	择业调整期	与有意向的单位密切联系；没有得到就业机会要及时自我调整，降低期望值	利用假期稍作修整，总结和反思不断提高
3—5月	第二次择业高峰	①再次为成功就业而努力；②"考研"失利的同学应关注此阶段的就业信息	珍视就业机会，为离校做初步准备
6—7月	办理就业手续	①据已确定的职业角色要求，做好岗前准备；②办理毕业离校手续；③领取报到证	户档回家的同学也需要办理报到证的相关手续
7—8月	毕业生报到、落户	①带齐报到证、毕业证、学位证、就业协议书（个人存）、身份证到落户地办理相关手续；②与用人单位签订劳动合同	报到证相关手续有效期一个月，因此需尽快办理

参 考 文 献

[1] 陈洪权. 大学生职业规划与成功择业［M］. 武汉：湖北科学技术出版社，2008.
[2] 陈曦，尹兆华. 大学生生涯辅导教程：第二版［M］. 北京：高等教育出版社，2016.
[3] 贺杰，朱光辉. 大学生职业生涯发展规划与就业指导［M］. 南京：东南大学出版社，2008.
[4] 贾辉，倪晗，孙莹厚，等. 大学生职业规划与就业指南［M］. 北京：石油工业出版社，2010.
[5] 金树人. 生涯咨询与辅导［M］. 北京：高等教育出版社，2007.
[6] 钟谷兰，杨开. 大学生职业生涯发展与规划［M］. 上海：华东师范大学出版社，2008.
[7] 彭贤，马恩. 大学生职业生涯规划活动教程［M］. 北京：北京交通大学出版社，2010.
[8] 曲振国. 大学生就业指导与职业生涯规划［M］. 北京：清华大学出版社，2008.
[9] 石建勋. 职业生涯规划与管理［M］. 北京：清华大学出版社，2012.
[10] 王丽. 大学生职业生涯规划训练手册［M］. 北京：北京理工大学出版社，2011.
[11] 王佩国. 职业生涯规划（上册）［M］. 北京：高等教育出版社，2009.
[12] 王文建. 大学生决策风格、职业决策自我效能与职业决策困难的关系研究［D］. 武汉：华中科技大学，2009.
[13] 王泽兵，黄钢威，朱建军. 大学生职业生涯规划概论［M］. 成都：西南财经大学出版社，2011.
[14] 赵培勇. 毕业生不失业，职业生涯步步高［M］. 北京：机械工业出版社，2009.
[15] 吴余舟. 大学生职业生涯规划与就业创业指导［M］. 北京：机械工业出版社，2010.
[16] 谢宝国，李冬梅. 大学生涯规划与职业发展［M］. 北京：电子工业出版社，2011.
[17] 谢明山，王春晖，佟伟. 大学生职业生涯规划实训［M］. 北京：北京交通大学出版社，2011.
[18] 张惠丽，汪达. 职业生涯规划与大学生素质发展［M］. 北京：电子工业出版社，2011.
[19] 张淑华，郑久华. 大学生职业生涯规划实务［M］. 北京：中国社会科学出版社，2012.
[20] 赵敏，张凤. 大学生生涯规划与辅导实务［M］. 北京：电子工业出版社，2010.

后　记

兰州交通大学自 2003 年开设大学生就业指导选修课，2010 年，经过 3 次试点教学，增设大学生职业生涯规划为必修课列入本科教学计划。多年来，我们广泛学习和借鉴国内外专家和高校同行在生涯教育方面的经验和成果，集结校内外资源，紧紧围绕国家经济建设对人才的需求变化和大学生成才的需要，将职业生涯教育、就业服务与就业指导融合到一起，帮助同学们做好自我认知、学业规划以及职业探索，激发大学生学习与发展的动力。目前，我校学生在就业过程中，大部分表现出有常识、有准备、有目标、有规划的状态，这与长期以来职业发展类课程的积极影响是分不开的。大学生职业发展与就业指导教研室老师将自己工作中的精华、经验、感悟做了梳理和呈现，编写整理成这本《大学生职业生涯规划与就业指导》教材，作为《大学生职业生涯规划》和《大学生就业指导》课程教学用书。

本教材的编写意在突出学校办学的行业背景，结合在校生源构成特点，呈现学生的就业场景，通俗易懂，体验感强，进而引发更多的思考和行动，希望对广大学生提供技术支撑，由于编者水平和经验有限，书中难免有疏漏之处，敬请谅解。

本教材的出版，首先要感谢学校对诸位撰稿人的信任和支持。感谢甘肃省教育厅和人社厅长期以来对兰州交通大学就业工作的支持和肯定，感谢各位老师在就业工作一线多年的辛苦探索和积淀，感谢出版社同仁的认可和帮助，以及为教材提供素材的同行、朋友、校友们！

编者

2019 年 6 月